Deutschdidaktik aktuell
Hrsg. von Günter Lange · Karl Schuster · Werner Ziesenis

Band 7

Vorlesen als Aufgabe und Gegenstand des Deutschunterrichts

von

Eberhard Ockel

Schneider Verlag Hohengehren GmbH

Deutschdidaktik aktuell

Herausgegeben von Günter Lange, Karl Schuster, Werner Ziesenis

Umschlaggestaltung: Wolfgang H. Ariwald, BDG, 59519 Möhnesee

Gedruckt auf umweltfreundlichem Papier (chlor- und säurefrei hergestellt).

Die Deutsche Bibliothek – CIP-Einheitsaufnahme

Ockel, Eberhard:
Vorlesen als Aufgabe und Gegenstand des Deutschunterrichts /
von Eberhard Ockel. –
Baltmannsweiler : Schneider-Verl. Hohengehren, 2000
(Deutschdidaktik aktuell ; Bd. 7)
ISBN 3-89676-226-5

Printed in Germany – Druck: Wilhelm Jungmann Göppingen

Inhaltsverzeichnis

Vorwort der Reihenherausgeber

Deutschdidaktik aktuell ist eine neue Studienreihe, in der möglichst viele relevante Themen des Faches Deutsch in grundlegenden Monographien behandelt werden.

Alle Bände dieser Reihe besitzen in der Regel eine vergleichbare Struktur. In einem ersten Teil werden jeweils die theoretischen Grundlagen eines Themas dargestellt, und zwar sowohl die fachwissenschaftlichen Voraussetzungen als auch die entsprechende didaktische Diskussion. In einem zweiten Teil werden Fragen der Unterrichtspraxis behandelt und, wenn möglich, konkrete Unterrichtsmodelle vorgestellt.

Deutschdidaktik aktuell plant und bietet Einzelbände:

- zu den Grundfragen der Deutschdidaktik
  (z.B. Schriftspracherwerb, handlungs- und produktionsorientierter Literaturunterricht, projektorientierter Deutschunterricht)
- zur Sprachdidaktik
  (z.B. Grammatikunterricht, mündlicher Sprachgebrauch, schriftlicher Sprachgebrauch, Didaktik des Rechtschreibens)
- zur Literatur- und Mediendidaktik
  (z.B. Drama, Roman, epische Kurzformen, Kinder- und Jugendliteratur, Theater, Zeitung und Zeitschrift, Film und Fernsehspiel im Unterricht)

Dabei können die einzelnen Themen mit Stufenschwerpunkt oder schulstufenübergreifend behandelt werden.

Deutschdidaktik aktuell richtet sich an ein breites Lesepublikum, also nicht vorrangig an Hochschullehrerinnen und -lehrer, sondern vielmehr an Studentinnen und Studenten, Referendarinnen und Referendare, Lehrerinnen und Lehrer.

Bis vor einigen Jahrzehnten zählten „Sprecherziehung“ und „Sinnfassendes Lesen“ zu den klassischen Aufgabenbereichen des Deutschunterrichts.

Eberhard Ockel hat ihre didaktische Relevanz wiederentdeckt und deren Reichweite neu formuliert. „Vorlesen im Deutschunterricht“ soll – auf allen Schulstufen – als elementare und vielschichtige Aufgabe eigener Erprobung erfahren werden, gleichzeitig aber auch als Unterrichtsgegenstand, als Gegenstand nämlich der Reflexion, der kritischen Betrachtung, der Interpretation.

Vorlesen ist, so gesehen, kein vereinzelter Aufgabenbereich, der zu anderen nur hinzutritt, sondern wird zum Prinzip des Unterrichtsfaches Deutsch. Vorlesekompetenz zu erwerben, in den Sekundarstufen ebenso wie im Primarbereich, stellt sehr wohl ein spezifisches Lernziel dar und kann zum Ergebnis eigener schulischer wie außerschulischer Leseveranstaltungen führen. Aber Lesen, Vorlesen, Sprechen vollzieht sich immer auch in Kontexten und Sachzusammenhängen mit deren jeweiligen Intentionen.

Vorlesen findet, unter verschiedenen Vorzeichen, in allen Lernbereichen des Deutschunterrichts statt: Der Schriftspracherwerb im Anfangsunterricht ist unmittelbar an das Sprechen gebunden, Lesen- und Schreibenlernen bedingen sich wechselseitig. Ockels Grundlagenkapitel „Elementarprozesse des Sprechens“ kann direkt für diese Zusammenhänge nutzbar gemacht werden. – Die vielfältigen Anweisungen zum Vorlesen, die der Autor gibt, werden den Schülern eine wertvolle Hilfe sein, eigene Texte im Nachhinein wie im Entstehungsprozess sprechend / lesend auf ihre Stimmigkeit zu überprüfen. – Wenn Sinnschritte und Sinnglieder für das Vorlesen gefunden und festgelegt werden sollen, dann tangiert das auch Reflexionen über die Syntax und damit den Grammatikunterricht. – Die Unterrichtsbeispiele, die der Autor präsentiert, zielen primär auf den Literaturunterricht. Vorlesen dient vor allem dem Verstehen und der Texterschließung.

Eberhard Ockels „Vorlesen als Aufgabe und Gegenstand des Deutschunterrichts“ besteht aus einem Grundlagenteil, in dem zentrale Aspekte des Vorlesens beschrieben werden, sowie aus einem Modellteil, der Unterrichtsbeispiele für den Primarbereich und die Sekundarstufen I und II bereitstellt. Die Kapitel über die elementaren Prozesse des Sprechens und Vorlesens im Grundlagenteil können als Beitrag für eine „moderne Sprecherziehung“ gelesen werden. Die Unterrichtsbeispiele für die Sekundarstufe II zeigen die ganze Spannweite einer Vorlese-Didaktik: „Vorlesen“ wird zur Grundlage der Konzeption eines Lyrikkurses. – „Vorlesen“ wird am Beispiel von Medientexten zum Gegenstand kritischer Reflexion. – „Vorlesen“ konstituiert ein fächer- und schulübergreifendes Projekt.

Ockels Buch kann in vielfältiger Weise in Gebrauch genommen werden. Die unterrichtspraktischen Beispiele liefern direkte didaktische und methodische Anregungen und mögen zu Variationen Anlass geben. Aber auch die Kapitel des Grundlagenteils können unmittelbar für einen Unterricht genutzt werden, der bereit ist, die Herausforderungen einer neuen Vorlese-Didaktik aufzunehmen.

Bamberg / Göttingen im November 1999

Günter Lange
Karl Schuster
Werner Ziesenis

Vorwort

Das Vorlesen kommt in unserer Schullandschaft vor allem in der Grundschule vor; in den weiterführenden Schulformen wird es eher vernachlässigt. In diesem Buch wird gezeigt, daß es in allen Schulstufen nicht nur seine Berechtigung hat, sondern durchaus zu den Grundfähigkeiten der Textdeutung gerechnet werden darf.

Der Brennpunkt dieses Buches liegt daher vor allem auf zwei Aspekten:

1. Die Leser des Buches sollen zu kompetenten Vorlesern werden. Dies sind in doppeltem Sinne die Lehrer: Sie sollen selbst eine Vorlesekompetenz erwerben und Methoden souverän anwenden, um Schüler zu guten und das heißt hörer- und textgerechten Vorlesern auszubilden. Dafür brauchen sie Kenntnisse über das Vorlesen als Kulturtradition und als Ausdrucksfähigkeit, um ihre eigenen Fähigkeiten zu vervollkommnen.
2. Sie sollen befähigt werden, auch als Lehrer und Vermittler geeignete Fördermaßnahmen zu ergreifen, damit auch die ihnen anvertrauten Schüler als Vorleser und Vorleserinnen fit werden.

   Die Beschreibungen fordern dazu heraus, als Vorleser Sprechversuche zu unternehmen. Dazu gibt es keine Alternative, denn wer nicht selber eine Vorstellung über die Schwierigkeit der Umsetzung von inneren Klangbildern erwirbt und erfährt, der wird kaum andere zum Vorlesen anleiten können. Ich gehe davon aus, daß der Vorleser in jeder Situation die hier gemachten Vorschläge erproben und sie für seine eigenen Zwecke nutzbringend umsetzen kann.

   Ansprechpartner und Zielgruppe sind vor allem Lehrer, die nach Anregungen suchen, wie sie ihre Texte und auch fremde vortragen und wie sie sich und ihre Schüler dazu befähigen können. Dabei sollen die Schüler Erfahrungen sammeln auch als Lektoren in liturgischen Kontexten und als Sprecher im hörerlosen Aufnahmeraum (äquivalent den Rundfunksprechern).

Ich möchte dem Herausgeberteam von „Deutschdidaktik aktuell" danken für die vielen konstruktiven Ratschläge bei der Entstehung des Manuskripts, allen voran Herrn Werner Ziesenis aus Göttingen sowie dem Schneider Verlag in Baltmannsweiler für die sorgfältige Arbeit bei der Drucklegung. Viele Mühe habe ich auch dem KIZ-Team der Hochschule Vechta bereitet; daher möchte ich Herrn Hanken und Herrn Bahrenfuss für ihre Hilfe danken, die manche Probleme des Notebooks auch für mich verständlich lösen halfen. Nicht vergessen sei bei diesen Danksagungen auch meine Kollegin Prof. Dr. Gudrun Schulz, mit der ich die Wertschätzung für das Vorlesen teile und die den Hinweis gab, die Arbeit dem Schneider Verlag anzubieten. Wertvolle Hinweise verdanke ich auch meinem Sohn Olaf, meinem Kollegen Prof. Dr. Elmar Bartsch und Wilfried Szubries und meiner Freundin Dr. Gabriele Beyerlein. Die Hauptlast bei der Entstehung eines Buches trägt jedoch immer die Ehefrau: ich danke Gunhild für ganz viel Ermutigung in allen Phasen der Entstehung des Manuskripts.

Die männlichen Bezeichnungen werden der Einfachheit halber immer dann verwendet, wenn es auf die Differenzierung der Geschlechter nicht ankommt.

Dankbar bin ich für jeden Hinweis, wie mit dem Buch umgegangen werden kann und für Ergänzungsvorschläge, damit seine Reichweite und seine Übungsanregungen auf die Bedürfnisse der verschiedenen Lesergruppen zugeschnitten werden können.

Vechta Oktober 1999 Eberhard Ockel

Teil I:
Zentrale Aspekte des Vorlesens

1. Kapitel: Historische Entwicklung und Gegenstandsbestimmung

Was geschieht beim Vorlesen? Zweifellos ist diese Handlung eine bewußte / gewollte, die sich in einem kommunikativen Rahmen abspielt: Ein Text wird von einem Vorleser einem Publikum übermittelt. Der Text erreicht so das Publikum gleichsam durch ein Medium: den Vorleser, der den Text selber in einer bestimmten Weise versteht und entsprechend vorliest. Dabei wirken sich auch noch Übertragungsbedingungen des Textes prägend auf die Art der Vorlesehandlung aus: Spricht der Vorleser durch ein Mikrophon, spricht er in einem großen ggf. halligen Raum oder in einem intimen kleinen Raum, spricht er in einem Studio oder zu anwesenden Hörern, oder spricht er unter freiem Himmel? Zweifellos beeinflussen solche und ähnliche situative Aspekte die Art des Textvortrags. In jedem Fall geht es dem Vorleser um eine Verständigung mit dem Hörer über den Text; das wirkt sich aus auf seine Textauswahl (je nach Hörerzusammensetzung) und auf seine Ausdrucksgestaltung.

Neben dem individuellen Gestaltungswillen des Vorlesers und den Erwartungen seiner Hörer haben stets zeitabhängige Vorstellungen die Art dieses Gestaltungsvorgangs beeinflußt. Vorlesen ist und war immer auch von sozialen und historischen Rahmenbedingungen abhängig und geprägt. Daher werde ich zuerst die historische Entwicklung des Vorlesens beschreiben.

1.1 Historische Entwicklung

Wie weit die Vorlesekultur in die Vergangenheit zurückreicht, ist nicht genau auszumachen: Zeugnisse darüber fehlen weithin. Vermutlich haben die Schreiber von Dokumenten nach deren Abfassung ihren Auftraggebern, adligen Grund- und Gerichtsherren, die häufig nicht lesen konnten, diese zur Kontrolle vorgelesen. Die seit etwa 800, also seit dem frühen Mittelalter überlieferte Sammlung von sogenannten Regesten, Verordnungen, Privilegien, Verfügungen hat sicher vor dem Siegeln durch den Machthaber noch eine Endkontrolle erfahren. Ebenso ist schon im Mittelalter in den Speiseräumen der Klöster aus Predigtsammlungen oder der Bibel vorgelesen worden. Vor allem im Gefolge der Reformation, also im ersten Drittel des 16. Jahrhunderts, haben öffentliche Predigten sprunghaft zugenommen, obwohl nur vereinzelt Hinweise darauf überliefert sind, wie häufig aus dem Stegreif oder auswendig oder nach Manuskript gepredigt wurde. Im Barock haben sich literarische Zirkel gebildet, in denen sich die Autoren gegenseitig ihre Dichtungen vortrugen. Auf der Basis einer rhetorischen Ausdruckskunst, die sich bis zum Humanismus zunehmend verfeinert hat, entwickelte sich zu Beginn des 17. Jahrhunderts eine eigenständige ästhetische Vortragskunst. Sie pflegt im Kreis von Gleichgesinnten die mündlich vorgetragene Dichtung, vor allem um die Qualität der vorgetragenen Texte zu testen. Qualität heißt zu dieser Zeit, der Schulmeinung und entsprechenden Dichterlehren entsprechende und nicht originelle Texte zu verfassen. Dabei sollte man sich allerdings klarmachen, daß diese Zirkel vorrangig dem Ziel dienten, die deutsche Sprache zu pflegen und nach dem Modell der

Forderung ist unüberhörbar, und damit schließt sich der Kreis zu Luther: Der Prediger solle versuchen, natürlich zu sein (S. 229). Bis heute bleiben Erwartungen an Echtheit und an Glaubwürdigkeit beim Predigtvortrag bestehen, verbunden mit einer der Situation und der geistlich-pastoralen Bedingung gemäßen Ausdrucksweise.

1.1.2 Schulische und universitäre Förderung des Vorlesens

Vorläufer von schulischen Erwartungen zum Vorlesen ist zum einen eine breitere Alphabetisierung im gebildeten Bürgertum und zum anderen die Jahrhunderte andauernde Trägerfunktion kultureller Angebote durch Stadt-, Bischofs- und Klosterschulen. Im Rahmen der rhetorischen Ausbildung wurden Musterreden natürlich in lateinischer Sprache – in manchen Städten sogar als Wettbewerb – vorgetragen.

Als erster fordert der Pädagoge Ratichius (Ratke) 1618, die Schüler sollten deutsche Schulreden schreiben und vortragen (S. 248). Im Schulmethodus, einem gymnasialen Richtlinienentwurf, der 1640 speziell für das Gymnasium in Gotha erschien, aber später noch in mehreren Auflagen bis 1685 eine große Verbreitung fand, wird das Vorlesen zuhause empfohlen, wobei die Eltern auf eine deutliche Aussprache achten sollten (S. 259). Die Schulordnung von 1737 in Braunschweig-Lüneburg geht noch weiter und legt für das Vorlesen methodisch fest: Je nach der „Beschaffenheit der Materie und Abtheilung oder Distinction der Worte" solle „die Stimme in etwas erheben oder fallen" (S. 287). Die Kurfürstlich-Sächsische Schulordnung von 1773 steht bereits der Geniezeit nahe: Sie fordert, daß die Lehrer mit den Schülern die besten Werke der klassischen deutschen Schriftsteller lesen sollten. Die Schüler sollten sich auf annehmliche Art öffentlich hören lassen, wenn sie dieser Forderung nachkämen (S. 289 ff.). Zu Anfang des 19. Jahrhunderts werden diese Forderungen durch Herder und Adam Müller präzisiert: Herder fordert das Vorlesen von Dichtungen, und Müller empfiehlt als Vorstufe besserer Redefähigkeiten in Deutschland Übungen im Vorlesen an allen Schulen (S. 381 ff.). Ebenso argumentiert Fichte (S. 411). Die Forderungen nach Vorleseübungen beabsichtigen zum einen, eine freiere und kunstvollere Vortragstechnik anzubahnen, und rechnen zum anderen damit, daß die vorgetragenen Musterreden oder literarischen Werke stil- und damit modellbildend für den eigenen Ausdruck des Vorlesers wirken.

Im weiteren Verlauf des 19. Jahrhunderts werden Fragen der Erziehung und Förderung des Kindes im Sprechen und Vorlesen immer häufiger erörtert. Dabei aufgestellte Forderungen beeinflussen Volksschulen offenbar stärker als die Gymnasien (S. 424). Auf die Vorlesekultur in den Schulen wirkte sich der z. T. bombastische Vortragsstil mancher Schauspieler ungünstig aus. Sie boten Schülern und Lehrern schon damals willkommene Modelle für den vorbildlichen sprecherischen Ausdruck. Eine systematische Ausbildung des Volksschullehrers in solchen Fertigkeiten wie dem Vorlesen ließ sich trotz wiederholter Forderungen bis in die 20er Jahre unseres Jahrhunderts nicht durchsetzen. Trotz entsprechender Forderungen der

Richtlinien ist das bis heute so geblieben (S. 425f.). Diese Aussage trifft zu, obwohl an den Lehrerausbildungsstätten auf Anregung von Kunsterzieherbewegung und Reformpädagogen für Sprecherziehung gesorgt wurde: die Sprecherzieher waren ausgelastet damit, für die sprecherische Gesunderhaltung der Lehrerstimmen zu arbeiten. Nur aus Neigung vertieften einzelne Lehramtskandidaten ihre sprecherische Ausbildung: sie waren und sind jedoch die Ausnahmen, die die Regel bestätigen.

Methodisch wird im 19. Jahrhundert differenziert: Heyse 1833 und Becker 1840 sehen als Vorbereitung auf das Vorlesen Ausspracheübungen vor. Dabei legt Heyse Wert auf die Übereinstimmung von Ton und Ausdruck der Stimme mit der Empfindung, während Becker die Sprechübungen mit Denkübungen verbindet (S. 428). Diesterweg fordert zeitgleich, der Lesende möge lebendig darstellen, aber nicht deklamieren. Bei ihm nimmt die Akzentlehre einen großen Raum ein; für den Versvortrag fordert er den Sprecher auf, nicht zu skandieren, sondern den verseigenen Rhythmus hörbar zu machen. Er erkennt auch den Zusammenhang zwischen Akzent und Tonhöhe und differenziert zwischen drei Pausensetzungen: logischer, emphatischer und prosodischer. Je nach Textvorlage unterscheidet er zwischen rednerischem und ästhetischem Lesen. Auch macht er auf Ausdrucksdifferenzen zwischen Textrollen aufmerksam und betont die Bedeutung von Hörübungen (S. 432f.). Der Schulmann Rudolf Hildebrandt fordert 1876 generell den Primat der gesprochenen Sprache vor der geschriebenen in der Schule (S. 441). 1880 wird diese Forderung von weiteren Gymnasiallehrern aufgenommen und auf die Förderung des Lesevortrags bezogen (dabei werden die Begriffe Deklamation und Rezitation bewußt vermieden). Mit einer Kritik am Übermaß schriftlicher Arbeiten verbindet der Pädagoge Wilhelm Münch 1888 seine bedauernde Feststellung: die „gesamte Bewegung der Stimme mit ihrem unendlichen Reichtum ... verkümmert geradezu im Schulunterricht“ (S. 444f.). 1890 wird erstmals öffentlich die Schulmeisterregel bekämpft, es sei „jedes Komma Satzpausenzeichen, bei dem man innehalten müsse“ (S. 450). Das Chorlesen, seit 1807 eingeführt, wird zum Ende des Jahrhunderts 1897 wegen der Gefahr für den echten Ausdruck des Schülers eher skeptisch beurteilt (S. 453).

Die schulischen Empfehlungen im 19. Jahrhundert spiegeln die Konkurrenz zwischen den alten Sprachen und Deutsch, belegen aber die steigende Einsicht in die Notwendigkeit von Vorlese- und Vortragsübungen bis zur Prima, der gymnasialen Abschlußklasse (S. 457ff.). Später setzt sich die Auffassung durch, sinngemäßes Lesen bilde die erste Hauptstufe der Ausbildung zum Sprechen, und der 2. Kunsterziehertag wertet 1903 den Vortrag von Dichtung sogar als allgemeines Bildungsmittel (S. 467).

Aber auch an den Universitäten bilden sich solche Bestrebungen heraus, die nach dem Vorbild der Sprachgesellschaften anderer Nationen die deutsche Sprache als Sprache der Dichter und Denker hoffähig zu machen suchen. Immerhin gelten die humanistischen Sprachen bis weit ins 18. Jahrhundert hinein als Wissenschaftssprachen. 1727 gelingt es Gottsched, eine Sprachgesellschaft in Leipzig unter seiner Leitung zur Deutschen Gesellschaft umzubenennen, die 1738 die Gründung einer Teutschen Gesellschaft im benachbarten Jena anregt und sich zum Ziel setzt, wissenschaftliche Vorträge über deutschen Stil und deutsche Rechtlautung und -schreibung sowie deutsche Literatur in Lyrik und Prosa in regelmäßigen Treffen einander vorzulesen. Namentlich die Jenaer Gesellschaft zählt sehr bekannte Namen von Autoren (z. B. Gellert und Klopstock) und Sprachwissenschaftlern zu ihren Mitgliedern; und sie begründet mit diesen Initiativen eine sehr konstruktive Form- und Sprachkritik (S. 329). Weitere Deutsche Gesellschaften nach dem Vorbild der Leipziger sind neben anderen in Greifswald, Göttingen, Frankfurt/Oder entstanden. Ein besonderes königliches Privileg erhielt die Königsberger Deutsche Gesellschaft (sie durfte sich „königlich" deutsche Gesellschaft nennen), aber keiner dieser Zusammenschlüsse gelang es, das gemeinsame Ziel, eine Sprach- und Aussprachepflege des Deutschen nach dem Modell der Académie Francaise zu entwickeln und zu verwirklichen.

1.1.3 Literarische Zirkel

Diese deutschen Gesellschaften haben auf spezielle Autorentreffen, aber auch auf öffentliche Lesungen literarischer Texte in sogenannten literarischen Salons, ebenso eingewirkt wie die Schauspielervereinigungen, die sich kurzfristig zum Ende des 18. Jahrhunderts in Schwerin, Leipzig, Mannheim und Berlin bilden, und zu deren Anregung der berühmte Schauspieler Konrad Ekhof durch seine Ideen zur Schauspielausbildung (ihm schwebt eine Schauspielakademie für ganz Deutschland vor) hauptsächlich beiträgt. Er führt die Vorleseprobe als Auseinandersetzung mit dem Stück durch Schauspieler und Regisseur ein und auf deren Grundlage die endgültige Rollenverteilung (S. 338 ff.). Iffland, der Leiter des Berliner Theaters, führt Anfang des 19. Jahrhunderts diese Ideen weiter. Er entwirft Ausbildungsforderungen für den Schauspieler und empfiehlt sogenannte Sprechstunden für dessen Berufseignung. Diese regelmäßigen Übungsstunden zur Sprecherziehung des Schauspielers sollen diesem eine überregional gültige verständliche Aussprache und die für die Bühne erforderlichen handwerklichen Sprech-Fähigkeiten vermitteln. Die hier ebenfalls geforderten und z. T. praktizierten Vorleseübungen an literarischen Texten führen zu ersten öffentlichen Vorleseauftritten, die sowohl Iffland selber als auch sein Zeitgenosse Schröder mit Balladen- und Dramenprogrammen gestalten, und deren Auswirkungen vielfältig im 19. Jahrhundert sich nachweisen lassen.

Von Seiten der Autoren kommt Unterstützung für diese Entwicklung: Klopstock betont in mehreren Texten den Primat des Gesprochenen vor dem Geschriebenen; er hat mit seinen Forderungen, Verse sollten fürs Ohr geschrieben werden, und der Autor sollte die untrennbare Einheit von gelauteter Versform und Inhalt respektieren, unabsehbare Wirkungen gehabt (S. 357 ff.).

„Wenn ich die schöne Sprechung dir nenne, so mein' ich nicht jene,
Die durch erhebenden Ton, künstelnden, Schmeichlerin ist.

Oberrichterin ist des Gedichts die Sprechung. Was ihr nicht,
Ganz sie selber zu sein, mächtiger Reiz ist, vergeht."

„Wird das Gedicht nicht gesprochen; so seht ihr die Seelen nicht, denen
Inhalt, treffendes Wort, mit zu erscheinen gebot.
Spricht man's nicht gut; so entbehrt ihr nicht jene Seelen nur, anders
Zeigt sich der Inhalt auch, ist euch der wahre nicht mehr." (S. 368).

Parallel zu diesen ersten dichterischen Forderungen zum Vorlesen werden Überlegungen zum Verhältnis zwischen Quantität und Qualität von Sprechsilben angestellt, um weitere differenzierte Kriterien für künstlerische Texte zu gewinnen (S. 363). Klopstocks Forderungen, unter dem Titel „Vom Sylbenmaße" 1770 veröffentlicht, sehen öffentliche Vorlesungen vor, um „das Vergnügen der gesellschaftlichen Theilnehmung des Ohrs und der lebhaftern Empfindung des Gedichts" nicht zu verlieren. Diese Forderungen machen den Weg frei für die um die Jahrhundertwende zahlreich verbreiteten Vorleseabende (S. 368). So sammeln sich die Frühromantiker im Tiefurter Kreis der Herzogin Anna Amalia von Weimar um die Vorleser Tieck und Schubart; die Kunst des Vorlesens dichterischer Werke setzen Holtei, A. W. Schlegel und Immermann fort.

Emil Palleske und Wilhelm Jordan führen die Tradition der Schauspieler- und Autorenlesungen zusammen – sie präsentieren sich zum Ende des 19. Jahrhunderts als Dramenvorleser und als Vorleser von dichterischen Texten lyrischer und epischer Gattung. Liliencron bildet den Abschluß mit seinen Auftritten im Kabarett und mit der Vorlesung eigener Werke 1896 zum erstenmal für den Phonographen. Dauthendey, Dehmel, Hauptmann und Rilke setzen ebenso wie Kainz und Wüllner die Tradition fort.

Wichtige literarische Zirkel als Träger und Pfleger von Dichterlesungen in diesem doppelten Sinn bilden im 1. Drittel des 19. Jahrhunderts der schwäbische Dichterkreis mit Mörike, um 1850 der Berliner „Tunnel über der Spree" mit Fontane, und gegen Ende des Jahrhunderts die Münchner „Nebenregierung" mit Wedekind (S. 496f.). Geradezu verherrlicht wird der Dichter als Sprecher seiner Texte im George-Kreis in den zwanziger Jahren unseres Jahrhunderts. Weder vorher noch nachher allerdings wird solch ein Personenkult betrieben und rhythmisches und dichterisches Sprechen fast als exklusiver Besitzanspruch reklamiert (S. 509).

Nur wenige Autoren haben allerdings wie Fichte selber Vortragsunterricht zur Schulung ihres Vorleseausdrucks genommen; und Fichte war noch zusätzlich Professor, d.h. gehörte zu einer Statusgruppe, die eine solche Schulung für eher entbehrlich, wenn nicht überflüssig hält. Seine Forderung, die er 1805/6 Hardenberg zur Reform der Universität Erlangen vorlegt, Professoren vor der Berufung in der Kunst des akademischen Vortrags, der Vorlesung, zu prüfen, hat sich bis heute nicht durchgesetzt (S. 413), wenn man von der formalen Forderung einmal absieht. Zu solchen Autoren gehört auch Kleist, der 1803 bei Kerndörffer Unterricht im Vorlesen seiner Dramen nahm (S. 493f.).

Seit 1920 hat der Rundfunk als wichtiges Medium ein großes Hörerpublikum mit regelmäßigen Autorenstunden für Vorlesungen interessiert. Durch funkische und filmische Medien sind literarische Zirkel weitgehend verdrängt: die eigene Vorlesung im kleinen Kreis kulturell Aufgeschlossener weicht der medial vermittelten. Seit 1945 ist das literarische Vortragswesen und die Dichterlesung erneut eine bedeutsame kulturelle Einrichtung in der Bundesrepublik Deutschland (S. 491 ff.) wie auch in der DDR, die allerdings das kulturelle Erbe mit ideologischem Alleinvertretungsanspruch zu verbreiten suchte. Die Schallplatte hat über eine lange Zeitspanne Autorenlesungen (z. B. Thomas Mann) und berühmte Schauspieler mit gesprochenen literarischen Texten bewahrt (z. B. Matthias Wiemann und Heinrich George, in der DDR z. B. Ernst Busch und Ekkehard Schall). Jedoch stand und steht die Vorlesevermittlung von Literatur immer im Schatten der Unterhaltungselektronik, wenn auch gerade heute immer mehr Romane und längere Erzählungen von berühmten Schauspielern gesprochen vorliegen (z. B. die Reihe HörBuch bei der DG mit Gert Westphal). Einzelne Regionen, so z. B. die Landschaftsverbände, übernehmen soziale Aufgaben wie Blindenzeitung und Blindenhörbücherei; aber sobald das Geld knapp wird, werden solche Einrichtungen als erste nicht mehr bezuschußt. Die Funk- und Fernsehanstalten nehmen kaum noch Anteil an der Vorlesekultur; eine Ausnahme bilden die verstreuten regionalen Kulturprogramme von geringer Reichweite und regionale Kulturangebote.

Die Stiftung Lesen in Mainz hat 1984 eine Lehrcassette zum Vorlesen und zum Erzählen veröffentlicht; schon der technischen, aber auch der inhaltlichen Sorgfalt merkt man an, welchen Stellenwert die Stiftung diesem Aspekt beimißt, abgesehen von der Vermischung zweier durchaus eigenständiger Kulturtraditionen.

1.2 Heutige Ausprägungen des Vorlesens

Aus diesen geschichtlichen Traditionslinien entwickeln sich verschiedene Ausprägungen und Realisierungen des Vorlesens, denen jeweils unterschiedliche Situationen zugrunde liegen:

1. die ganz private häusliche Vorlesesituation, die ganz spontan aus der Mitteilung von „Lesefrüchten“ erwächst oder an Kinder gerichtet ist;
2. halb öffentliche Vorlesesituationen für einen begrenzten Hörerkreis:
   Vorlesewettbewerbe und Rezitationswettbewerbe,
   Vorlesungen und Rezitationen zu Elterneinladungen, Festen und Feiern in der Schule / im Kindergarten,
   Vortragsveranstaltungen im außerschulischen Bildungsbereich,
   Vorlesung akademischer Texte (universitäre Lehrveranstaltungen),
3. die öffentlichen Vorlesesituationen, die unterschiedliche Ausprägungen haben:
   Vortragsveranstaltungen in Wirtschaft, Industrie, Verwaltung,
   Vorlesung literarischer Texte (vorwiegend als Autorenlesungen),
   Vorlesung von politischen Reden (Parlament),

Vorlesung in den Medien: Nachrichten, Moderation, Vortrag,
Vorlesung biblischer Texte (Gottesdienst).

Aus dieser Zusammenstellung läßt sich unschwer erkennen, daß das Vortragen eigener und das Vortragen fremder Texte miteinander verbunden wird: Dabei gehe ich davon aus, daß die Situationen keiner Erläuterung bedürfen und daß sich jeder Beispiele für die aufgelisteten Situationen vorstellen kann. Das Vorlesen eigener und fremder Texte ist insofern vergleichbar, als offenbar ein grundsätzlicher Unterschied besteht zwischen dem Alltagssprechen und dem Vorlesesprechen. Dieser Unterschied wird hörbar ungeachtet der Vertrautheit oder Fremdheit zwischen Text und Vorleser.

In den meisten dieser Situationen macht der interessierte Hörer die Erfahrung, daß sehr viele Vorleser ihr Vorlesesprechen ganz anders organisieren als ihr Alltagssprechen: Anscheinend ist es für die Vorleser schwierig, eine Brücke vom Alltagssprechen zum Vorlesesprechen zu schlagen; sie machen die vorgelesenen Texte vielfach nicht der Situation oder ihrer Struktur gemäß verständlich, und man gewinnt sogar manchmal den Eindruck, daß sie den vorgelesenen Text kaum seinem Anspruch entsprechend gestalten, obwohl ihr eigenes Alltagssprechen durchaus verständlich und lebendig und anregend wirkt. Je häufiger man mit Vorlesen Hör-Erfahrungen sammelt, desto mehr verdichtet sich der Eindruck, daß der Vorleseton Klischees folgt, die überindividuell erklärt werden müssen. Immer noch folgen Vorleser anscheinend der Vorschrift, gut zu betonen (das heißt dann meistens: zu viel zu betonen), beim Komma die Stimme zu heben und beim Punkt die Stimme zu senken. Hier dürften schulische Sozialisation und formale Regeln verinnerlicht worden sein. Je älter die Vorleser werden, desto stärker prägt sich diese Gewohnheit aus und desto weniger versteht der Vorleser, was er vorliest. Die Erfahrung, daß ungern vorgelesen wird, kann nicht allein mit der Scheu vor der Öffentlichkeit erklärt werden.

1.3 Abgrenzungen gegen andere sprechkünstlerische Leistungen

Ich wähle diesen ungewöhnlichen Begriff, weil Kunst zweifellos im Spiel ist. Sie besteht im sprecherischen Umsetzen eines Textes für einen oder mehrere Hörer. Da nur der Sprecher diese Umsetzung verwirklicht, der sich die flüchtige Übermittlung vergegenwärtigt und entsprechend gliedert und sparsam und gezielt hervorhebt, was ihm im Text wichtig erscheint, dürfte die Bezeichnung „Sprechkunst" auch für das Vorlesen kaum übertrieben sein. Denn um den Sprecher zu solcher Klärung des Textanliegens zu befähigen, bedarf es bewußter Steuerung seiner elementaren Sprechprozesse nach dem Modell seines üblicherweise unbewußt ablaufenden Alltagssprechens.

Ich halte einen solchen Vergleich mit anderen sprechkünstlerischen Tätigkeiten für fruchtbar, um das Spezifische des Vorlesens gegenüber anderen flüchtigen Vermittlungsweisen eines Textes trennschärfer herausarbeiten zu können.

– Theater

Zunächst einmal dürfte der Zusammenhang zwischen dem Vorlesen und der szenischen Darstellung eher als gegensätzlich betrachtet werden. Was hat das eine mit dem anderen zu tun?

Sicher bestehen zunächst bedeutsame Unterschiede zwischen den beiden Arten, Texte zu veröffentlichen. Die szenische Darstellung verfolgt vor allem das Ziel, durch den Text vorgegebene oder selbsterdachte Rollen zu verkörpern. Dabei verwendet sie auch den Sprechausdruck, aber nur als ein Darstellungselement neben Bühnenbild, Requisiten, Kostümen, Masken und vor allem körperlichen Ausdrucksformen und -mustern. Nicht ohne Grund wendet sich szenische Darstellung an Zuschauer, die auch Hörer sind, Vorlesen jedoch vorrangig an Zuhörer. Der Schauspieler präsentiert seine Darstellung allen Sinnen des Zuschauers, seine Textinszenierung ist ganzheitlicher als die des Vorlesers.

Die gemeinsamen und parallelen Merkmale sind jedoch genauso bedeutend: Verwandt sind beide Handlungen durch die Kommunikation, die sie anregen und auf der sie beruhen: Weder Vorlesen noch szenische Darstellung kann ohne Bezugspersonen auskommen. Und beide sind Textinszenierungen: die szenische Darstellung wird als solche wahrgenommen, indem sie den Text in Handlung umsetzt, der Vorleser inszeniert ihn, indem er ihm seinen Sprechausdruck verleiht.

Und noch eine wichtige Gemeinsamkeit: Szenische Darstellungen wie Vorlesen sind nur denkbar als gerichtete, partnerbezogene Ausdrucksformen. Sobald der Textdarsteller (so nenne ich Vorleser und Schauspieler) seine Mitteilungsabsicht außer Acht läßt, wirkt sein Ausdruck nicht mehr auf das Publikum, sobald der Textdarsteller seinen Text ohne klare innere Absicht spricht, sein Inszenierungskonzept vernachlässigt, oder auch nur die Absicht einer Aussage über einer komplizierten Satzkonstruktion vergißt, gilt das gleiche[5].

– Hörspiel

Das Hörspiel besteht aus einer Kombination verschiedener Sprecher mit Musik- und/oder Geräuscharrangements.

Seine Rezeption ist ausschließlich dem Ohr vorbehalten; je nach Situation einer Vorlesung von Texten, vor allem bei einem persönlichen Auftritt des Vorlesers, beeinflussen allerdings auch noch visuelle Eindrücke die Hörwahrnehmung des Empfängers: dabei können mimische oder gestische Ausdrucksmittel des Vorlesers eine Rolle spielen. Somit ist das Hörspiel einerseits eine idealtypische Verengung des Vorlesens, insofern sich seine Wahrnehmung und Ausprägung auf den reinen Hörbereich beschränkt, andererseits eine Erweiterung, insofern mit mehreren Stimmen und mit Geräuschen gestaltet wird.

Daß die Verwandtschaft mit dem Vorlesen wesentlich enger ist als die zwischen Vorlesen und Theater, wird auch aus einer historischen Entwicklung deutlich, die sich

[5] Vgl. zu differenzierteren Aussagen zur Sprechkunst des Schauspielers Aderhold 1977

am Medienmarkt festmachen läßt: Früher gab es häufiger Geschichten, die im Kinderfunk vorgelesen wurden, oder spezielle Sendungen z. B. mit Eduard Marcks, in denen dieser Märchen vorlas. Bis in die 60er Jahre hinein waren auch Schallplatten z. B. mit Vorlesungen für Kinder zu bekommen. Fast der gesamte Markt wird heute – sieht man von vereinzelten Vorlesestunden für Erwachsene in den Kulturprogrammen der Rundfunksender ab – durch Hörspielfassungen abgedeckt: Unterstellt wird dabei anscheinend eine günstigere Akzeptanz solcher Hörspielbearbeitungen bei den jugendlichen Hörern. Auch wirkt das Hörspiel in diesem Sinne komplexer auf den Zuhörer als der Vorleser; es bietet im Gegensatz zu der Stimme und den Gestaltungsmitteln des einen Vorlesers für jede Figur eine Stimme und für die Vorgänge stimulierende Begleitmusik und Begleitgeräusche. Hörspielfassungen eines Textes scheinen die gleiche Erleichterung der Vermittlung zu beabsichtigen, allerdings unter Reduzierung der Sinneswahrnehmungen beim Rezipienten und unter z. T. fragwürdigen Manipulationen am Text. Vielleicht hat der immer wachsende Konkurrenzdruck der Medien, möglicherweise auch die wachsende Konsumorientierung der Jugendlichen, sich ausgewirkt auf den Trend, Geschichten und Romane für Kinder zu bearbeiten, sie gewissermaßen als szenische Lesung anzubieten. Vielleicht bringt das Kind heute auch nicht mehr die Geduld auf, sich von der originalen Fassung eines Prosatextes ansprechen zu lassen, wenn die Vermittlung nicht mit engem persönlichem Kontakt verbunden ist. Der Vorleser wirkt nur dann wie ein „Rattenfänger von Hameln", wenn er eine vertraute Situation zu schaffen versteht und dem Kind ggf. auch als Beantworter für Fragen zur Verfügung steht.

Z. B. Hörspielserien „Bibi Blocksberg", „Benjamin Blümchen" u. ä. scheinen geradezu als Ersatzbabysitter geeignet und getestet. Die beliebtesten Hörspielbearbeitungen – wenn man den Verkauf als Kriterium nimmt – sind dabei merkwürdigerweise die, die stimmlich Rollenklischees zementieren und damit eine ähnliche Tendenz verfolgen wie die ebenso beliebten Comics. Verschiedene stimmliche Charakterisierungen scheinen zudem den Einstieg zu erleichtern, weil die Anforderung an die Phantasie entschieden geringer ist als beim Vorlesen. Daher beobachtet man auch bei den Kindern, daß sie mit dem Text die Kopie der Rollenstimmen verbinden. Da der Vorleser nur eine Stimme variiert und dabei auch nur eine Textdeutung vermittelt, bleibt der Erfindungsgabe des Zuhörers viel Spielraum.

Auch das Hörspiel ist ein eigenes Genre: In ihm wirken verschiedene Sprecher zusammen, die gemeinsam einen i. d. R. dialogischen Text inszenieren, während der Vorleser natürlich auch einen dialogischen Text sprechen kann, aber dann mit der Ausdrucksdifferenzierung seiner Stimme die verschiedenen Personen kennzeichnen muß. Außerdem sorgt im Hörspiel die im Regelfall vorhandene Geräusch- und Musikuntermalung unterstützend zur Stimme der beteiligten Sprecher für Ausdruckswirkung. Das führt gelegentlich zu dem Eindruck, daß sich die Sprecher auch gar nicht um textentsprechende Lebendigkeit bemühen[6]. Allerdings läßt sich

[6] Diese Feststellung habe ich bei einer Untersuchung von Märchenbearbeitungen machen können; vgl. Ockel 1986

auch in guten Hörspielen feststellen, daß die Sprecher, um glaubhaft und authentisch zu wirken, nach charakteristischen Merkmalen ihrer Rollen ausgesucht sind und in dieser Rolle festgelegt agieren; auch der Sprecher im Hörspiel steht mit der Qualität seiner Rollenstimme ganz anders als der Schauspieler für die Glaubwürdigkeit seiner Rolle ein. Vom Vorleser hingegen erwartet ein differenzierter Text die Übernahme von unterschiedlichen Perspektiven und damit hörbare Sprechrollenwechsel. Der Vorleser wird auch nur in Ausnahmefällen (z. B. Lutz Görners Reziteater in Recklinghausen) von Musik oder Geräuschen begleitet. Alles muß im Prinzip von seiner Stimme, ggf. unterstrichen von sparsamen Gesten und mimischen Andeutungen, bewirkt werden. Hörspielbearbeitungen von Texten bleiben i. d. R. hinter dem Text zurück und reduzieren seinen Anspruch an die Leserphantasie.

– Erzählen

Auch zwischen Vorlesen und Erzählen[7] liegen die Unterschiede auf der Hand: Der Vorleser ist auf den selbstgewählten Text verwiesen, den er „aufzuführen“ hat; der Erzähler hingegen verfügt über eine Idee, die er frei variierend mit eigenen Worten ausführt. Für den Erzähler hat das den Vorteil, daß er seine eigenen Worte verwendet und so seine Darstellung in jedem Fall authentisch wirkt; der Vorleser muß zuerst den fremden Text sich so aneignen, daß er auch die ihm ungewohnte Sprache angemessen zu gestalten vermag. Selbst wenn er seinen eigenen Text vorliest, handelt es sich um schriftlich fixierten Text und somit nicht unbedingt um leicht sprechbaren Text. Zudem kann der Erzähler jederzeit frei mit seiner Idee umgehen und sie ggf. auch unterbrechen, sie zum Aufhänger für neue Ideen nehmen, sie und sein Erzählvorhaben kommentieren.

Der Vorleser hat zwar auch den Text für sich, so daß in der Regel kein Hörer nachprüfen kann, wie eng er sich an seiner Textvorlage orientiert, aber er ist doch gehalten, an dem Textmaterial nichts zu verändern, um das Verständnis nicht zu beeinträchtigen. Es bedarf auch einer spontanen Flexibilität, den Text sprechnäher zu gestalten, ohne die notwendige Übersicht über den syntaktischen und semantischen Zusammenhang zu verlieren. Nach gemeinsamer Übereinkunft darf der Erzähler während seiner Erzählung körpersprachliche Zeichen gebrauchen, um die Wirkung des Erzählten zu verstärken. Er darf unbeanstandet Mittel der szenischen Darstellung verwenden. Dies gesteht der Hörer dem Vorleser nicht im gleichen Maß zu. Der Vorleser verfügt auch nicht im gleichen Maß wie der Erzähler über die Freiheit, körpersprachliche Verstärker einzusetzen. Das mag auch mit der Verantwortung des Vorlesers für den Text zu begründen sein, die der Hörer hier einfordert.

Die unterschiedlichen Vorgaben, die ich hier aufliste, sind natürlich auch mit der Art des Textes zu erklären, mit dem es Vorleser und Erzähler zu tun haben. Schon wegen seiner freien Vorlage wird der Erzähler z. B. kaum in gebundener Rede er-

[7] Einen ausführlichen Vergleich habe ich in Ockel 1987 vorgelegt

zählen können: Seine bevorzugte Textsorte wird freie Prosa sein. Das dürfte auch der Übermittlung durch Sprechen und Hören am besten Rechnung tragen. Hingegen vermag der Vorleser alle denkbaren Texte in Sprechausdruck umzuwandeln. Ihm geht es darum, daß der Hörer eine Vorstellung von der Textvorlage bekommt, die Grundlage seines Vorlesens bildet. Er wählt seine Texte aus oder liest vorgegebene vor, je nach Rahmen oder Situation, eigene oder fremde.

Übergänge von der einen zur anderen „Textaufführung" ergeben sich, wenn man die Erzählseminare der deutschen Märchengesellschaft und deren Zielsetzung betrachet: in diesen Seminaren geht es darum, den Märchentext in einer veröffentlichten Fassung zur Grundlage des freien Erzählens zu machen. Das führt natürlich zwangsläufig dazu, daß die Erzählsprache nicht die des Erzählers ist und daß Sprechmuster des Trainers von den Erzähl„schülern" kopiert werden können, ohne daß sich mehr als ein gewisses Unbehagen beim Hörer breitmacht, weil das Gespür für Echtheit im Zuhörer dem Erzähler nicht verzeiht, wenn er nicht echt, nicht authentisch ist.

– Fazit des Vergleichs

Die sprachlichen Ausdrucksmittel, die bei der jeweiligen Vermittlung von Texten zum Einsatz kommen, ähneln sich bei Vorleser, Schauspieler, Hörspielsprecher und Erzähler untereinander, und alle bedürfen der stimulierenden Wirkung von Publikum, obwohl Erzählen nur möglich zu sein scheint, wenn die Zahl der Zuhörer klein ist, ein Mikrophon nicht nötig ist und die Atmosphäre infolgedessen familiär oder wenigstens ein bißchen privat oder vertraut bezeichnet zu werden verdient. Zudem verbindet sich beim Erzähler die Mitteilungsabsicht mit dem Text: jener vermag seinen Stoff gewissermaßen den Hörern „auf den Leib zu schneidern". Hörspielsprecher und Schauspieler agieren stark wirkungsorientiert: sie sind naturgemäß interessiert an Rollenorientierung und an übertreibend-vereinfachender Markierung – holzschnittartig, damit die Wirkung der eigenen Darstellung (der Anteil der eigenen Rolle) für den Zuschauer und -hörer Konturen gewinnt. Insofern übernimmt der Text eher eine dienende Funktion. Wichtiger ist die eigene Rolle, sich selbst über Medium oder Bühne zu verwirklichen. Der Vorleser hingegen muß neben der Entscheidung, in welcher Ausdrucksgestalt er den Text den Hörern anbietet, noch das Problem lösen, wie er die Hörer für den Text gewissermaßen öffnet.

Das heißt aber, daß seine Intuition für die Erwartung der Hörer noch stärker ausgeprägt sein muß als die des Erzählers, wenn seine akustische Textvermittlung gelingen soll. Dieser hat nur ein Ziel vor Augen: die Verwirklichung seiner Erzählabsicht; der Vorleser muß dagegen ein dreifaches Sensorium entwickeln: er muß den Hörern angemessene Texte und Sprechausdrucksvarianten wählen, er muß gegenüber den Texten sensibel sein, um ihre Eigenheit, ihre inhaltlichen Vorgaben durch seine Sprechgestaltung nicht zu verstellen, und er muß seinen eigenen Ausdrucksmitteln gegenüber stetig kritisch bleiben, damit seine jeweilige Ausdrucksabsicht nicht zum Klischee verkommt, sondern ihre Echtheit behält, auch wenn sie nicht durch seine Alltagssprache, sondern durch die Sprache des Textes vermittelt werden muß.

Wenn der Vorleser diese Fähigkeit erwerben will, muß er sich vergegenwärtigen, welche Ausdrucksmittel seine Sprechstimme überhaupt verfügbar hält. Nur wenigen sind diese Mittel des Ausdrucks, die auch als Begriffe immer wieder auftauchen, vertraut. Daher werden sie hier im folgenden erklärt.

2. Kapitel: Elementarprozesse des Sprechens

Ich nenne diese Ausdrucksmittel mit einem geißnerschen Begriff „Elementarprozesse“[8]. Der globalste Aspekt ist der Stimmklang.

2.1 Stimmklang

Das erste, was mir von einem Menschen hörbar wird, ist seine „Stimmung“: die unverwechselbare individuelle Prägung, wie dieser Mensch sich äußert. Dabei registriere ich gewiß zunächst, daß die Stimme hoch oder tief klingt, hauchig oder klar, nasal oder sonor, brüchig oder fest. Die Schwierigkeit des Zugangs zu diesem komplexen Phänomen läßt sich gewiß mit diesen Attributen veranschaulichen: die deutsche Sprache verfügt nur über metaphorische Ausdrücke für Höreindrücke des Stimmklangs. Ich stelle mit diesem Eindruck zugleich fest, in welcher Stimmung oder in welchem Zustand mein Gegenüber sich befindet, denn ich erkenne mit Hilfe des Stimmklangs, ob mein Sprechpartner gesund oder krank, verschnupft oder heiser, traurig oder erheitert ist.

Es ist sicher nützlich, wenn man sich einmal vergegenwärtigt, wie dieser Stimmklang zustande kommt.

Etwa in der Mitte des Halses sitzt beweglich aufgehängt ein durch Schlucken nach oben und durch Gähnen nach unten verschobener Knorpel„körper“, der Kehlkopf, der unser empfindliches Stimmorgan schützt: die Stimmlippen. Sie werden in dieser Knorpelmasse sehr differenziert gesteuert und liegen paarig nebeneinander – beim normalen Atmen locker geöffnet, beim Sprechen dagegen werden sie geschlossen und durch den Ausatemstrom zum Schwingen gebracht – wie Polsterpfeifen einer Orgel. Der entstehende sogenannte Primärton, der von der Länge und Spannung der Stimmlippen abhängig ist – Männer haben größere Kehlköpfe und längere Stimmlippen und infolgedessen tiefere Stimmen –, wird durch die Hohlräume unterhalb und oberhalb des Kehlkopfs verstärkt und verbreitert sich zu dem Klangspektrum, das wir als den Individualklang erkennen.

Wenn nun der Kehlkopf sich nach oben verschiebt, wird sein Klangspektrum nach oben verlagert und die Stimme wird höher. Ebenso wird die Stimme tiefer, wenn der Kehlkopf künstlich tiefsteht, tiefer, als es eine unverspannte und lockere Stimmbildung zuläßt. Die Kopfresonanz gibt der Stimme die Obertonschwingungen, also eine hellere Klangwirkung; die Brustresonanz versorgt den Stimmklang mit Fülle, gibt ihm vor allem Untertonschwingungen. Im allgemeinen geht man davon aus, daß die normale Sprechtonlage eines Menschen im unteren Drittel seines zwei Oktaven umfassenden Stimmumfangs liegt, etwas höher als die beim Gähnen produzierte Stimme. Bei sehr vielen Menschen wird die normale Sprechstimmlage

[8] Geißner 1982, S. 199ff. Mit diesem Begriff wird betont, daß sich diese einzelnen Aspekte des Gesamteindrucks Sprechen zum einen sehr schwer isolieren lassen, zum anderen nie von der Person und ihrer Sozialisationsgeschichte abzuheben sind: gleichwohl bewirken sie in ihrer Gesamtheit den Eindruck, der sich akustisch von einem Menschen einprägt, und der infolgedessen in seiner Gesamtheit auch über Erfolg oder Mißerfolg des Vorlesers bestimmt

durch gewohnheitsmäßige Fehlbildung beeinträchtigt; das kann bedeuten, daß die Stimmlippen ständig verspannt [hyperton] sind und der Sprecher sie ständig überanstrengt, was auch an ständigem Räuspern oder chronischer Heiserkeit hörbar werden kann. Das kann auch bedeuten, daß die Stimmlippen nie ganz geschlossen [hypoton] sind und die Stimme insofern geräuschhaft und kraftlos klingt. Solche Unter- oder Überspannungen [Hypotonie/-Hypertonie] des Sprechorgans kommen vor, ohne daß irgendein krankhafter Befund feststellbar ist. Ebenso um gewohnheitsmäßige Fehlbildung handelt es sich bei nasalem Sprechen, wenn alle Sprechlaute vom Sprecher nasaliert ausgesprochen werden und das Sprechen sich im Extremfall schnarrend, immer jedoch scharf und eher unangenehm anhört.

Wichtig ist, daß niemand sich mit einer gewohnheitsmäßigen – man spricht von „habitueller" – Fehlbildung der Stimme abfinden muß. Wenn bei lockerer Bildung des „M" die Gesichtspartien um Mund und Nase bis zur Stirn vibrieren, und auch der obere Brustbereich in die Körperschwingung mit einbezogen ist, dann ist das ein Indiz für lockere [eutone] und damit indifferente Stimmgebung; ebenso als Indiz für die Indifferenzlage der eigenen Stimme kann das Gähnen dienen: kein Mensch kann verspannt gähnen. Das Gähnen und die gähnend oder mit Gähnimpuls produzierte Stimme ist fast identisch mit der eigenen Sprechstimme, wenn man bedenkt, daß die eigene eutone Stimmlage nur Nuancen (i. d. R. einen halben Ton) über der Gähnstimme liegt. Vor allem stellt das Gähnen den Kehlkopf richtig und vermittelt ein Muskelgefühl für die hygienisch einwandfreie Stellung des Kehlkopfs beim Sprechen, die auch bei der Bildung des „M" verstärkt wird. Schließlich provoziert das Gähnen tiefen Atem, der den Hauptatemmuskel, das Zwerchfell, anregt. Nun muß man wissen, daß Zwerchfellbewegung und Kehlkopfbewegung gekoppelt sind, daß Zwerchfelltiefstand Kehlkopftiefstand bedeutet, und insofern für hygienische Sprechbildung mit Kehlkopftiefstand eine intensive Zwerchfellatmung Voraussetzung ist. Man sollte sich allerdings davor hüten, mit Gähnimpuls sprechen zu wollen: zum einen wirkt das, wie jeder weiß, ansteckend, und zum anderen vertäubt die Gähnstimme die Nasenrachenräume (weil sich das Gaumensegel beim Gähnen hebt) und klingt infolgedessen so dumpf wie ein Mensch mit Schnupfen. Nur zur übenden Kontrolle der lockeren Stimmfunktion eignen sich also Versuche mit der Gähnstimme.

Überprüft man regelmäßiger die physiologisch richtige Bildung der eigenen Stimme und bezieht auch die Atembewegung mit ein, so daß die Entspannung der Bauchregion als sekundäre Folge der Zwerchfellentspannung beim Ausatmen spürbar wird, so gewinnt man auf Dauer eine belastungsfähige und flexible Stimme, die mit einem Instrument verglichen werden kann; der Einfluß der Leistungsgesellschaft scheint tendenziell eher ein „verstimmtes Instrument" zu erzeugen.

Ausatmen und Primärtonerzeugung schaffen jedoch nur die Voraussetzungen für eine angenehme und überzeugende, und das heißt auch mit dem Aussehen des Sprechers übereinstimmende Stimme. Man hört diese Stimme jedoch nie isoliert, sondern immer verbunden mit Sprechmitteilung; Stimme dient als Indiz der emotionalen Befindlichkeit: sie schafft und erhält die Beziehung, die die Sachmitteilung des Sprechers interpretiert. Gleichzeitig bewirkt sie das Fundament, auf dem artikulatorische Feinmotorik sich überhaupt mitteilen kann. Zudem hört man seine Stimme anders als andere: Im Kopf gibt es direkte Verbindungen zwischen Stimme und Hörnerv: So klingt eine Aufnahme der eigenen Stimme zunächst fremd.

2.2 Lautung

Mit diesem Begriff wird eine bewußte Wahrnehmung umschrieben, die gewöhnlich mit „undeutlich", „verwaschen", „künstlich" oder „gestelzt" bezeichnet wird. Gemeint wird ganz einfach die Art, wie jemand spricht, wie er die Laute bildet. Wenn man sich überlegt, wie viel von akustischer Verständlichkeit zwischen Sprechern abhängt, und daß diese Verständlichkeit natürlich hauptsächlich von der Lautung abhängt, muß es verwundern, daß kaum jemand die Aussprache eines Wortes im Deutschen nachschlägt, ja kaum jemand weiß, daß es durchaus Vereinbarungen zur Lautung des Deutschen gibt. Gemessen an der hohen Wertschätzung des Fremdwörter- oder gar des Rechtschreiblexikons ist das schon erstaunlich. Vielfältig wird eine überregionale Norm der Lautung im Deutschen dokumentiert[9]. Gleichwohl gibt es eine Fülle von regionalen Mundarten, in die jeder Deutsche unausweichlich hineinwächst. Dabei ist es unerheblich, ob er aktiv als Sprecher der Mundart oder passiv als deren Hörer geprägt wird.

Eine entscheidende Forderung für den Vorleser ist eine Lautung, die allgemein verständlich ist und keine ungewollte Irritation bei den Hörern hervorruft.

Der Sprecher sollte sich so weit von seiner Regionalmundart distanzieren können, daß er in der Lage ist, sich auch in einer räumlich weit entfernten Region verständlich zu machen. Anklänge an bestimmte Mundartgebiete (z. B. Sachsen und Bayern) lösen bekanntlich nicht selten unerwünschte Vorausurteile aus. Das gilt angesichts der gegenwärtig zunehmenden Mobilität der Sprecher ganz besonders.

Bei seinen Bemühungen um eine Annäherung an die Hochlautung – so nennt man eine überregional verständliche Lautung (es gibt auch Begriffe wie Rechtlautung – analog zur Rechtschreibung Orthoepie – oder Standardlautung) – sollte sich der Sprecher der Begrenztheit seiner Bemühungen bewußt sein; er darf durchaus Anklänge an seine heimatliche Mundart beibehalten, wenn sie nicht beim Vorlesen unkontrollierbare Stereotypen bei den Hörern wachrufen und damit womöglich kontraproduktiv wirken. Nicht die Summe von Einzellauten ist hörbares Ergebnis von Sprechhandlungen, sondern der Zusammenklang von Lauten, Lautfolgen, die in ein komplexes Geflecht von Ausdrucksmerkmalen eingebettet sind.

Ganz grundsätzlich gilt von der deutschen Lautung, daß sie Einzelwörter hörbar macht – im Gegensatz etwa zum Französischen und Italienischen – und ihren Ansatz im vorderen Mundraum hat. Diese Feststellung gilt jedoch nur idealtypisch:

---

[9] Dies geschieht durch Aussprachewörterbücher: Krech 1982, Mangold 1990, Siebs 1969; durch Phonetiken: u. a. Martens 1994 und durch Bücher zur Stimmbildung: u. a. Werner 1998

der Zuhörer nimmt die Einzellaute subjektiv wahr. Unter Ansatz versteht man den für das Sprechen wichtigsten Bildungsbereich im Mund: die meisten Vokale und Konsonanten werden in diesem Bildungsbereich realisiert, und wichtige Abweichungen von der Lautung kommen durch einen anderen Ansatz zustande. So läßt sich beobachten, daß sich der Lautungsansatz vom Niederrheinischen bis zum Oberrheinischen immer mehr zum Rachenhintergrund verschiebt – der Basler Dialekt klingt z. B. wie eine Ansammlung von Kehllauten.

Hier gilt es allerdings zu differenzieren:
Zwar nimmt der Zuhörer subjektiv bei guten Sprechern, die sich an der Hochlautung orientieren, die Wort-für-Wort-Folge wahr, meßbar und empirisch überprüfbar aber ist ein anderer Befund:
Kein Sprecher realisiert Einzelwörter; die Wortbestandteile einer festen Aussage, eines erweiterten Nominalkerns oder zusammengesetzter Redensarten jeder Art, die routinemäßig verfügbar sind, werden untrennbar zusammengezogen[10] (wie es in Texten konkreter Poesie bisweilen durch die Schreibweise angedeutet wird).

Je flexibler der Sprecher den Ansatz variieren kann, desto sicherer wird er im Verwirklichen einer Lautungsanforderung, die den kommunikativen Bedingungen und den Bedingungen des vorzulesenden Textes entspricht. Er wird auch durch distanziertes Hören – unter Einsatz eines Tonmitschnitts – zunehmend Sensibilität entwickeln für die das Verständnis beeinträchtigenden Lautungsmuster seines Sprechens – z. B. beim Rheinländer das „Schpre**sch**en" oder beim Franken und Sachsen der völlige Verzicht auf die stimmlosen Explosiv „lau**d**e" – und so Möglichkeiten gewinnen, sich der Standardlautung und damit überregionaler Verständigung anzunähern.

Korrekte Aussprache wirkt sich auch positiv auf die Einatmung aus; jeder Explosivlaut z. B., aber auch die Engelaute f, sch, ch z. B. regen das Zwerchfell zur Respiration an, so daß bewußte Einatmungssteuerung entbehrlich wird.

2.3 Sprechausdruck

Mit diesem Begriff verbindet der Hörer vor allem rhythmische, dynamische und melodische Aspekte.

- Er nimmt wahr, daß der Sprecher langsam oder schnell spricht, daß er verlangsamt oder beschleunigt;
- er hört, daß der Sprecher laut oder leise spricht oder seine Stimmkraft verstärkt oder zurücknimmt;
- er erkennt, daß der Sprecher sich in unregelmäßigen Melodieverläufen bewegt.

Das alles ist eingebettet in den bereits erwähnten Stimmklang.

[10] Vgl. Pompino-Marschall 1995, S. 264

In der Regel vermag kein Hörer solche Einzelaspekte wahrzunehmen: für sein Ohr vollzieht sich im Sprechen ein Globaleindruck, der zwar komplexe Ausdrucksmitteilungen enthält, aber sich nicht so trennscharf differenzieren läßt.

Für den Vorleser ist es jedoch wichtig, sich der Wirkung dieser einzelnen Aspekte bewußt zu werden. Daher möchte ich im folgenden den Funktionen dieser Aspekte nachgehen, wie ich dies schon einmal 1981 an einem Märchen der Brüder Grimm veranschaulicht habe. Ich bin davon überzeugt, daß die Erklärung dieser Aspekte zu sensiblerem Wahrnehmen von Sprechausdruck befähigt und daß darüberhinaus die Chance besteht, diesen Ausdrucksaspekten auch experimentell nachzuspüren. Je bewußter der Vorleser seine eigenen Sprechausdrucksmittel wahrnimmt, desto gezielter kann er sie ggf. als Vorlesehilfen einsetzen.

2.3.1 Rhythmische Ausdrucksaspekte

Jeder Sprecher spricht mit einem bestimmten Tempo. Er gliedert seine Äußerungen zeitlich: das heißt, er verwendet Pausen und Zäsuren zur Gliederung seines Sprechens. Diese verschaffen ihm neben Ausdruckswirkungen auch Zeit zum Atmen; und auch das Atmen ist ein ausdruckswirksames Mittel, sowohl als betonte Einatmung (Signal für aktuelles Problem: „Ich habe was vergessen" oder „mir fällt was wichtiges ein" oder „mein Gott, wie begriffsstutzig!") wie auch als Ausatmung (erleichterter Seufzer) wie auch als überhauchte Äußerung (entlastete Äußerung). Ausdruckswirksam werden eine Verlangsamung des Sprechtempos (besonders wichtige Aussage) und Zäsuren vor Wörtern und Aussagen, auf die der Sprecher die besondere Aufmerksamkeit richten möchte. Natürlich werden auch Verlangsamung und Zäsur überall dort eingesetzt, wo der weitere Sprech- oder Denkablauf geplant wird; die Differenz zwischen den genannten Absichten wird den Hörern an der Art, wie verlangsamt oder pausiert wird, sogar deutlich.

Prägend wirken in der Regel nur Abweichungen von der sprechereigenen Tempogewohnheit: Dabei werden erfahrungsgemäß Beschleunigungen als Ausprägungen privater bis monologischer Mitteilung wahrgenommen – bis hin zur Memorierung von Textpassagen, während auffallend langsames Sprechen und Verlangsamung des Sprechflusses auf eine Intensivierung der Äußerung schließen läßt – bis hin zur sprecherischen Drohgebärde. Diese Temporeduzierung kann auch als Vergewisserung der Äußerung, als geäußerte Überlegung verstanden werden.

Interessant ist ein kulturelles Klischee, das sich hartnäckig immer wieder bestätigt: Schnellsprecher über einer bestimmten Toleranzschwelle gelten als geschwätzig, während Langsamsprecher unterhalb einer gewissen Toleranzschwelle als langweilig gelten. Das hängt natürlich auch damit zusammen, daß beide Sprechverhaltensmuster soziale Auswirkungen haben; der Schnellsprecher ist kaum zu unterbrechen und löst daher leicht Aggressionen aus, während sich der Langsamsprecher gegen die aktuelle Zeitknappheit seiner Zuhörer vergeht und dadurch zum Angriffsziel wird. Vielleicht sind auch die Prototypen des Schnellsprechers (Fußballreporter und Klatschbase: beide wollen in kürzestmöglicher Zeit größtmögliche

Informationsmengen an Hörer bringen), ebenso wie die markanten Vertreter des Langsamsprechens (Wissenschaftler, Pfarrer oder Richter: Sie sind sich der Bedeutung ihrer Aussage bewußt) für die Entstehung dieser Klischees mitverantwortlich.

Pausen und Zäsuren sind zunächst Gliederungshilfen der Informationsmenge,

> sie steuern die Spannung der Hörer, indem sie zu Hypothesen anregen und die Zäsuren an offenen Textstellen plazieren (z. B. „Es war einmal ..." „Bei meinen Ausführungen geht es mir um ...");
> sie markieren Planungsprozesse des Sprechers – in diesem Fall können sie auch mit Partikeln (wie „äh", „also", „mhm") gefüllt werden – und
> sie bereiten auf eine dominierende Vorstellung in der Äußerung vor (z. B. „Ich denke, daß ..." oder „das erinnert mich an ..."). In diesem Fall lassen sich auch Spannungspausen, die das hervorzuhebende Wort einrahmen, zur Steigerung möglicher Hervorhebungen anwenden (z. B. „besondere Bedeutung hat die ...Pause").

Alle Wendungen der Aufmerksamkeit im Text sind durch Spannungspausen einzuleiten – analog der Gewohnheit des Spontansprechers. So gilt es, z. B. das Bekannte oder bereits Vorausgesetzte vom Neuen und Hinzugesetzten durch Spannungspausen zu trennen. In der Regel befindet sich das Thema (das bereits Bekannte) am Anfang des Satzes, das Rhema (das Neue) an dessen Ende. Das hängt damit zusammen, daß der deutsche Aussagesatz das bereits Bekannte an den Anfang setzt, am Anfang an das Vorausgegangene anknüpft, das jeweils Neue ans Ende plaziert. Zudem sind Einschübe und Parenthesen durch Spannungspausen zu begrenzen. Entsprechend lassen sich Temporeduzierungen mit nachdenklichen Passagen, mit Bedeutungssteigerungen bis hin zu Warnungen im vorzulesenden Text verbinden.

Spannungsreich und auf den Zusammenhang hin geöffnet sind Pausen, deren Kadenz in der Schwebe verläuft, während Pausen, die mit abschließender Kadenz beginnen, als inhaltliche Gliederungshilfen wirken, weil sie abschließende und trennende Funktion im Text übernehmen. Als melodische Ausdrucksaspekte werden die Kadenzen noch genauer erklärt. Hier soll der Hinweis genügen, daß die Tonhöhe dem Hörer an der Pausenstelle signalisiert, ob der Sprecher zu Ende ist oder noch weiter sprechen will.

2.3.2 Dynamische Ausdrucksaspekte

Auch von unterschiedlicher Lautstärke – man kann auch von Körperspannung sprechen – wird die Sprechwirkung, die Eigentümlichkeit und der Ausdruck des Sprechers beeinflußt. Dabei lassen sich sicherlich auch Wechselbeziehungen zwischen dem Beruf der Sprecher und ihrem Sprechgestus herstellen: Vertreter von Verkündigungsberufen sprechen eher lauter, solche von Beratungsberufen eher leiser. Lauter reden auch Sprecher, die schwerhörig sind und bei leiserem Sprechen die Hörkontrolle über ihr Sprechhandeln verlieren.

Auch die Lautstärke einer Sprechäußerung läßt sich ähnlich wie das Tempo oder die Verteilung und Länge der Pausen im Text relativ eindeutig erfassen und messen. Nur ist die Wirkung oder das Wirkungsspektrum ähnlich vielschichtig, weil auch mit lautem und leisem Sprechen nicht einfach Entsprechungen auf der Wirkungsebene verbunden werden können. Natürlich wird ein Sprecher lauter, wenn er Störgeräusche überbrücken will oder wenn er in Rage gerät; meist jedoch geht das Lauterwerden einher mit schärferem Stimmklang, mit dem Hervortreten der Halsmuskeln und mit höherem Ton. Natürlich wird auch in Gegenwart Schwerhöriger und merkwürdigerweise am Telefon häufig lauter gesprochen als üblich.

Meist markieren die Sprecher mit Lautstärke ihre dominierende Vorstellung; die Lautheitsstufe ist dann relativ zu der umgebenden Stimmstärke; aber je nach Gesamtintention kommt es auch zu Hervorhebungen, die mit leisem Sprechen betont sind: belehrende und stark auf öffentliche Wirkung angelegte Texte werden eher an den Betonungsstellen lauter gesprochen, hingegen vertrauliche und an wenige gerichtete Texte neigen eher dazu, die dominierende Vorstellung durch leiseres Sprechen zu intensivieren. Nur die Realisierung der Körperspannung, die als dynamischer Faktor zur Lautstärke hinzutritt, ermöglicht es z. B., Drohungen von Zärtlichkeiten zu unterscheiden. Und natürlich regelt der Abstand zu Zuhörern und deren Hörfähigkeit und die Raumgröße die Lautheit einer Sprechstimme.

Die Erfahrung zeigt, daß entgegen der Wahrscheinlichkeit in allen Fällen von Überredung oder Überzeugung oder Manipulation leises Sprechen wirksamer ist. Auch Adressierung und Spannungssteigerung erfolgen wirksamer durch das Mittel der Lautstärkereduzierung. Eine Steigerung der Lautheit wirkt eher distanzierend (der Sprecher vergrößert den Abstand zum Zuhörer), während die Verminderung der Lautheit vertraulicher und intimer wirkt: der Sprecher vermindert gewissermaßen die Distanz zum Zuhörer.

Eindringlich und suggestiv wirken leise Unterstreichungen, dagegen werden laute Unterstreichungen vorwiegend in der Situation des Widerspruchs eingesetzt, um gegen Einwände entsprechend verstärkt zu betonen.

2.3.3 Melodische Ausdrucksaspekte

Die Sprechsprache verfügt durchschnittlich über einen Tonumfang von 3-5 Tönen. Dieser Umfang ist im übrigen auch von der Regionalmundart abhängig: Rheinländer und Basler sprechen mit größerem Tonumfang, Münsterländer z. B. mit geringerem. Keinen dieser Töne kann man eindeutig identifizieren, und es ist recht schwierig, den Verlauf der Tonkurve über der Äußerung eindeutig festzulegen. Immerhin scheint festzustehen, daß die dominierende Vorstellung / „das psychologische Prädikat" durch einen Tongipfel unterstrichen wird. Nach einer Theorie von der Aussagespannung erklärt Erika Essen (1969, S. 90ff.) den Satz als Grundlage einer Melodie, deren Gipfel die Hauptaussage dieses Satzes bildet und die danach wieder abfällt. Obwohl bei ihr idealtypisch eingesetzt und mehr als Strukturbeschreibung verwendet, ist der didaktische und erklärende Wert dieser Satzmodellierung auch aus Gründen des idealtypischen und bis heute nicht sicher festgestellten Satzmelodieverlaufs kaum abzuschätzen.

Erfahrungsorientierte Annahmen lassen lediglich Aussagen über die Tendenz von Kadenzen zu – pauseneinleitenden Gleittönen, die schwebend, fallend oder steigend beschrieben werden, und der Sprecherabsicht, weiterzusprechen (schwebend oder steigend), die Aussage zu beenden oder eine Ergänzungsfrage zu stellen (fallend), eine Entscheidungsfrage oder Suggestivfrage zu stellen (steigend) zugeordnet werden.

Da bis heute außer der gründlichen Arbeit von Winkler zur Kadenzbildung in mündlichen Äußerungen kein empirisches Material über die Intonationsverläufe von Alltagsäußerungen vorliegt, fällt die Sicherheit der Intonationsbeschreibung auf, die sich bei einschlägigen Handbüchern zur Satzintonation finden. Grundlage dieser Sicherheit sind lediglich Selbstversuche erfahrener Sprecher. Daß bis heute empirische Grundlagen für die tatsächlichen Melodieverläufe von Äußerungen fehlen, hat seinen Grund: Nirgendwo anders als hier wirkt sich das Beobachterparadoxon so verhängnisvoll aus wie in diesem Forschungsbereich, der sich bislang kaum anders als durch kritisches Hören einfangen läßt. Wer je versucht hat, Sprechäußerungen nach Melodiebewegungen zu verschriftlichen, weiß um die Gefahr der Übertragung von eigener Sprechgewohnheit auf das Ergebnis der Transkription[11]. Digitale Software zur Messung der Tonbewegung einer gesprochenen Äußerung ist technisch noch nicht ausgereift.

Neben dieser Aussageintonation wird die Sprechmelodie auch zur Ausdrucksgestaltung von emotionalem Ausdruck verwendet. Da die Melodiefolge uneindeutig ist und nur sehr schwer in ihrer Differenzierung meßbar, begnügt man sich damit, zur Bezeichnung des komplexen Vorgangs steigende, fallende und schwebende Melodieführung zu verwenden. Ein Beispiel für die emotionale Funktion von Melodieführung:

	hööööör			hältst		
					du	
Na		mal	wofür			mich eigentlich!

Die skizzenhaften Überlegungen zu Elementarprozessen machen deutlich, daß es nur wenige empirisch gesicherte Erkenntnisse gibt, aber daß natürlich günstige Voraussetzungen für das Vorlesen von der Kenntnis und der Wahrnehmung dieser Aspekte abhängen. Wie mit den einzelnen Aspekten hörerwirksam umgegangen werden kann, muß im Einzelfall der Selbstversuch zeigen. Dazu werden im folgenden Anregungen gegeben. Auch muß der Vorleser einfache Techniken beherrschen, die ihn sowohl befähigen, fremde Texte für Hörer nachvollziehbar zu gestalten, als auch eigene Texte verständlich und sinngemäß zu übermitteln.

[11] Das ist auch der Grund für die 16jährige Entstehungszeit der Arbeit von Winkler 1979, vergleicht man sie mit neueren Monographien zur Intonation, z. B. Stock / Zacharias 1982, Pheby 1980 oder Halford / Pilch 1994

3. Kapitel: Einfache Techniken

3.1 Deutlich vorlesen

Es mag befremdlich klingen, wenn hier als erster Aspekt auf die Hochlautung, mit einem anderen Begriff: die Orthoepie verwiesen wird. Der Alltag der meisten Sprecher wirkt nicht unbedingt förderlich für ihre einwandfreie Artikulation: Die rigide Verständigungsökonomie des Alltags erlaubt nur ein Mindestmaß an lautlicher Korrektheit. Größere Anstrengung für korrekte Lautung würde sich auch gar nicht lohnen. Im Alltag wird ohnehin i. d. R. nur auf die Sache und kaum auf ihre lautliche „Verpackung“ geachtet. Zumal kaum ein Sprecher ohne sein regionalsprachliches „Gewand“ oder dialektale Färbung denkbar ist.

Modelle für lautliche Korrektheit, wie sie zur Zeit der Normfestlegung der deutschen Aussprache vorausgesetzt wurden, sind in den Medien Rundfunk und Fernsehen kaum mehr zu finden[12]. Dabei hängt viel davon ab, ob richtig gelautet wird und die Wörter eines Textes so koartikuliert werden, daß der Text akustisch verständlich wird. Vor allem, wenn der Hörerkreis groß ist, hängt viel von einer guten Aussprache ab. Das häufige Mißverständnis, ein Mikrophon mache eine individuell leise Stimme verständlich, stimmt nur dann, wenn die leise Stimme gut artikuliert. Wird eine verwaschene leise Stimme hingegen verstärkt, so verstärkt sich durch das Mikrophon auch ihre Undeutlichkeit. Entscheidend für gute Aussprache ist die Artikulation der Silbenränder (der Geräuschlaute oder Konsonanten). Die Vokale sind zur Verständigung fast entbehrlich, wie man am Flüstern merkt.

Nun kann in diesem Rahmen nicht das geleistet werden, was man von Aussprachewörterbüchern erwartet. Aber Grundsätze können formuliert werden.

1. Der Kiefer muß beim Sprechen locker sein; ein verspannter Kiefer führt zu verspanntem und engem Artikulieren. Wichtig ist, daß der Kiefer bei der Artikulation sich überhaupt bewegt. Es ist andererseits nicht der Sache des Vorlesens dienlich, wenn nußknackerähnlich artikuliert wird und dabei fast die Kiefermuskulatur ausgerenkt wird. Eher wirken zu große Bewegungen des Kiefers lächerlich. Die mittlere Kieferöffnung begünstigt reibungslose Klangentwicklung und -übertragung, und sie gewährleistet auch eine gleichmäßige Durchfeuchtung der Artikulationsräume. Die Artikulationsbewegung verdankt ihre Möglichkeit den Kaumuskeln; wenn diese entsprechend der Sprechabsicht bewegt werden, läßt sich lautliche Differenzierung und damit akustische Verständlichkeit erreichen. Man kann diese Erklärung in die Regel bündeln: *Der Vorleser sollte mit Kauimpuls sprechen.*
2. Vor allem die unbetonten Silben der Wörter, meist am Ende anzutreffen, dürfen nicht „verschluckt“ werden. Einem Witzrätsel zufolge gibt es in Norddeutsch-

[12] Deutsche Aussprachenormierung ist zwar sehr viel weniger bekannt als Rechtschreibnormierung, aber fast genauso alt: sie entstand zu Beginn des Jahrhunderts unter Mitwirkung von Germanisten und Bühnenbeauftragten. Heute entsteht mit Unterstützung der DFG in Halle und Köln ein soziophonetisch orientiertes Aussprachewörterbuch (Heike, Krech, Stock)

land eine Stadt mit M, die nur aus einem Buchstaben besteht (Em = Emden). Alltagssprachlich sagt man z. B. „ham“ (= haben) oder „wern“ (= werden). Eine solche Verschleifung zu korrigieren, kann natürlich nicht bedeuten, daß der Sprecher der unbetonten Silbe einen Nebenton gibt; die Verständigung gelingt, wenn der Endkonsonant hörbar wird (also: Emdn, habn oder habm, werdn). *Der Vorleser sollte Endkonsonanten hörbar machen.*

3. Ähnliche Worte – auch bei einem forcierten Tempo der Artikulation – dürfen in der Sprechintention nicht miteinander verschliffen werden. Diese Regel bekommt besondere Bedeutung in halligen Räumen, wo entweder mit Mikrophonanlage oder gar mit der eigenen Stimmkraft Verständigung hergestellt wird. Für diese Fälle ist nicht nur das Trennen der Wörter untereinander wichtig, sondern auch die Gliederung des Sprechflusses durch Pausen, damit nicht der Hall des Raumes die Sprechsilben überlagert. Die deutsche Sprache kennt keine Wortverschleifung wie etwa die romanischen Sprachen: Zur Identifikation der Einzelwörter ist deren tendenzielle und absichtsvolle Einzelartikulation erforderlich; „wasndas“ (was ist denn das?) dürfte der Verständigung eher abträglich wirken. Im allgemeinen läßt sich diese Einzelwortartikulation dadurch verwirklichen, daß vor allem bei den unbetonten Endsilben – und im Deutschen wird hauptsächlich auf der ersten Silbe betont – die Endkonsonanten anartikuliert werden: Also z. B. „was ist-n das?“

   Das bedeutet allerdings im speziellen Fall, daß bei gleichem An- und Auslaut benachbarter Wörter z. B. „das-sah er“ „wart-doch“ nur ein Laut artikuliert wird. „Wasolich“ beschreibt also eine akzeptable Koartikulation von „Was soll ich?“ In einfachen Aussagen sorgen die auslautenden Konsonanten und -verbindungen für eindeutige Einzelwortbegrenzung. Insofern macht der Grundsatz der relativen Langsamkeit beim Vorlesen, verglichen mit leisem Lesen, Sinn. *Der Vorleser macht Wort- oder Wortgruppengrenzen hörbar.*

4. Ein weiterer spezieller Fall von Ausspracheverschleifung auf Kosten der Verständlichkeit bestimmt den Nordwesten Deutschlands: Auslautendes und binnensilbisches R sind gefährdet [z. B. bei „Mauer“ (= Maua), „Butter“ (= Butta), „furchtbar“ (= fuachba)]. Entweder wird R dabei zum Längungszeichen (z. B. bei Haar = Haa) oder wird zum Vokal A assimiliert. Mißverständnisse oder wenigstens unschöne Klangbilder sind die Folge: Sehr deutlich wird das an Wörtern wie „Haar“ oder „wahr“, „Herz“ und „herrlich“: Bei den beiden ersten Beispielen verschwindet i. d. R. das auslautende R (z. B. waa), bei den letzten beiden wird es meistens durch einen Vokal ersetzt (z. B. Heaz). Man sollte allerdings betonen, daß R = CH am Niederrhein nicht besser klingt (Hechz). Das unschöne offene Vokalisieren des R wird in allen Beispielen mit auslautendem R in unbetonter Silbe wie „Mutter“, „Vater“ oder „Lehrer“ durch einen abgedunkelten Endvokal vermieden. In Verbindung mit Explosivlauten sollte das „r“ binnensilbisch zu hören sein (z. B. hart, treten oder herb, brechen ...). *Der Vorleser sollte sich um auslautendes und binnensilbisches „r“ bemühen.*

5. Und ein besonderes Ausspracheproblem bildet noch das auslautende G, das gemäß der Ausspracheregel in allen unbetonten Endungen auf ig (wie in schwierig, mäßig, sinnig, widrig ...) wie „ich" gesprochen wird; hingegen wird es in allen anderen Vokalverbindungen im Auslaut als „k" gesprochen. Weit verbreitet ist hingegen auch hier eine unzulässige Vereinfachung: „Wech" (für Weg), „Belech" (für Beleg), „Kriech" (für Krieg), „mach" (für mag). Also: Beschließt ein G den unbetonten Silbenauslaut, richtet sich seine Aussprache nach dem Silbenvokal: -ig wird wie -ich, alle anders auslautenden G's werden, da in der Regel auch in betonter Silbe stehend, auslautverhärtet wie „k" gesprochen. Der Vorleser liest lediglich /ig/ als /ich/, alle sonstigen /ag, eg, og, ug/ werden auslautverhärtet /-k/ gesprochen. Mehr als zweisilbige Wörter, in denen / ig / und / lich / verbunden sind (z. B. lediglich, königlich), werden auslautverhärtet / g = k / gesprochen. *Der Vorleser sollte sich um aussprachegemäße Korrektheit bemühen.*

Vielfach hört man auch – vermutlich aus der Absicht zu schriftnaher Aussprache erklärbar – statt „eng" ‚enk" oder „Bedingunk", wobei den Sprechern offenbar nicht klar ist, daß „ng" einen Laut be„schreibt", zumal vor allem beim „singen" Mißverständnisse möglich sind.

Es geht nicht um Übertreibung, sondern einfach um Aufmerksamkeit dem Problem gegenüber, daß der Hörer oder das Vermittlungsmedium eine möglichst echte und ungekünstelte artikulatorische Vorlage verdient. Sowohl verwaschene als auch übertriebene Lautung werden Text und Hörer nicht gerecht. Dies gilt ganz besonders, wenn es sich um liturgische Texte und um einen gottesdienstlichen Rahmen handelt. Hier neigt der Sprecher besonders dazu, möglichst überkorrekt zu artikulieren, mit der fatalen Wirkung, daß das Vorlesen gekünstelt wirkt.

3.2 Gliedernd vorlesen

Der erste Leseeindruck wird kaum auf gliederndes Vorlesen gerichtet sein. Schließlich hat die schulische Leseerziehung Normen gesetzt, die in eine ganz andere Richtung tendieren: Wenn man vorliest, soll man sich um flüssiges Lesen bemühen. Schließlich hat man ja auch einen fortlaufenden Text vor sich, der ohne Pause, höchstens von Zeichen und Absätzen unterbrochen, fortschreitet.

- Die Zeichen des Textes sind als Pausenstellen zu lesen; ein Komma wird darüberhinaus immer stimmlich markiert, indem man die Stimme davor hebt. Für das Fragezeichen gilt dasselbe. Beim Punkt senkt man die Stimme.
- Man bemühe sich, möglichst jedes Wort des Textes korrekt auszusprechen.
- Beim Vorlesen muß man darauf achten, den Mitlesern keinen Grund zu Beanstandungen zu geben. Alle Wörter des Textes müssen so gelesen werden, wie es der Text vorschreibt.

Dementsprechend hat es sich eingebürgert, Lesefähigkeit an der Geschwindigkeit des Leseflusses zu messen[13]. Mit dieser Geschwindigkeit wird jedoch die Aus-

[13] An dieser Feststellung hat sich seit meiner Untersuchung 1983 nach meinem Eindruck nichts geändert

drucksfähigkeit des Vorlesers notwendig nivelliert; Vorleser lesen zu viele Wörter des Textes *gleich gültig*. Das führt dazu, daß die Wirkung des Vorgelesenen für den Hörer leicht *gleichgültig* wird. Nicht selten versteht der Vorleser selber nicht, was er vorgelesen hat. Das ist auf diese schulische Gewohnheit zurückzuführen: Es kommt ja auch nicht darauf an, daß er dem Hörer den Text klar macht, sondern daß er ihn fehlerfrei abliest. Die Hörer haben in der Regel den Text ohnehin zum Mitlesen vor sich. Das Produkt solchen Vorlesens hört sich dann folgendermaßen an – der Text selber ist häufig so gesprochen worden (fettgedruckte Silben betont), darum habe ich auch nur einen Satz, den Beginn einer kurzen postumen Borchert-Parabel angeführt:

„Der **Schrift**steller **muß** dem **Haus**, an dem **al**le **bau**en, den **Na**men
1 2 3 4 5 6
geben.“ (Borchert, S. 259)

Diese Vielzahl von Hervorhebungen, die alle gleich bedeutsam wirken, führen erfahrungsgemäß zu Irritationen: Jede textliche Hervorhebung lenkt die Aufmerksamkeit des Hörers auf die hervorgehobene Passage und regt zum Weiterdenken an, lädt dazu ein, Erwartungen über den Fortgang des Textes zu erzeugen. Außerdem stellt die Texthervorhebung eine Situation her, die diese Hervorhebung nahelegt und die durch andere Hervorhebungen eingeschränkt, vernebelt oder sogar widerlegt werden kann. Gliederungseinheiten bietet der Text selber in Gestalt seiner Teilaussagen an; das heißt in diesem Beispiel

Der Schriftsteller muß
dem Haus
an dem alle bauen
den Namen geben.

Solche Gliederungseinheiten, die der Text nahelegt, laden den Vorleser zum Nachvollzug ein, indem er den Textaussagen einzeln nachgeht und so dem Zuhörer das Mitvollziehen erleichtert. Diese Einheiten lassen sich als Subjekt und finiter Verbteil, als die einzelnen obligatorischen und fakultativen Verbergänzungen und schließlich als der restliche Verbteil fassen. Entscheidend ist dabei, daß der Vorleser die Hauptaussage des Satzes selber durch die Untergliederung in Teilaussagen besser erfassen und weitergeben kann: Er darf nur das jeweilige Ende der Teilaussagen nicht mit einem stimmlichen Schlußpunkt – man spricht von einer „fallenden oder abschließenden Kadenz“ – oder gar mit einer Endbetonung versehen. Die Endbetonung unterläuft dem Vorleser häufig, wenn er einen deutlichen Satzschluß markieren will und zugleich mit dieser Absicht das letzte Wort des Satzes mit unterstreicht. Wie Silbenakzentuierungen gewählt werden, kläre ich im nächsten Abschnitt.

3.2.1 Das „psychologische Prädikat"

Um die Häufung der im Beispielsatz markierten Silbenbetonungen in ihrer Funktion für den Text zu klären, skizziere ich im folgenden ihre mögliche Hörerwirkung (wenn sie isoliert auftreten, ohne daß daneben die Worte ihren Wortakzent verlieren. Es geht nur um den Gipfel der Sinnaussage):

Die erste Hervorhebung z. B. könnte den Einwand widerlegen, es drehe sich in diesem Text nicht um einen Schriftsteller.
Die zweite Hervorhebung bekräftigt seine Verpflichtung – gegen Einwände und Skepsis.
Die dritte schließt Alternativen des Dativobjekts aus und verweist auf eine mögliche symbolisch-metaphorische Bedeutung des Hauses.
Die vierte betont gegen Widerspruch die ausschließliche Beteiligung aller am Bau.
Die fünfte Hervorhebung stellt die ausschließliche Beschäftigung mit dem Bau besonders in den Mittelpunkt.
Die sechste Hervorhebungsstelle ergänzt inhaltlich die anfangs betonte Verpflichtung und grenzt sie gegen andere Zumutungen ab.

Natürlich wirkt diese Passage durch Betonungen überladen. So scheint die erste Hervorhebung eine falsche Fährte zu legen – der ganze Text beschäftigt sich mit der Verpflichtung des Schriftstellers.

Vergleicht man diese durch Betonung übersättigte Textaussage mit alltäglich üblichen Sprechäußerungen, so stellt man fest, daß diese, obwohl durchaus gelegentlich sogar komplexer, immer eindeutig markiert sind und somit immer ein Äußerungskern vorliegt, der die Orientierung über die Sprecherabsicht erleichtert, wenn nicht erst sicherstellt.

Diese eindeutige Markierung ist auch deshalb als Modell für das Vorlesen naheliegend, weil auch Vorlesen wie das Spontansprechen nur über das Hören vermittelt wird und daher Rücksichten auf die Flüchtigkeit der akustischen Übermittlung zu nehmen hat. Es ist ein weitverbreiteter Irrtum, anzunehmen, der Hörer könne eine Mitteilung nicht verstehen, wenn ihm nicht jedes wichtige Wort durch eine Betonung markiert wird. Im Gegenteil wird ihm das Zuhören durch unübersichtliche Vielfalt an Wichtigem so erschwert, daß er das eigentlich Wichtige nur noch schwer, wenn überhaupt, erfaßt.

Der Beispielsatz würde also Hervorhebungen in erheblich reduzierter Anzahl aufweisen:

(1) „Der Schriftsteller **muß** dem Haus, an dem alle **bau**en, den Namen geben."
oder

(2) „Der Schriftsteller muß dem **Haus**, an dem alle bauen, den **Na**men geben."
oder

(3) „Der Schriftsteller muß **dem** Haus, an dem **al**le bauen, den Namen geben."
oder

(4) „Der **Schrift**steller muß dem Haus, an dem alle bauen, den **Na**men geben."

Dabei muß eine irrige Annahme ausgeräumt werden: Die Reduzierung der Aussagenhervorhebungen gehe mit einer Ausdrucksverarmung einher. Die Markierung macht nur klar, daß die fett unterlegten Silben jeweils die Hauptbetonung tragen, den Aussagenkern bilden. Es wird sicherlich deutlich, daß die gewählten Aussagenkerne eine Verbindung miteinander eingehen, aber dennoch vielfältig untereinander variabel sind. Es kann noch nicht einmal mit letzter Sicherheit behauptet werden, daß die genannten Varianten alle im Text möglichen erfassen. Auch die Aussagenkerne stiften eine Situation oder setzen eine solche voraus. Je nach der vorausgesetzten Situation und der infolgedessen geprägten Sprecherintention wählt der Sprecher das sogenannte ***„psychologische Prädikat“***[14] einer Aussage. Dabei läßt er sich auch vom Kontext der Aussage leiten. Und dieser Kontext engt seine Möglichkeiten der Hervorhebung auch ein: So wird z. B. deutlich, daß es in dem Beispielsatz schwierig wäre, sich vorzustellen, daß das letzte Wort hervorgehoben würde. In der Regel orientiert sich der Sprecher an dem jeweils Neuen in der Textentwicklung. Schaut man sich die Textentwicklung des vorliegenden Borchert-Textes an, so schließt sich eine Betonungsentscheidung rückwirkend aus, wenn wie folgt fortgesetzt wird:

Auch den ver**schie**denen Räumen.

Diese Fortführung des obigen Textes steht anscheinend quer zu Variante (1), denn noch ist das Haus nicht fertig und die Nutzung der Räume daher unmöglich festzulegen.

Auch den verschiedenen **Räu**men.

Diese Fortführung schließt sich bruchlos an die Varianten (2–4) an,
oder:

Auch den verschiedenen Räumen.

Diese Hervorhebung macht zweierlei deutlich: Zum einen wird generell im Deutschen nur ungern der absolute Äußerungsbeginn betont, zum anderen gilt die Markierung nur in Ausnahmefällen der Konjunktion, weil sie selbst keine eigenständige Bedeutung trägt.

Es wird sicherlich plausibel, daß die Wahl eines „psychologischen Prädikats“ im Text die weiteren Wahlen beeinflußt und einschränkt. Und in dieser Fortführung wird auch die vielfältige Kombinatorik, die sich außerdem noch in den Beispielen für die Verteilung der Aussagenkerne ergibt, anschaulich und überzeugend.

Es ist nur wichtig, daß die Analogie zum Sprechen wirklich ernst genommen wird: Der Sprecher besinnt sich nicht auf die Hervorhebung oder gar auf die hervorzuhebende Silbe, sondern er realisiert eine Sprechabsicht und markiert infolgedessen eine Silbe als „psychologisches Prädikat“. Es markiert das dem Vorleser Wichtige in der Sinnaussage.

---

[14] Dieser Begriff wird bereits von Drach (1927, S. 27) verwendet – neben dem Begriff „dominierende Vorstellung“ oder „Hauptsache“

Diese Aufgabe erweist sich erfahrungsgemäß als die schwierigste, wenngleich sie sich leicht anhört, denn die Konzentration und Kontrolle verlangen einen Vorleser, der die Aussagenbetonung von Wortakzenten, wie sie die Lautungsregeln vorschreiben, wirksam zu unterscheiden vermag. Dem steht indes eine Betonungsgewohnheit der vielfältigen Gleichbetonung gegenüber, die auch vom Medienmodell des Rundfunk- und Fernsehsprechers beeinflußt wird.

Die Frage: Wie findet der Vorleser das psychologische Prädikat? bedarf noch der Beantwortung. Im allgemeinen weist jeder Text Anhaltspunkte für die Entscheidung dieser Frage auf, ohne daß der Sprecher genötigt wäre, jeweils nur ***eine*** Betonungsstelle im Satz zur Wahrung des Sinnzusammenhangs zu wählen. Meist entscheidet sich die Frage im Zusammenhang mit der schrittweisen Themenentfaltung. Jeweils das neu Eingeführte, das sogenannte Rhema erhält die Hauptbetonung, die dominierende Vorstellung des Vorlesers. Ich setze den Gesamttext der kurzen Borchert-Parabel von 1947 hierher und erläutere diese Themenentfaltung beispielhaft an ihr:

Der Schriftsteller muß
dem Haus,
an dem alle bauen,
den Namen geben.
Auch den verschiedenen Räumen.
Er muß das Krankenzimmer
„Das traurige Zimmer" nennen,
die Dachkammer
„Das windige" und
den Keller
„Das düstere".
Er darf den Keller nicht
„Das schöne Zimmer" nennen.
Wenn man ihm keinen Bleistift gibt,
muß er verzweifeln vor Qual.
Er muß versuchen,
mit dem Löffelstiel an die Wand zu ritzen.
Wie im Gefängnis:
Dies ist ein häßliches Loch.
Wenn er das nicht tut in seiner Not,
ist er nicht echt.
Man sollte ihn zu den Straßenkehrern schicken.

Wenn man seine Briefe in anderen Häusern liest,
muß man wissen:
Aha. Ja. So also sind sie in jenem Haus.
Es ist egal, ob
er groß oder klein schreibt.

Aber er muß leserlich schreiben.
Er darf in dem Haus die Dachkammer bewohnen.
Dort hat man die tollsten Aussichten.
Toll, das ist schön und grausig.
Es ist einsam da oben.
Und es ist da am kältesten und
am heißesten.
Wenn der Steinhauer Wilhelm Schröder
den Schriftsteller in der Dachkammer besucht,
kann ihm womöglich schwindelig werden.
Darauf darf der Schriftsteller keine Rücksicht nehmen.
Herr Schröder muß sich an die Höhe gewöhnen.
Sie wird ihm guttun.
Nachts darf der Schriftsteller die Sterne begucken.
Aber wehe ihm,
wenn er nicht fühlt,
daß sein Haus in Gefahr ist.
Dann muß er posaunen,
bis ihm die Lungen platzen.

Die relativ einfache Struktur bietet gleichwohl viele alternative Möglichkeiten, die hier nicht alle im einzelnen erörtert werden sollen; hier soll dem Thema-Rhema-Prinzip der Betonungswahl nachgegangen werden.

Dementsprechend könnte also die Hauptbetonung auf „**Haus**" und auf „**al**le" sowie auf „**Na**men" liegen; dann würde „**Räu**men" folgen. Nach dem gleichen Prinzip müssen in den Zeilen 7, 9 und 11 „**trau**rige", „**win**dige" und „**dü**stere" hervorgehoben werden. In den beiden Folgezeilen hat der Sprecher die Wahl zwischen „**darf**" (Z 12) oder „**schö**ne" (Z 13). Zeile 14 müßte nach dem Prinzip „**Blei**stift" hervorheben und „ver**zwei**feln" (Z 15) oder als Alternative „**Qual**". Im weiteren Gedankenfluß bieten sich „ver**su**chen" (Z 16) und „**Löff**elstiel" (Z 17) als psychologische Prädikate an. Der weitere Text legt „Ge**fäng**nis" (Z 18) und „**Loch**" (Z 19) als Hervorhebungen nahe. Auch der folgende Satz enthält zwei Aussagen, die entsprechend zwei Hervorhebungen erhalten: „**tut**" (Z 20) und „**echt**" (Z 21). Der zweite Abschnitt endet mit „**Stra**ßenkehrern" (Z 22) als Hauptbetonung.

Der folgende Satz bietet wieder mehrere Alternativen an: „**Brie**fe" und „**an**deren" (Z 23), dann aber im folgenden Hauptsatz gibt es eigentlich nur eine sinnvolle Wahl: „**wiss**en" (Z 24). Satzfetzen wie die Ausrufe „**Aha**" und „**Ja**" (Z 25) bieten sich als Betonungsgipfel an und laden zudem dazu ein, als Betonungsalternative des folgenden „**So**" oder „**sind**" (Z 25) zu wählen. Auch der folgende Kurzsatz bietet kaum Zweifel an der Wahl des „e**gal**", die „**groß**", „**klein**" oder „**schreibt**" (Z 26) eröffnet. Bei der Probe dieser Akzentverteilung wird man sicher eine Neigung des Sprechers feststellen, bei Reihungen jeweils das letzte Glied mit der Haupthebung zu versehen und so dem „**klein**" intuitiv den Vorzug geben. Sinnvoll erscheint für die folgende Aussage sicherlich „**le**serlich“ (Z 27). Der „**Dach**kammer“ (Z 28) gebührt im folgenden der Schwerpunkt und folgerichtig die Charakterisierung mit „**toll**sten“ (Z 29) im folgenden Satz. Ebenso leicht fällt die Wahl der folgenden psychologischen Prädikate: „**ein**sam“ (Z 30) und „**käl**testen“ (Z 31) und „**hei**ßesten“ (Z 32) als weitere schildernde Elemente der Behausung des Schriftstellers.

Es zeigt sich, daß überwiegend keine Pronomen, Konjunktionen oder nur ausnahmsweise Verben betont werden, obwohl das nicht generell auszuschließen ist; dominierende Vorstellungen tragen Adjektive, Adverbien und Substantive, wobei bei Häufung solcher Wörter eher das letzte zu betonen ist. Z. B. gilt als gängige Betonung „... ob er groß oder **klein** schreibt“ während bei reihender Aufzählung durchaus auch das „**und**“ den Betonungsgipfel tragen kann (vgl. Z 31 und 33).

Aus diesem Beispiel ergibt sich für die Wahl der dominierenden Vorstellung, des psychologischen Prädikats i. d. R. der Teil der Sinnaussage, der im vorangegangenen Textteil noch nicht erwähnt wurde. Dabei dürfte die Vielfalt der möglichen Wahlen ebenso plausibel geworden sein wie die differenzierende Bedeutung für die einzelne Entscheidung, die sich zudem noch an der weiteren Entwicklung des Textes orientieren muß.

Sogar im Einzelwort führt unterschiedliche Betonung zu Bedeutungsverschiebungen; ich möchte das an „trotzdem“ und an „unwiderstehlich“ veranschaulichen. Wird auf die erste Silbe „**trotz**dem“ die Betonung gelegt, so legt man die Konjunktion auf ihre konzessive Bedeutung fest und betont gleichzeitig ihre logische Funktion im Zusammenhang. Betont man jedoch „trotz**dem**“, so treten alle Faktoren, die rückbezüglich durch die Konjunktion angesprochen werden, noch einmal betont in den Blick.

Betont man in dem zweiten Beispielwort die erste Silbe, so wirkt die Bedeutung schillernd, spöttisch oder ironisch: „**un**widerstehlich“; dagegen hat der Hörer einen bewundernden Eindruck, wenn die vierte Silbe die dominierende Vorstellung erhält: „unwider**steh**lich“. Natürlich gilt dies nur von mehrsilbigen Wörtern, bei denen der Wortakzent in der beschriebenen Weise springen kann.

Es ist mir durchaus klar, daß die Regelung für die Entscheidung, wo der Vorleser nun seine Aussagenbetonung setzt, viele Alternativen offen läßt; aber genau hier entfaltet sich auch die Verstehensvielfalt des Lesers.

3.2.2 Pausen und Zäsuren

Der Sprecher gliedert nicht nur durch Hervorhebungen, sondern auch durch sprechfreie Einschnitte des Sprechflusses, meist an Stellen, wo er mit seiner Planung noch nicht fertig ist, z. B.:

(1) Ich könnte schwören ich ... hab es da hingelegt
(2) Ich hab gefrühstückt und ... bin zur Arbeit gegangen
(3) Das kommt mir vor wie ... Zauberei

(4) Damit kann ich also ... nichts anfangen
(5) Hast du Lust mitzugehn ich ... geh ins Kino
(6) Morgen mach ich ne Fete da ... bist du doch auch dabei

Manchmal werden die Pausen im Alltagssprechen auch durch Füllwörter, sogenannte Partikel ersetzt. Sie bilden dann gewissermaßen Platzhalter und signalisieren dem Hörer, daß der Sprecher noch mehr sagen will. Solche Füllwörter kennt man z. B. als „mhm", „äh", „mja", „also".

Auffällig ist an den Beispielen: Die Pausen orientieren sich nicht an Satzzeichenstellen: So bei (1), (5) und (6). Sie finden sich aber auch nicht an Satzgliedenden, so nach „gefrühstückt" (2) oder nach „kommt mir vor" (3). Diese Sprecheigenart läßt sich umsetzen, wenn man die Sinnzusammenhänge wahrt und prinzipiell auf neue Aussagen hin durch Zäsuren öffnet. Das bedeutet dann für den Beispieltext von Wolfgang Borchert (Die Zeilenenden stehen für mögliche Zäsuren):

> Der Schriftsteller muß
> dem Haus, an dem alle bauen,
> den Namen geben.
>
> Auch den verschiedenen Räumen. Er
> muß das Krankenzimmer
> „Das traurige Zimmer" nennen,
> die Dachkammer
> „Das windige" und
> den Keller „Das düstere". Er
> darf den Keller nicht
> „Das schöne Zimmer" nennen.

Geht man den Textauszug den Pausenvorschlägen entsprechend durch, die hier nach Zeilen vorgesehen sind, so zeigt sich, daß die Pausen auf die folgenden Passagen hin gespannt sein können: Das bedeutet, daß solche Spannungspausen oder Zäsuren eher steigernde Hervorhebungen für die folgenden Wörter im Textausschnitt bedeuten. Und natürlich sind bei weitem nicht alle möglichen Zäsuren angeboten. Zäsuren gliedern den Text nach zwei Prinzipien, die sich in jedem Text wieder anwenden lassen:

1. Die einzelnen Sinnaussagen oder Sinnglieder lassen sich durch Zäsuren voneinander abheben, sofern die Aussage als Ganzes nicht beeinträchtigt wird.

2. Zäsuren stehen immer an den Textstellen, die man als offen für Neues bezeichnen kann; sie können Hörerhypothesen provozieren, den Anschein erwecken, als suche man nach dem angemessenem Ausdruck, obwohl der Text ja vorliegt: nach diesem Prinzip sind Zäsurenstellen vor oder nach Konjunktionen, Pronomina und Partikeln. Funktion solcher Zäsuren sind aktive Höranregung: Der Hörer wird auf die offenen Stellen des Textes aufmerksam und entwickelt Vorausdeutungen, die der Text bestätigt oder widerlegt. Der Text entsteht gleichsam durch dieses Verfahren vor dem Hörer neu, obschon der Vorleser ihn natür-

lich kennt. In aller Regel wird der Text so dem Zuhörer interessanter. Schließlich ermöglicht der Vorleser dem Hörer eine differenziertere Wahrnehmung, als wenn flüssig der Satzstruktur folgend vorgelesen würde. Die Textklammern treten stärker in den Blick.

Gemeinsame Wirkung von Aussagenkernen und Spannungspausen ist sicherlich eine Steigerung der Verständlichkeit für Sprecher und Hörer. Mit den genannten Techniken sind wichtige Verstehenshilfen für den Hörer verbunden. Außerdem gewinnt der Sprecher Zeit, sich auf die Sinnschritte des Textes einzulassen, und für den Hörer ist es leichter, den Text aufzunehmen, wenn er ihn portionsweise angeboten bekommt. Häufig jedoch atmen Vorleser in den Sprechpausen hörbar oder sie enden stimmlich mit abschließender Kadenz (die Stimme wird wie vor dem Punkt tiefer) und unterbrechen damit die Interaktion mit den Hörern und die Kontinuität der Textaussage.

Das hängt vermutlich damit zusammen, daß Vorleser kaum wissen, daß aktive Pausen zum Luftholen überflüssig sind, weil die Lungen durch das Zwerchfell, den Hauptatemmuskel, während des Sprechens ständig Luft nach„tanken“, ohne daß dies dem Sprecher besonders bewußt würde. Wie bereits erwähnt, regt z. B. die Artikulation von Explosivlauten und Engelauten – vor allem in Wortendstellung – einen Einatemreflex an, der umso unbewußter erfolgt, je deutlicher und gespannter die Lautung gestaltet wird. Wichtig sind Pausen nur als Textgliederungsmittel und als Chancen des Vorlesers, sich auf den Text besser einzulassen und auf die Hörer besser zu konzentrieren. Natürlich kann auch der Hörer dem Text besser folgen, wenn er durch Pausen und Zäsuren gegliedert ist. Wenn die passive Atmung durch allzu große Aufregung verhindert oder beeinträchtigt wird, dann hilft es, während der Pause den Mund zu schließen, da die Nasenatmung die Spannung der Verständigung mit den Hörern nicht stört. Zudem muß bei allen Zäsuren, die den Kontext sichern sollen, die Stimme in der Schwebe bleiben.

Analog der Gewohnheit des Sprechers, in Abwandlung der Spannungspausen auch Retardierungen von Silben an gedanklichen Nahtstellen der Aussagen vorzunehmen, können die Zäsuren im Text auch als Verlangsamungen von Silben an Nahtstellen der Aussage auftreten. Etwa so:

Der Schriftsteller muß(ßß)... dem(mmm) Haus, an dem alle bauen, ... den(nnn) Namen geben.

Der Sprecher verweilt auch beim Spontansprechen gelegentlich bei dem Schlußkonsonant des vor der Zäsur liegenden Wortes; die Zäsurabsicht wird dadurch betont; es ist aber nicht zwingend, Zäsuren oder gar Retardierungen in der skizzierten Art zur Regel zu machen. Nur wenn dem Vorleser eine offene Stelle besonders vieldeutig erscheint, liegt es nahe, mit solchen einfachen Mitteln darauf hinzuweisen.

Natürlich gilt auch hier: Die Analogie zur Sprechgewohnheit muß deutlich werden, da diese Zäsuren ebenso wie die Silbenverlangsamung Spannung auf das Folgende eröffnen. Daher kann nicht einfach formal eine Pause oder verlangsamte Silbe gelesen werden, sondern die Spannung auf die folgende Textaussage muß zentraler Bestandteil des Sprechversuchs sein. Der Versuch sollte daher so lange fortgesetzt und auch an anderen Texten angewendet werden, bis die eigene Vorstellung von den Nahtstellen und den Aussagekernen des Textes verwirklicht ist. Und natürlich darf nichts Künstliches in den Versuchen durchklingen, die gewählte Pause, das angezielte psychologische Prädikat müssen sich aus dem Text ergeben. Sie müssen auch mit der Sprecherabsicht des Vorlesers übereinstimmen.

3.2.3 Spannung und Entspannung oder Schonstimme und Vollstimme

Diese Begriffe dürften dem Vorleser am wenigsten vertraut sein. Pause und Akzent / Betonung sind in der Schule schon häufig gehörte und verwendete Anregungen, aber von Spannung und Entspannung wird eher in Fachbüchern gehandelt[15].

Zunächst wird Spannung spürbar, wenn man sehr bewußt einen Satz spricht, in dem Explosivlaute sich häufen, da sie nur mit entsprechender Artikulations- und Atemspannung verwirklicht werden können:
„Und es wallet und siedet und brauset und zischt“ (Schiller 2, S. 777)

Bei bewußter Artikulation wird der nervliche Zusammenhang zwischen solcher Artikulation und dem Zwerchfell (dem Hauptatemmuskel) deutlich: die Spannung ist spürbar. Doch auch die Entspannung nimmt man wahr, wenn man sehr aufmerksam in sich selbst hineinspürt: die „und“ in dem Vers werden ungespannt gesprochen.

Allerdings geht es hier nicht nur um Spannung der Artikulation, sondern auch um Spannung im Sprechfluß. Immer, wenn ein Hörer angesprochen, wenn auf etwas aufmerksam gemacht, etwas durchgesetzt werden soll, spricht der Sprecher gespannt; und immer, wie bei dem Artikulationsversuch, sind Artikulation und Atem beteiligt.

Ist der Kontakt hingegen hergestellt, so entspannt der Sprecher: er baut die für die Adressierung an den Hörer notwendige Spannung wieder ab. Und da dieser Vorgang meist mit dem physiologischen Vorgang des Gasaustauschs im Körper analog verläuft, werden entspannte Sprechaussagen als Übereinstimmung, gespannte als Widerstand erlebt. Physiologisch lassen sich Spannung als verzögerte Ausatmung und Entspannung als fließende Ausatmung beschreiben. Natürlich können diese Beschreibungen nur metaphorische Annäherungen an tatsächliche Vorgänge sein.

Sätze in Texten lassen sich als Wechselspiel von Spannung und Entspannung darstellen, indem die bekannten Aussagen gespannt, die unbekannten / neuen Aussagen entspannt gesprochen werden. Dabei spannt der Sprecher die Aufmerksamkeit auf das Neue, indem er das schon Bekannte ausspricht, und löst die Spannung durch das Aussprechen des Unbekannten. Ich veranschauliche das eben Erklärte

[15] Hier kann vor allem auf Drach 1963, aber auch auf Coblenzer / Muhar 1976 und auf Essen 1969 verwiesen werden

am Beispiel des kleinen Borchert-Textausschnitts, indem ich die entspannten Aussagen rechtsbündig und kursiv drucke.

Der Schriftsteller muß	*dem Haus, an dem alle bauen,*
	den Namen geben.
Auch	*den verschiedenen Räumen.*
Er muß das Krankenzimmer	*„Das traurige Zimmer“*
	nennen,
die Dachkammer	*„Das windige“*
und den Keller	*„Das düstere“.*
Er darf den Keller nicht	*„Das schöne Zimmer“*
	nennen.

Auch diese Einteilungen sind natürlich nicht verbindlich und lassen Variationen zu; entscheidend ist, daß mit diesem Mittel ebenso zur Erleichterung des Hörverstehens beigetragen wird wie durch Pausen und durch die zahlenmäßige Verminderung der Betonungen im Text.

Was diesen Wechsel von Spannung und Entspannung, von Vollstimme und Schonstimme (auch diese Begriffe lassen sich auf den Vorgang anwenden) besonders wirkungsvoll macht, ist auch die Analogie zu alltäglichen Sprechhandlungen: private wichtige Mitteilungen macht man nur ungespannt (mit Schonstimme: wer hätte je mit Vollstimme eine Liebeserklärung gemacht?), hingegen sind Anweisungen, Befehle, Ausrufe, Belehrungen i. d. R. gespannt (mit Vollstimme) zu sprechen, wenn sie im Sinne der Sprecherabsicht wirken sollen. Sicherlich läßt sich eine Verbindung zwischen emotionalem Ausdruck und Entspannung (Schonstimme) einerseits und zwischen kognitivem Ausdruck und Spannung (Vollstimme) andererseits herstellen. Ebenso kennzeichnet emotionale Nähe Entspannung, emotionale Distanz Spannung. Das Experimentieren mit diesen Spannungszuständen der Stimme unterstützt auch das Wahrnehmen und Verdeutlichen von Zusammenhängen im Text und beugt dem Vernebeln von Textaussagen vor. Die Schonstimme tritt allerdings im Alltag ebenso oft entspannt wie gespannt auf; in der gespannten Variante wird sie eingesetzt um zu warnen, zu drohen, einer Enttäuschung oder einem Mißtrauen Ausdruck zu geben oder einfach positive Gefühle ironisch zu verfremden.

4. Kapitel: Komplexe Techniken

Beim Vorlesen sind Taktiken des Lesens fast noch wichtiger als beim leisen Lesen, weil ja eine Umsetzung des Textes auf den Hörer erfolgen muß. Dazu gehört zuallererst die ständige Sinnsuche, eine unausgesetzte innere Beteiligung des Lesers, die Lesehypothesen – Vermutungen über den weiteren Textverlauf – ermöglicht, ja nahelegt. Diese Sinnsuche wird vor allem durch die Klammerbildung in deutschen Sätzen begünstigt. Z. B.:

Fritz (was ist mit ihm?)
fällt (wohin? wo? worüber?)
seiner Mutter (in die Arme? unangenehm auf? ins Wort?)
ständig (was ist denn nun?)
und mit (Absicht / Unterstützung / Hilfe seiner(s) ...)
konstanter Bosheit (Spannung steigt)
auf die Nerven (Lösung der Aussage)

Ein so bewußt gemachter Vermutungsvorgang (der Aufbau einer Satzaussage wird mit Sinnsuche ( ) kombiniert) macht gleichzeitig die Spannungsstruktur eines normalen einfachen Satzes deutlich und spiegelt die Folgen dieser Struktur auf den sprechenden Vorleser, der Sinnzusammenhänge nur bewahren kann, wenn er noch eine zweite Taktik beherrscht: Sinnglieder überblicken und zusammenordnen. Für den oben angegebenen Beispielsatz sind das 3 Sinnglieder: *Fritz fällt* / seiner Mutter / ständig / und mit konstanter Bosheit / *auf die Nerven*. Natürlich gibt es wesentlich komplexere Satzstrukturen, aber die Glieder[16] der Sätze sind einfach und überschaubar; sie bestehen aus dem einfachen Rumpfsatz ohne Erweiterungen, aus Ergänzungen zum Verb und Ergänzungen zu Substantiven, wobei die Satzstellung meist unverändert bleibt.

Eine dritte Taktik muß vor allem der Vorleser deutscher Texte sich aneignen: Die Klammerfunktion des Satzes erkennen und kenntlich machen. Sowohl Artikel und Substantive können eine Reihe von Attributen einklammern, z. B.:

„Er grinste vor Wonne über **sein** großes gutmütiges breites braunes **Gesicht**" (Borchert, S. 263),
das Verb kann durch eine Reihe von Ergänzungen auseinandergezogen werden, wie in dem o. a. Beispiel
„... fällt ...auf die Nerven" oder
„Da **faßte** der kleine kleine Pygmäe, der kleine slickzungige Kellner, **sich ein** großmütiges, gewaltiges, für uns alle und für ihn selbst überraschendes **Herz**" (Borchert, S. 263).

Schließlich werden Subjekt und Verb in jedem Nebensatz durch die Vorschrift auseinandergezogen, daß das Verb in Endstellung steht. Weil vor allem die letzt-

[16] Der Begriff sollte nicht mit Satzglied verwechselt werden; mit Sinnglied ist hier ein Aussagenkern gemeint, der aus einer Nominalphrase als Subjekt, Nominalphrasen der verschiedenen Verbergänzungen sowie auch aus einer Verbalphrase bestehen kann

genannte Besonderheit unserer Sprache im flüchtigen Alltagssprechen Verstehensprobleme verursacht, tendiert der Sprecher dazu, das Verb im Nebensatz und in Objektsätzen stärker an das Subjekt zu binden, um diese Klammer zu umgehen. Entsprechend deutlich müssen die Klammergrenzen vom Vorleser markiert werden, sei es durch den Wechsel von Schon- und Vollstimme, sei es durch Tonhöhenwechsel.

So sollte der Vorleser drei Taktiken beherrschen:

1. Vermutungen über den weiteren Textverlauf anstellen und umsetzen
2. Sinnglieder überblicken und zusammenordnen
3. Die Klammerfunktion des Satzes erkennen und kenntlich machen

4.1 Vorausschauend lesen

Im Gegensatz zum leisen Lesen muß der Vorleser jedes Wort im Blick haben, um dem Hörer Verständnis für das Gehörte zu ermöglichen. Dafür kann er nicht wie der leise Leser in ziemlichem Tempo den Text zusammenraffen, ja sogar kursorisch oder diagonal zur Kenntnis nehmen. Er braucht mehr Zeit und muß ein Stück Text voraus im Blick haben, um für die Wahl der Aussagenkerne und der geeigneten Zäsurstellen genug Zeit und Text zur Verfügung zu haben. Die wenigsten Leser wissen, daß die kürzeste Zeitspanne für eine vorgelesene Textseite, der ein Zuhörer noch mühelos folgen können soll, im normalen Manuskriptformat 3 min beträgt.

Der Vorleser sollte sich die Fähigkeit des Lesers zunutze machen, die dieser im Laufe seiner Leseerziehung erwirbt: die Sprünge zwischen den Fixationen, den Haltepunkten der Augenbewegungen, werden größer, und die Routine nimmt zu, zutreffende Vermutungen zum folgenden Text zu entwickeln. Dafür wachsen einerseits Erfahrungen im Mikrobereich mit den Buchstabenverbindungen, den Wortbildungselementen, auch als Wortschemata bezeichnet, und im Makrobereich andererseits mit den semantischen und syntaktischen „Restriktionen“, d. h. mit den Satzverbindungen und den Wortverbindungen, die sich in bestimmten Textzusammenhängen nahelegen. Hier lassen sich Satz- und Textschemata feststellen. Je sicherer der vorausschauende Zugriff beim Vorlesen, desto geringer wahrscheinlich werden Pannen wie Verlesungen oder Zeilenvertauschungen und desto souveräner wird der sprechende Zugriff auf den Text. Desto besser versteht auch der Vorleser seinen Text.

Die Sicherheit im vorausschauenden Lesen bietet auch Gewähr dafür, daß Umblätterstellen keine Katastrophen verursachen oder Verwirrstellen im Text, die Satzschluß nahelegen, keine offene Korrektur beim Vorlesen nach sich ziehen.

Beispiel für eine solche Verwirrstelle:

Wenn man ihm keinen Bleistift gibt, muß er verzweifeln
(neue Seite) vor Qual (Borchert, Z 14f.)

Die Neugier und Spannung des Lesers auf den weiteren Textverlauf (vgl. Taktik 1) steuert folgerichtig das Vorlesen und bietet darüberhinaus die Sicherheit, daß auch der Hörer gespannt auf den folgenden Text wartet, selbst wenn der Vorleser schon sehr genau den Textinhalt kennt.

4.2 Mitteilend vorlesen

Erst unter dieser Bedingung kann der Vorleser den Text dem Hörer widmen. Er kann dieselbe Erwartungsspannung erzeugen, die der Leser beim aktiven Lesevorgang in sich hervorruft, indem er seine Textassoziationen den Hörern mit dem Mittel seines Sprechausdrucks widmet und damit hörbar macht.

Dabei werden fiktive Reflexionen über den Erzählprozeß aktuell auf den Hörer bezogen, alle Vorausdeutungen lassen sich gewissermaßen sprechend offenlegen, und alle Mitteilungen des Textes an seine Leser münzt der Vorleser in Mitteilungen an seine Hörer um. Er tritt mit dem Hörer in eine Interaktion ein, indem er mit dem Hörer über den Text sich austauscht, während er den Text spricht.

Vom Text, der seine Mitteilung an seine Leser adressiert, entwirft der Vorleser stellvertretend seinen Verstehenszugang für den Hörer und verengt damit notwendig dessen Textzugang. Dieses stellvertretende oder bevormundende Verstehen gelingt ihm natürlich leichter, wenn er beim Vorlesen nicht nur den Text, sondern auch den Hörer im Blick hat. Und wenn er sich den Text zu eigen gemacht hat und seiner Deutung sicher ist.

Wenn er eine gewisse Routine im vorausschauenden Lesen erworben hat, wird der Vorleser diese Mitteilung besser verwirklichen können, weil ihm dann vollständige Texteinheiten, z.B. Sinnglieder, als Bausteine für Hörerkontakt zur Verfügung stehen.

Auch bewirkt die Kontaktaufnahme mit dem Hörer einen regelrechten Ausdrucksschub: Mit dem Kontakt entsteht Spannung, die sich auf die hörernahe Texterschließung positiv auswirkt. Der Vorleser macht sich durch Blickkontakt mit dem Hörer den Text stärker zu eigen und legt ihn dem Hörer stärker anheim, macht den Hörer im Idealfall stärker vom Text und durch den Text betroffen. Er macht durch seinen Blickkontakt sich und die Hörer gewissermaßen zu Text„komplizen“. Er vermag dem Hörer sicherer eigene Textvorstellungen nahezulegen und auf Hörerreaktionen einzugehen. Freilich birgt der freie Umgang mit dem Text durch den Blickkontakt des Vorlesers auch Probleme: Der Blickkontakt kann natürlich bei bestimmten Hörern das Gefühl der Kontrolle, das Gefühl auch unangenehmer Direktheit erzeugen, zumal wenn bestimmte Aussagen des Textes durch den Blickkontakt eindeutig bestimmten Personen gewidmet erscheinen. Der Vorteil für den Vorleser liegt im Zwang zur Hörerspannung, der nur durch große Routine in das Vorlesen als Impuls hineingenommen werden kann, wenn der Vorleser nicht aufblickt. Erfahrungsgemäß hängen Blickkontakt und Schonstimme auf das engste zusammen; die intime Nähe des Vorlesers zum Hörer steigert sich durch den Blickkontakt; Blick und Stimme heischen Anteilnahme. Natürlich gewährleistet der Blickkontakt auch ganz praktisch die sensible Dynamikregelung der Stimme: der Vorleser kann sich auch akustisch auf die Entfernung zu den Zuhörern einstellen. Erst bei ganz großer Vortragskunst läßt sich auf den Blick verzichten, und dennoch kann die Stimme die Distanz zum Hörer verringern. Ein ganz großer Künstler in dieser Hinsicht ist ohne Zweifel Gert Westphal, der mit seinen Hörbüchern eine faszinierende Imagination beim Hörer aufbaut, obwohl die Cassetten / CD's im Studio entstanden sind.

Beim Blickkontakt entstehen zwei ganz praktische Probleme:
Wie soll der Vorleser, ohne den Text zu verlieren, Blickkontakt aufnehmen? und
Wie lassen sich Textdeutungen sprecherisch vermitteln?

Zum Vorauslesen als allgemeine Leserfähigkeit habe ich mich schon geäußert. Man sollte, so denke ich, den Text immer so halten, daß er die Sicht auf die Zuhörer nicht versperrt und daß ein Finger oder der Daumen die Zeile fixieren kann, auf der man sich gerade befindet. Dann ist man immer sicher, daß man die Zeile, von der aus man den Blick hebt, wiederfindet. Das hat den Vorteil, daß man alle entspannten Aussagen in den Blick hinein sprechen kann; die Zäsuren wirken sehr viel natürlicher, wenn sie mit dem Aufschauen des Vorlesers zusammenfallen. Der Text sollte natürlich so gehalten werden, daß der Vorleser mühelos und ohne Fehldeutung durch die Hörer diese auch anschauen kann. Und natürlich gibt es selbstreflexive Textpassagen, die zu einer Blickverbindung geradezu herausfordern, wenn z.B. ein Text in Ich-Perspektive ein vertrauliches Geständnis macht oder der Erzähler sich unterbricht, um sich selbst methodisch zu kommentieren oder den Leser geradezu anzusprechen.

Beispiele aus dem Borcherttext:
Wenn man ihm keinen Bleistift gibt (Blick) *muß er verzweifeln vor Qual* oder
Wenn man seine Briefe in anderen Häusern liest (Blick) *muß man wissen: Aha. Ja. So also sind*
sie in jenem Haus

Dabei eröffnet der Blick ganz neue Deutungen:

> der erste Ausspruch in die Zuhörergesichter wirbt um Zustimmung oder um teilnehmendes Verständnis;
> der zweite Ausspruch mit Blick läßt die Adressierung changieren und ein Gefühl der Betroffenheit durch die Schlußbemerkung „in jenem Haus" hart kontrastieren.

Der Vorleser sollte sich nicht überfordern: Sein Kurzzeitgedächtnis reicht nur für maximal 9 Wörter, wenn es nicht speziell trainiert ist – und getestet. Probiert man das aus – bewußt mit Blickverbindung (oder gar mit spezieller Widmung an bestimmte Hörer) – vorzulesen, dann macht man die Erfahrung, wie suggestiv eine solche Vorlesehaltung auf den eigenen Ausdruck wirkt. Sie setzt in gutem Sinne den Vorleser frei für seine Interaktion mit dem Hörer über den Text.

4.3 Vollziehend vorlesen

Was heißt aber: sich den Text zu eigen machen? Der Text wird beim Vorlesen wie eine Sprechvorlage behandelt, er wird wie eine musikalische Aufführungsvorschrift, die Partitur, in Sprechausdruck umgesetzt. Dabei sind in der Partitur Aufführungshinweise, die dem Text so explizit fehlen. Gleichwohl enthält er als sprachliches Gebilde einerseits Analogien zum Spontansprechen, auf die der Vorleser zurückgreifen kann, andererseits regt die Art seiner Darstellung bestimmte Emotionen – und durchaus vielschichtige – im Vorleser an, die sich in Sprechausdruck umsetzen lassen.

Um diese „Vorschriften“ für den Vorleser jedoch umsetzen zu können, braucht er Erfahrungen und Kenntnisse. Einerseits sollte er seine Sprechausdrucksmittel auch zur Wiedergabe von Texten einsetzen können, obwohl genau dies von der Schule eher abtrainiert wurde und neu erworben werden muß, andererseits sollte er den Verbindlichkeitsgrad von Sprechvorschriften im Text einschätzen können. Er inszeniert den Text im Augenblick des Vorlesens, macht ihn den Hörern hörbar und aktuell, konfrontiert sie mit ihm.

Unter den Sprechvorschriften lassen sich explizite und implizite unterscheiden.
Die expliziten sagen, wie etwas gesprochen wird:
Vor allem handelt es sich hier um Begleitsätze zu direkter und indirekter Rede. Ein Beispiel:

(7) In höchster Wut schrie er: „Verflucht soll der sein, der die Botschaft brachte!“

Betrachtet man die Funktion der Verben, die das Wortfeld „sagen“ bestimmen, genauer, so schreiben sie einen dynamischen Aspekt vor, wie dies „schreien, rufen, flüstern ...“ tun, sie gewichten einen temporalen Aspekt, so z. B. in „schnattern, plappern, zögern ...“ und deuten einen melodischen Aspekt an, wie durch „piepsen, brummen ...“, aber sie schreiben auch globale Sprechhaltungen vor, wie sie für den Handlungsaspekt z. B. in „befehlen, bitten, verlangen ...“ vorliegen oder für emotionale Gestimmtheit in „angiften, fluchen, aufbrausen ...“ oder für rationale und nachdenkliche Gestimmtheit in „erwägen, bedenken, überlegen ...“ [17]. Differenziert werden diese Verben jeweils durch modale Ergänzungen, die konkrete Vorstellungen über die Art der Sprechart wecken. Wie in dem Beispiel (7) oben werden konkrete oder globale Vorstellungen entwickelt, wie man sich die folgende Äußerung gesprochen vorzustellen hat. Hier ergänzt der Text das Verb „schrie“ durch die modale Markierung „in höchster Wut“. Der Vorleser sollte diese Sprechvorschrift ernstnehmen und entsprechend umsetzen, d. h. sprecherisch zum Ausdruck bringen. Der Sprecher kann natürlich auch indirekte Rede in Abhängigkeit zu Verben dieses Wortfelds sprechend so einfärben, wie es die Wahl des regierenden Verbs nahelegt.

Natürlich stellen auch Frage- und Ausrufezeichen am Ende einer Textaussage explizite Sprechanweisungen dar. Leider werden jedoch Fragezeichen i. d. R. formelhaft verwirklicht, ohne sich an der empirischen Sprecherfahrung zu orientieren. Fragen sind in ihrer Funktion im Alltag unterschieden:

---
[17] Vgl. Brigitte Teuchert 1988, S. 66f.

Kommst du endlich? wird als deutliche Maßregelung mit abschließender Sprechmelodie hörbar. Willst du... Kannst du... Würdest du...? werden als Entscheidungs- oder Satzfragen mit steigender Sprechmelodie geäußert.

Wer ...? Wann ...? Warum ...? Was ...? spricht kein Alltagssprecher – da hier Ergänzungs- oder W-Fragen vorliegen – mit steigender Sprechmelodie; dies geschieht nur dann, wenn wer nicht richtig gehört hat und nachfragt.

Vorleser jedoch betrachten in der Regel jedes Fragezeichen als Signal für steigende Sprechmelodie, ohne jeweils seine Bedeutungsfunktion und damit seine Alltags-„melodie“ zu überprüfen.

Nur zu erschließen und damit implizit werden solche Vorschriften, wenn nur noch die Äußerungen im Text zitiert sind, und so nur noch der Inhalt Rückschlüsse auf die Sprechweise zuläßt, d. h. die Erfahrungen des Sprechers die im Text gemachten Äußerungen interpretieren. Dasselbe gilt, wenn der Text sich mit wertneutralen Verben begnügt, z. B. „sagen“ und „antworten“ oder „entgegnen“.

Für solche implizite Sprechvorschrift, die infolgedessen mehrere Realisierungsmöglichkeiten aufweist, diene folgendes Beispiel:

(8) Wie im Gefängnis: Dies ist ein häßliches Loch

Hier kann der Vorleser der angestrengten Bemühung, mit dem Löffelstiel an die Wand zu ritzen, Ausdruck verleihen (ggf. ächzen); eine andere Möglichkeit eröffnet die Äußerung selber, die voll Abscheu oder Ekel gesprochen werden könnte; der Ausspruch läßt sich aber auch aus der Distanz fiktiv gelesen – d. h. aus einer verwitternden Wandinschrift mühsam herausbuchstabiert – vorstellen.

Der Vorleser sollte in seinem Text immer wach und sensibel für die angebotenen Vorstellungen sein, um sie im Sprechen umsetzen zu können. Das setzt eine mittlere Sprechgeschwindigkeit voraus, damit er sich überhaupt seine Vorstellungen bilden kann. Daher kommt es auch zu einem Orientierungsmaß von 3 min VorLesezeit pro Manuskriptseite DIN A 4.

4.3.1 Prosabeispiele

Versuchen Sie einmal, wie es wirkt, wenn Sie mit der Sprechmelodie den folgenden Text variieren:

(9) Es
war
einmal ein
kleines Mädchen.

oder

		war		Mäd	
(9a)	Es		einmal ein kleines		chen.

oder

war einmal
ein kleines
(9b) Es Mädchen.
oder
Mädchen.
kleines
war einmal ein
(9c) Es

Vermutlich wird der Satz, der Anfang des Sterntalermärchens, ganz unterschiedlich wirken, je nach gewählter Sprechmelodie.

(9) mutet fast an wie der Beginn eines Oldies, einer nostalgischen Leier, die zum Überdruß bekannt ist oder löst Gefühle der Unterlegenheit beim Zuhörer aus. Oder sie wirkt wie der Beginn eines Nachrufs: eben dieses Mädchen ist gestorben.

(9a) wirkt wie eine überraschende Neuigkeit, wie ein solcherart beschworenes bemerkenswertes Geschöpf; es klingt, als springe der Erzähler aus der möglichen Realität heraus.

(9b) hört sich gemütlich, intim, erzählend im Sinne der kleinen Runde an, während die Vollstimmenvariante fast wie ein Schulpensum, wie eine Warnung anmutet. Die Variante verlangt nach der Schonstimme.

(9c) wirkt so, als sei mit dem Mädchen etwas Besonderes oder Geheimnisvolles verbunden, an das man jedenfalls nach dieser Einstimmung besondere Erwartungen knüpft.

Damit läßt sich ein Grundproblem veranschaulichen, das sich beim vollziehenden Vorlesen stellt: Kaum ein Ausdrucksmittel ist so diffus in seinem Wirkungsspektrum, keines gleichzeitig so vielfältig und interessant wie die spielerische Variation der Sprechmelodie für Ausdrucksdifferenzierungen. Denn nicht nur der Aussagenkern wird sensibel umspielt und qualifiziert, auch die Art der Interaktion mit dem Hörer wird beeinflußt. Immerhin wird man auf die Problematik aufmerksam, daß alle Personen, Orts-, Zeit- und Handlungsangaben auf den Vorleser mit einer konkreten Vorstellung wirken. Und diese Vorstellungen lassen sich mit Sprechmelodie adäquat, wenn auch je nach Sprecherdeutung subjektiv, ausdrücken.

Die zweite Problematik ist die Sprecherhaltung, auch als Sprechlage oder Sprecherrolle bezeichnet, in der der Text gesprochen werden kann:
Die Häufung von Modalverben in dem Borchert-Text läßt auf einen Normtext oder Regeltext, eine Vorschrift oder Dienstanweisung, wenn nicht gar ein Gesetz schließen. Die Distanz des Vorlesers ist dementsprechend hoch, vergleichbar einer Gebrauchsanweisung. Die Häufung kann aber auch eine Teilnahme mit dem verpflichteten Schriftsteller auslösen. Während dabei die konkrete Vorstellung „der arme Kerl(!)“ in das Vorlesen einfließt, läßt sich auch die Vorstellung „Was, der weigert sich(?)“ realisieren. Denkbar ist natürlich auch, daß der Vorleser versteckt von sich selber spricht mit der Vorstellung „Der Gerechte muß viel leiden(!)“. Probiert man diese und andere Sprecherhaltungen aus, so wird man finden, daß sie sich

sowohl auf die Sprechmelodie als auch auf die Dynamik der Aussagenkerne auswirken. Wichtig ist dabei, daß solche Expressionen, die als Leserreaktionen festgehalten werden, als Sprechmuster über die Textaussage gelegt werden, die ihre Assoziation hervorgerufen hat.

Besondere Fälle der Sprecherhaltung finden sich in perspektivischen Erzählhaltungen (im folgenden kursiv), die entweder durch das Personalpronomen gesteuert werden und dann explizit werden oder implizit aus dem, was der Erzähler weiß und den Leser wissen läßt, zu erschließen sind. Hier ist es die Brille eines kleinen Jungen, der seine Rolle in einem fiktiven Dialog übernimmt:

(10) Dabei war mein Onkel natürlich kein Gastwirt. Aber er kannte einen Kellner. Dieser Kellner verfolgte meinen Onkel so intensiv mit seiner Treue und mit seiner Verehrung, daß wir immer sagten: Das ist sein Kellner ...
(Borchert: Schischyphusch oder der Kellner meines Onkels, S. 259)

Das wird auch durch die vielfältige Wiederholung im Text unterstützt, die der Vorstellung mündlicher Erzählung nahekommt. Hier läßt sich die konkrete Vorstellung
„Ich erinnere mich ...“ oder
„Das weiß ich noch gut ...“
hilfreich für die Vorlesegestaltung heranziehen.

Viele Märchen lassen sich so lebendiger gestalten, ohne ein Wort des Textes zu verändern, indem die jeweils handelnde Person zum Mittelpunkt des Erzählten wird. Auch durch die Einführung einer neuen Person kann sich das darauf folgende Geschehen durch „die Brille“ dieser Person spiegeln (obwohl der Vorleser natürlich frei ist, wie er mit dieser Möglichkeit umgeht), wenn nicht der Text ohnehin aus der Sicht eines ER-Erzählers oder einer SIE-Erzählerin erzählt wird.

Das läßt sich beispielhaft an den Sterntalern zeigen:

(9d) Es war einmal ein kleines Mädchen. Dem waren Vater und Mutter gestorben und es war so arm, daß es kein Kämmerchen mehr hatte, darin zu wohnen, und kein Bettchen mehr, darin zu schlafen ...
(Brüder Grimm: Die Sterntaler, S. 666)

Nach Satz 1 können alle weiteren Angaben aus der Sicht des kleinen Mädchens gesprochen werden, wodurch sie dem Hörer näherrücken. Wichtig ist, daß der Vorleser zum einen sich in die Rolle des kleinen Mädchens zu versetzen vermag, zum anderen konkrete Vorstellungen von den Gefühlen entwickelt, die das arme Mädchen bewegen. Und immer wieder lassen sich hilfsweise Expressionen verwenden, um die entsprechende Erzählaussage einzufärben.

Implizit sprechanregend wirken die dem Sprechen parallelen syntaktischen Strukturen des Textes, da man diese nach dem Prinzip von Spannung und Entspannung verwirklichen kann. Texte ebenso wie Gespräche funktionieren nach Prinzipien thematischer Progression, es wird immer wieder Bekanntes wieder aufgegriffen und mit Unbekanntem verknüpft. Der Sprecher spannt jeweils das Bekannte, um darauf hinzuweisen, und löst das Unbekannte, dem er auch bevorzugt den Aussagenkern zuweist. An dem Märchentext läßt sich das sehr schön zeigen:

(9e)	„Es war einmal	ein kleines Mädchen,
	dem waren	Vater und Mutter gestorben
	und es war	so arm,
		daß es kein Kämmerchen mehr hatte ...
		und kein Bettchen mehr ...
	und schließlich garnichts mehr als	die Kleider ...
		und ein Stückchen Brot in der Hand ...“

Das Bekannte wird linksbündig, das Neue rechtsbündig abgedruckt. Versuchen Sie das linksbündig Gedruckte mit Vollstimme, das Rechtsbündige mit Schonstimme zu sprechen. Dabei wird Ihre Erfahrung sicherlich meine Feststellung bestätigen: Das mit Schonstimme Gesprochene wirkt intensiver und unmittelbarer, auch wohl farbiger, das mit Vollstimme Gesprochene distanzierter.

Implizit als Sprechanregung wirken natürlich ebenso alle Textpassagen, die als fiktives Gespräch mit dem Leser gestaltet sind oder die eigene Erzählhaltung reflektieren. Auch dafür ein Beispiel:

(11) „Was soll er denn einmal werden?
Nämlich Ihr Sohn. Ja, wie ist er denn? Von leichter Trägheit? Mehr schlau als klug? Mehr Sitzfleisch als Charakter? etwas intrigant? ...“
(Tucholski, 6, S. 169)

Die Fragen lassen sich mit Schonstimme, kombiniert mit Sprechmelodie, sehr gezielt an den Hörer bringen, vor allem dann, wenn die Fragen mit Zäsuren für eine mögliche Antwort versehen werden. Wie vielschichtig der Text ist, erkennt man, wenn man ein wenig experimentiert; dabei sollen die unten folgenden Möglichkeiten nur die Vielzahl von subjektiven Differenzierungen illustrieren, z. B.:

(1) Nämlich ihr Sohn
(2) Nämlich ihr Sohn
(3) Nämlich ihr So ohn

Drei Varianten der Antwort auf die Eingangsfrage, deren erste ich als geschäftsmäßig, die zweite als Aufmerksamkeitssignal, die dritte als unterstellendes Wissen, wenn nicht schon als Ironie, betrachte. Und das sind bei weitem nicht alle möglichen Varianten. Natürlich lassen sich die Fragen ebenso als wiederholende Vergewisserung sprechen, wobei die Schlußkadenz fallend gesprochen wird. Dabei finden sich Expressiva wie z. B. „Sieh mal an!“ Oder „Na so was!“ als Sprechmuster. Und die Schonstimme läßt sich von der Ironie zur Drohung spannen, ohne daß der Text diese Sprechdeutung ausschließt.

Der folgende Beispieltext kommentiert das Erzählen in ganz anderer Weise:

(12) „... Daß nach Josephs Traumdeutung und seinem Ratschlag an den König ... Pharao ... ihn ... mit Ehren und Würden überschüttet habe, – das schien uns

immer der Abkürzung, Aussparung und Eintrocknung zuviel ... und als wir ... uns für die Höllenfahrt stark machten ... da war es unser Vorsatz vor allem, dies Gespräch zu belauschen ..."
(Th. Mann: Joseph und seine Brüder, S. 1108)

Schon die Verwendung des Plural sowie komplexer Satzmuster unterscheiden die beiden Autoren. Der Vorleser kann die Komplexität des Mann-Textes durch Schonstimme reduzieren, d.h. alle Gliedsätze durch Schonstimme gestalten und die regierenden Hauptsätze durch Vollstimme hervorheben. Dabei kann die Distanz betont werden, die den Text zweifellos auszeichnet, aber das plurale „Wir" kann auch ganz kumpelhaft augenzwinkernd verstanden und gesprochen werden, so als wäre die konkrete Vorstellung „Wir sind uns doch einig".

Eine weitere Gestaltungsaufgabe für den Vorleser bilden auch alle schildernden Passagen eines Textes, sofern sie eine deutliche Bewertung des Erzählers mitliefern und damit die erzählerische Gestimmtheit des Textes erkennen lassen. In gleicher Weise wirken Vergleichsangaben als implizite Sprechanweisungen, sowie alle Angaben der Wahrnehmung, seien sie visuell oder durch sonstige Erfahrungen gestützt. Beispiel:

(13) Die Stunde kam, Tischchen gedeckt, Butterbrötchen geschnitten, Dämchen vergnügt schwatzend – aber es kam kein Tee.
(Heine: Der Thee, 7, S. 413f.)

Der Text enthält eine Vielfalt von Schilderungen – hier durch das Mittel der Verkleinerung und der telegrammartigen Verkürzung – und läßt sich vergnüglich sprechen mit der konkreten Vorstellung „eine vergnügliche Runde" oder „kurz und gut": Bei den konkreten Vorstellungen wird sicherlich deutlich, daß sich die Ausdrucksgestalt dieser Vorstellungen auf die Sprechweise des Textes oder Textausschnitts übertragen läßt; je lebendiger und unmittelbarer die Vorstellung des Vorlesers, desto deutlicher und sensibler seine Ausdrucksfähigkeit. Und desto unmittelbarer und lebendiger wirkt die Vorstellung beim Hörer. Vor allem setzt sich die Wahl eines dem Sprecheralltag entlehnten Sprechmusters unmittellbar in Sprechmelodie um.

4.3.2 Lyrische Textbeispiele

Noch wichtiger und stärker unterstützt ist das Vorlesen von Lyrik, da lyrische Texte klangliche und rhythmische Aspekte besonderer Art aufweisen. Sie bedürfen der besonderen Sorgfalt und besonderer Kenntnisse des Vorlesers. Diese werden im folgenden erklärt. Die lyrische Textform kennzeichnet die gebundene Rede, wo entweder die Zeilenanordnung vom üblichen Druckverfahren abweicht, oder wo noch zusätzlich metrische oder Reimbindungen erkennbar sind. In dieser Kennzeichnung liegt für den Vorleser eine explizite Sprechanweisung. Das Beispiel (7) läßt sich in dieser Weise umformen:

(7a) In höchster Wut schrie er: „Verflucht
soll der sein, der die Botschaft brachte!"

Dabei ist zu bedenken, daß der Autor diese abweichende Zeilenanordnung nicht ohne Grund gewählt hat und der Sprecher nach Möglichkeit versuchen sollte, diese Form dem Hörer zu verdeutlichen. Zumal er merken wird, daß diese Form eine andere Art der Sprechfassung nahelegt als die gewohnte Form des Blocksatzes. Das Zeilenende, und gerade dann, wenn die Äußerung über die Zeile hinausstrebt, vermittelt eine besondere Spannung – in dem Beispiel durch das mögliche Mißverständnis, weil die Äußerung am Zeilenende beendet sein könnte. Um dieses Mißverständnis auch beim Hörer zu ermöglichen, drängt das „Psychologische Prädikat" ans Zeilenende. Häufig läßt sich die Beobachtung machen, daß das Zeilenende eine Zäsur intendiert und sich an der Sprechplanung des spontanen Alltagssprechens orientiert, um Spannung auf die folgende Äußerung zu erzeugen. Zudem erzeugt die Satzspannung, die Notwendigkeit der syntaktischen (grammatischen) Ergänzung unterschiedliche Härten im Zeilensprung: so ist „verflucht ... soll" als möglicher Abschluß nur ein schwach gespannter Versübergang; ungleich spannender wirkt „verflucht soll ... der sein", da bei diesem Übergang das Subjekt vom Prädikat getrennt wird.

In einem klassischen Beispiel wird die Bedeutung dieser expliziten Sprechanweisung noch einmal augenfällig:

(14) „... Weh mir, wo nehm ich, wenn
es Winter ist, die Blumen, und wo
den Sonnenschein
und Schatten der Erde?
Die Mauern stehn
sprachlos und kalt, im Winde
klirren die Fahnen."
(Hölderlin: Hälfte des Lebens, in: Bode, S. 146)

Obwohl der zitierte 2. Abschnitt des bekannten Hölderlin-Textes nur aus zwei Sätzen besteht, sollte die weiterdrängende Zeilenbewegung hörbar werden. Ist doch die syntaktisch bedingte Spannung nach „wenn ..." und „wo ..." kaum noch zu steigern; und beide Zeilenendwörter sind gleichzeitig Fragewörter, die mit der Offenheit auch Bedrängnis bewirken. Je intensiver die Spannung in die Zäsur am Zeilenende hineingenommen wird, desto bedrängender wirkt dieses Selbstgespräch auf den Hörer. Spricht der Vorleser die Zeilenenden nicht mit, so wird viel an Spannung aus der Aussage herausgenommen. Das meint natürlich nicht, daß er die außerdem noch vorhandenen sprachlogisch gebotenen Zäsuren – die können hier nach den Satzzeichen gesetzt werden – vernachlässigen sollte. Nur sollte er sich anregen lassen, an den Zeilenenden innezuhalten, die Stimme in der Schwebe zu lassen und zu empfinden (durch den Stau vor dem Weitersprechen), wie bedrängt, verzweifelt und angefochten der Mensch ist, der diesen Text spricht. Natürlich würden *Pausen* an den Zeilenenden die Spannung dieses weiterdrängenden Impulses zerstören. Das Hörbar-Machen dieses ungewöhnlichen Zeilenaufbaus birgt somit eine zusätzliche Ausdruckschance.

Die metrische und Reimgliederung eines Textes darf nur als Anregung zum Sprechen verstanden werden, kaum jedoch als explizite Sprechanweisung. Wenn der

Sprecher die metrische Vorgabe einfach vollzieht, besteht die Gefahr, daß er ins Leiern gerät. Metrische Muster sind jedoch andererseits zu schade, als daß man sie ignorieren könnte. Man vergegenwärtige sich, wie bewußt im vorigen Jahrhundert und noch bis in die 30er Jahre unseres Jahrhunderts hinein Autoren bestimmte Formen für ihren Text gewählt haben. Nur wenn er den mit dem Metrum vermittelten Takt erfaßt hat, kann der Vorleser allerdings solche Anregungen wahrnehmen. Gerade in gebundener Rede macht sich bemerkbar, daß der Aussagenkern auf die anderen Aussagen ausstrahlt, ohne daß der Rhythmus verlorengehen muß.

Einige Beispiele:

(15) Auf**steigt** der Strahl und fallend gießt
er **voll** der Marmorschale Rund ...
(C. F.Meyer: Römischer Brunnen, in: Bode, S. 229)

Die metrische Fügung macht hier aufmerksam – entgegen dem Wortakzent – auf die Richtung des Strahls. Der Hörer kann den Druck der Fontäne in dem Zusammenprall von Wortbetonung (aufsteigt) und metrischer Betonungsstelle (aufsteigt) hören und wahrnehmen (man spricht auch von Hebungsprall). Zudem wird die schwebende Bewegung des Wassers vor dem Sturz in das Brunnenbecken rhythmisch nachgeahmt – durch das Weiterstreben der Textaussage und die Lösung des gießt in der Folgezeile. Auch hier wird die Härte des Zeilensprungs (man spricht auch von Enjambement) zur subtilen Unterstreichung des vom Autor Beobachteten. Sie entsteht durch die Trennung von Verb und Subjekt, wobei die Inversion durch die Voranstellung des Verbs die Härte des Zeilensprungs – die Notwendigkeit der syntaktischen Ergänzung – noch erhöht. Deutlich wird diese Wirkung, wenn man die durch Zeilensprung auseinandergerissenen Teile der syntaktischen Einheit vertauscht

Aufsteigt der Strahl und fallend er
gießt voll der Marmorschale Rund

Die Wirkung der Zäsur wird deutlich schwächer. Ohne diese vom Metrum ermöglichte Abweichung entsteht nicht eine solche gewissermaßen wortmalende Wirkung, mit Hilfe derer die Fontäne als Bild beschworen wird. Das Ausgesprochene wird durch den schwebenden Rhythmus gleichsam unterstrichen. Im folgenden Beispiel gelingt der metrischen Form – wiederum als variierendes Spiel mit der Wortbetonung – eine überzeugende Intensivierung der Sprecheräußerung

(16) Ich will hin**tre**ten vor sein Gesicht
in dieser **Knechts**gestalt ...
(T. Fontane: Archibald Douglas, in: Bode, S. 220)

Ebenso, wie jeder Sprecher spontan die erste Silbe von „**hin**treten" als Wortakzent betont, geht eine wirksame Irritation von der metrisch bedingten Abweichung aus (man spricht auch von metrischer Drückung):

Der Entschluß in dem Selbstgespräch Archibalds bekommt eine trotzigere Färbung, wenn das Stammverb hervorgehoben wird. Und dies, ohne daß die Redebegleiter eine konkrete und explizite Sprechanweisung enthielten. („Graf Douglas sprichts") Macht man sich klar, daß die Regel einer Hauptbetonung je Aussage auch in gebundenen lyrischen Texten in gleicher Weise gilt, dann ist die Gefahr des Leierns gebannt; das Metrum schärft manchmal den Blick bei der Suche nach der angemessenen Betonungssilbe für die Aussage. Wie bei (15) und (16) deutlich, ist der Vorleser gut beraten, wenn er bei seiner Wahl der dominierenden Vorstellung in der Aussage die metrischen Vorgaben des Textes nicht vernachlässigt. Vergleicht man die Härte des Zeilensprungs im Archibald Douglas mit dem Zeilensprung in dem Dinggedicht von Meyer, dann spürt man den nur fakultativen Ergänzungsdruck des Zeilensprungs in der Balladenstrophe, die mit dem 1. Vers enden könnte (mit dem Wort „Gesicht"). Die Raffinesse des Zeilensprungs liegt in der Blickwendung: durch „in dieser Knechtsgestalt" von nach vorn auf sich selbst gerichtet.

Randvoll mit schildernden Wahrnehmungen sind meist lyrische Texte; ich hebe die entsprechenden Passagen durch Fettdruck hervor:

(14)

Mit **gelben Birnen** hänget
Und voll mit **wilden Rosen**
das Land in den See,
Ihr **holden Schwäne**,
Und **trunken von Küssen**
Tunkt ihr das Haupt
Ins **heilignüchterne Wasser**.
(Hölderlin, Hälfte des Lebens)[18]

(17)

Dunkel, Dunkel im **Moor**,
Über der **Heide Nacht**,
Nur das **rieselnde Rohr**
Neben der Mühle wacht,
Und am **sandigen Hange**
Rollt sich fester die **Schlange**.
(Droste, Das Hirtenfeuer, 1.1, S. 59)

Beide Texte enthalten Zeilensprünge: spannungsreich und syntaktisch ergänzungsbedürftig sind die des Hölderlin-Gedichts, während die Droste-Strophe spannungsärmere Zeilensprünge in ihr Stimmungsbild einbringt: Subjekt-Prädikat-Sprung und Präpositionalergänzung-Kernsatz-Sprung. Die syntaktische Struktur des Hölderlin-Abschnitts drängt voran, während die Droste-Strophe Ruhe und Beschaulichkeit, fast Bedrohliches vermittelt. Greift der Vorleser auf eigene Erfahrungen zurück, werden ihm die einprägsamen Bilder kaum gleichgültig sein; er mag sich zu einer deutlichen Artikulation gedrängt fühlen und so seine innere Anschauung nach außen tragen. Die Mitteilung an die Schwäne im Hölderlin-Text regt eine sensiblere und intimere Mitteilung an die Hörer an, sie könnten durch den Vorleser in die Rolle der Schwäne verwandelt werden; die ausschließliche Betonung des Dunklen, verbunden mit dem ungleichmäßigen, aber zweifellos langsamen Dreierrhythmus lädt den Vorleser zu geheimnisvollem, möglicherweise unheimlichem Ausdruck ein. Beide Texte sind dreihebig, aber der Hölderlin-Text führt durch Auftakt in den Vers hinein, während Droste ohne Auftakt gleichsam atemlos in das Geschehen hineinstürzt und den Vorleser hineinfallen läßt. Die Frage liegt nahe, wie man vor allem solche komplexen Techniken erwerben kann.

[18] Der Hölderlin-Text findet sich u. a. bei Bode 1984, S. 146

5. Kapitel: Hilfen und Anregungen für die komplexen Techniken

5.1 Gliederungsverfahren

5.1.1 Aussageeinheiten des Textes isolieren

Wie lassen sich diese komplexen Techniken vermitteln? Zunächst soll hier versucht werden, Gliederungstechniken für Texte zu entwickeln. Vorlesegerechte Gliederungen, die sich an der thematischen Entfaltung orientieren und damit die Vorausdeutung des Lesers unterstützen:

(9 f)

Es war einmal
ein kleines Mädchen.
Dem *waren*
Vater und
Mutter *gestorben* und
es war so arm, daß *es*
kein Kämmerchen mehr
hatte,
darin zu wohnen und
kein Bettchen mehr
darin zu schlafen …
(Brüder Grimm: Die Sterntaler, S. 666)

Das Prinzip ist dabei, die Aussageeinheiten isoliert zusammenzustellen. Dabei wird das Problem der Satzklammer bewußt, die durch entsprechenden Spannungsbogen zu überbrücken ist: „Dem waren … gestorben“ und „daß es … hatte“

Nun ist in diesem Märchen-Text die thematische Entfaltung einfach gestaltet; in anderen Texten – so z. B. bei Thomas Mann – fällt es schwerer, der thematischen Entfaltung nachzuspüren und die Einzelaussagen in ihrer Verflechtung miteinander zu gewichten. Immer jedoch wird gereiht oder gefugt, und damit finden sich nebenordnende und unterordnende Aussagen – ähnlich wie beim Alltagssprechen – in den vorzulesenden Texten, in denen Haupt- und Nebenaussagen entsprechend gespannt gestaltet werden müssen.

Am besten bewährt sich nach meiner Erfahrung die Differenzierung von Gliedsätzen durch Schonstimme und von Hauptsätzen duch Vollstimme.

Auch dafür ein Beispiel; ich hebe die Hauptaussagen kursiv hervor:

(18) „In einem
        bei Jena liegenden Dorf
erzählte mir
        auf einer Reise nach Frankfurt
der Gastwirt, daß sich
        wenige Stunden nach der Schlacht
zu der Zeit, als
        das Dorf schon ganz von der Armee des Prinzen von Hohenlohe verlassen
und von Franzosen

die es für besetzt gehalten
umringt gewesen wäre
ein einzelner preußischer *Reiter* darin *gezeigt hätte*
und versicherte mir, daß ..."
(Kleist: Anekdote aus dem letzten preußischen Kriege; 2, S. 263)

Das Isolieren der Aussageeinheiten hat einen doppelten Grund: Zum einen müssen die Einheiten begrenzt werden, für die ich jeweils die Hauptbetonung festlege. Zum anderen vermag ich nur so zu sinnvollen Gliederungseinheiten für die Pausenstruktur zu gelangen und Atemzäsuren zu setzen, die sich nicht als sinnwidrig erweisen. Dabei bleibt der Vorrang der Nasenatmung vor der Mundatmung festzuhalten und zu betonen. Nach meiner Erfahrung läßt sich auf diese Weise Routine entwickeln für das Vorlesen komplexerer Aussagen und deren verstehensfördernde Strukturierung. Entscheidend für das Vorlesen wirkt eine solche Übersicht, weil die sinnvolle Verteilung zwischen Schon- und Vollstimme (die Hauptaussage in Vollstimme, die Neben- oder fakultativen Aussagen in Schonstimme) so vorbereitet werden kann. Und wenn der Vorleser langsam von einfacheren zu komplexeren Textmustern übergeht, dann sammelt er Erfahrung mit der Abgeschlossenheit einer Aussage als grammatischer Einheit einerseits und ihrer Offenheit auf den gesamten Text und ihre Prägung für den Text andererseits. Und er übt sich darin, die Aussagenstruktur auch sprecherisch für den Hörer transparent zu machen. Er gewöhnt sich daran, komplexere Satzbildungen in Sinnglieder aufzuteilen.

5.1.2 Psychologisches Prädikat mit Textvermutungen verbinden

Eine ganz zentrale Erfahrung ist die mögliche Vielfalt von Hauptbetonungen in Aussagen nach Maßgabe ihres Kontextes, der die Vielfalt jeweils einschränkt. Experimentell sollte sich der Vorleser aller möglichen Aussagenschwerpunkte und deren Verstehenswirkung erprobend vergewissern. Das Experimentieren an Textaussagen und an Stellen, wo der Aussageschwerpunkt eingesetzt werden kann, lohnt sich aus mehreren Gründen.

Zunächst schaut man sehr genau hin, um die Textaussagen zu differenzieren. Es geht darum, ob der gewählte Betonungsschwerpunkt tatsächlich für die Textaussage in Frage kommt. Und es geht darum, ob mit dem Betonungsschwerpunkt der beabsichtigte Verstehenszugang zu der Aussage getroffen ist. Dann dauert es lange, bis man genau hört, ob die gewählte Silbe tatsächlich den Schwerpunkt der Aussage in der Vorlesefassung einnimmt. Es empfiehlt sich, sich dazu kritische Hörer einzuladen. Und es lohnt sich, einen Kassettenrekorder mit Mikrophon zu Testaufnahmen bereit zu halten. Man braucht jedoch zunächst Kontrollhörer, die überprüfen können, ob der beabsichtigte Schwerpunkt wirklich eindeutig stimmlich angezielt wird. Es bedarf großer Übung, bis man selber seine Sprechproduktionen kritisch hören kann. Zunächst neigt man dazu, zu hören, was man hören will. Und endlich braucht man lange, bis man genau weiß, welche Aussageschwerpunkte in einem Text den Sinn treffen, den man für angemessen hält. Meist dauert es lange, bis man gleichgewichtige Silbenhervorhebungen bei sich und anderen Sprechern hört, und noch länger, bis man Hervorhebungen in Texten nach unterschiedlichen Sprecherabsichten und vor allem nach unterschiedlichen Textvermutungen differenzieren kann. Daher lohnt sich das übende Differenzieren mit Texten. Diese Übungsphase sollte vor allem zwei Regeln berücksichtigen:

1. Natürlich werden durch die Wahl des Betonungsschwerpunkts oder des Aussagenkerns die anderen wichtigen oder weniger wichtigen Aussagen nicht nivelliert, sie werden nur abgestuft gegenüber der Spitzenstellung der sinnwichtigsten Vorstellung.

2. Die Wahl eines Worts, auf das hingesprochen wird, beeinflußt den Kontext – den folgenden und den vorangegangenen. Das ist bereits erklärt worden. Allerdings muß sich der Vorleser klarmachen, daß er nur einen betonten Vokal zum Träger des psychologischen Prädikats wählen kann: Er muß also die Stellung des Wortakzents im gewählten Wort kennen. Das kann in lyrischen Texten gelegentlich durch metrische Fügungen variieren, wie z. B. in (15) und (16).

An einem einfachen Material lassen sich erfolgreich Erfahrungen mit dem Aussagenschwerpunkt sammeln, umso mehr, als es in hohem Maße von der Leserhypothese beeinflußt wird:

Es (1)**war** (2)**ein** (3)**mal** (4)**ein** (5)**klei**nes (6)**Mäd**chen.

Die Spitzenposition im Satz kommt kaum als Aussagenkern in Frage. Auch bei diesem Textanfang scheint es nicht sinnvoll, die Anfangssilbe zu betonen, da kein sinnvoller Bezug für „Es" zu finden ist. Dagegen ergeben „war" und „einmal" durchaus sinnvolle Aussagen: Fassung 1 versichert die Wahrheit des Erzählten gegen Widerspruch, Fassung 2 „**ein**mal" betont die Unwiederholbarkeit des Geschehens, Fassung 3 legt sich nicht auf zeitliche Fixierung fest. Fassung 4 hebt die Einmaligkeit des Mädchens besonders hervor, Fassung 5 macht auf die Kleinheit des Mädchens besonders aufmerksam und Fassung 6 gewichtet die Geschlechtszugehörigkeit des Kinds. Will der Vorleser die Textsorte besonders markieren, so wähle er Fassung 3, will er die Solidarität und die Anteilnahme der kleinen Hörer wecken, wähle er Fassung 5 und will er besonders die kleinen Mädchen aufmerksam machen, sollte er die Fassung 6 wählen. Allerdings sollte die einmal gewählte Erzählerrolle dann auch bei der weiteren Festlegung der Aussagenschwerpunkte beibehalten werden. Und mit der Wahl des Aussagenschwerpunkts legt sich der Vorleser für die folgenden Aussagen fest. So wäre es konsequent für die Wahl der Fassung (2), sich im folgenden so zu orientieren: Das **hat**te ... verloren oder: Das hatte ... ver**lo**ren. Fassung (4) würde etwa nahelegen, folgende Fortsetzung folgen zu lassen: **Das** ...

Entscheidend dürfte die Erkenntnis sein, daß jede Wahl einer sinnwichtigsten Vorstellung in einer Textaussage oder einem Sinnglied Folgen für die Sprechgestaltung des weiteren Textverlaufs hat.

5.1.3 Pausengliederungen als Hilfen für mitteilendes Vorlesen wählen

Die wenigsten Vorleser verfügen über Erfahrungen mit Tempodifferenzierungen. Diese aber braucht man, wenn alternativ Spannung im Text aufgebaut, wenn mit anderen als dynamischen Mitteln Textkerne kenntlich gemacht, wenn Hörer auf Textelemente neugierig gemacht werden sollen.

Dabei kann auf die Aussagenverknüpfung des Textes zurückgegriffen werden, aber die Zäsuren, die einen Text gliedern, sind je nach der Sprecherabsicht des Vorlesers erstaunlich verschieden.

Ich verdeutliche diese Vielfalt mit einigen Varianten des Märchensatzes:

Es
war einmal
ein
kleines
Mädchen (1)

Es war einmal
ein
kleines Mädchen (2)

Es war einmal ein
kleines
Mädchen (3)

Probiert man diese Varianten durch, so wird bei der ersten und zäsurenreichsten Variante deutlich, daß die Sprecherhaltung vom „Kampf mit dem Stoff“ geprägt ist, daß m. a. W. der Vorleser nachdenkt, wie das gewesen ist, was er erzählen will oder dem Zuhörer seine Geschichte erst schrittweise enthüllen will.

Der zweite Vorschlag geht von einem spannungsreichen Erzähler aus, der seine Erzählinhalte so lange wie möglich vor dem Hörer verhüllt. Er kokettiert damit, daß er prinzipiell über ganz vieles erzählen kann, aber er hat nun gerade Spaß an diesem Stoff. Dieselbe Taktik betreibt der Sprecher, der der dritten Fassung folgt. Nur daß er im Gegensatz zum Vorleser der zweiten Vorlage von dem formelhaften Eingang und seiner spannungsreichen Wirkung nicht viel hält. Er hält mehr von einer konkreten Vorstellung des Erzählten. Auch hier kann ein kritischer Hörer zusammen mit einem Kassettenrekorder viel zur Überprüfung der Sprechfassungen beitragen. Ich wähle noch einmal den ersten Text, um Zäsurenvarianten zu zeigen:

Der Schriftsteller muß dem
Haus,
an dem alle bauen
den Namen geben
Auch den
verschiedenen Räumen
Er muß
das Krankenzimmer
„Das traurige Zimmer“
nennen …

Der Schriftsteller muß
dem Haus, an dem
alle bauen
den Namen geben
Auch
den verschiedenen
Räumen
Er muß das
Krankenzimmer
„Das traurige Zimmer“ nennen …

Die Varianten weisen auf die mögliche Vielfalt der Zäsuren hin und verdeutlichen ihre Funktion der Binnengliederung von Text unbeschadet der Zeichengliederung im Text. Zudem ermöglichen die Zäsuren eine bessere Aufmerksamkeit auf Strukturen und Inhalte des Textes mit der Folge, daß die Aussagenkerne sicherer gesetzt werden können, als wenn der Text flüssig abgespult würde. Zudem lehrt die Erfahrung, daß diese Anordnung des Textes das Vorausschauen beim Lesen fördert, weil die Menge des auf einer Zeile angeordneten Wortmaterials überschaubar ist. Bei der Realisierung solcher Pausen-/ Zäsurennotierungen ist jedoch Vorsicht geboten: Ähnlich wie bei den Hervorhebungen fällt es dem Sprecher sehr schwer, die Stimme auf den weiteren Text hin zu spannen, und er könnte die Stimme senken und damit Spannung zerstören oder zwischenatmen und die gleiche Wirkung hervorrufen. Zum einen dürfen die Pausen nicht zu lang sein, und sie müssen zum anderen mit schwebender Melodieführung gesprochen werden. Und natürlich werden mit diesen Hinweisen immer auch Deutungsvorschläge gemacht, jedoch versteht sich keiner der Vorschläge als zwingend. Wichtig ist lediglich, daß dem Hörer eine Gliederung angeboten wird, die ihm sowohl eine Übersicht über die Aussage als auch eine spannungsreiche Vorlesefassung bietet.

Schreibt man jedoch generell den zu lesenden Text auf diese Weise unter- statt nebeneinander, so ergibt sich noch ein weiterer Vorteil, der die Techniken, die vorhin erläutert wurden, fördert und unterstützt. Kleine oder kurze Zeilen können eher mitteilend gelesen werden, weil sie der Vorleser rasch aufnehmen und dem Hörer widmen kann. Das heißt, Texte sind freier vorzutragen, wenn sie in dieser Weise präsentiert sind. Der Vorleser hat mehr Muße, mit den Hörern Blickverbindung aufzunehmen. Er braucht auch nicht zu befürchten, daß er so schnell die Zeile verliert. Natürlich hat er auch bessere Voraussetzungen, um Textvermutungen über den weiteren Verlauf anzustellen. Empfehlenswert ist ohnehin, wie bereits erwähnt, die Zeile mit Daumen oder Zeigefinger festzuhalten und mit dem entsprechenden Finger den laufenden Text beim Sprechen zu verfolgen.

Freilich braucht diese Art der Zeilenanordnung wie oben gesehen viel zu viel Platz. Daher ist das im folgenden erläuterte Verfahren günstiger, zumal es sich auch ohne großen Aufwand auf jeden beliebigen Prosatext übertragen läßt: auf einer Zeile werden vollständige Aussagen erfaßt, die Zeilen enthalten logisch und grammatisch Zusammenhängendes, sie schränken ihre Wortanzahl um der Übersichtlichkeit willen auf ca. 7 ein und die Zeilenenden werden mit den Planungsstellen beim Sprechen analog gestaltet. Die Einschränkung der Zeilenmenge fördert auch das Vorauslesen, die ruhige Atmung und nicht zuletzt die Sprunggröße der Blickbewegungen (Sakkaden) beim Lesevorgang. Entsprechend trägt diese Maßnahme auch der begrenzten Kapazität des Kurzzeitspeichers Rechnung.

Ein Beispiel:

Es war einmal ein kleines Mädchen, dem
war Vater und Mutter gestorben, und
es war so arm, daß es
kein Kämmerchen mehr hatte,
darin zu wohnen, und
kein Bettchen mehr, darin zu schlafen, und
endlich gar nichts mehr als

ein Stückchen Brot in der Hand, das ihm
ein mitleidiges Herz geschenkt hatte.
Es war aber gut und fromm. Und weil
es so von aller Welt verlassen war,
ging es im Vertrauen auf den lieben Gott
hinaus ins Feld. Da ..."
(Brüder Grimm, Die Sterntaler, S. 666)

Mit Hilfe des Flattersatzes (so nennt man diese Methode der leseerleichternden Zeilengliederung, die auf die beim Blocksatz übliche Rechtsbündigkeit der Zeilen verzichtet und Trennungen vermeidet[19]) lassen sich auch klarer und rascher indirekte Sprechanweisungen auffassen: Bereits am Ende der ersten Zeile läßt sich neben der distanzierten Erzählung auch die Perspektive des kleinen Mädchens erkennen; durch seine „Brille" gewissermaßen kann der Vorleser alle folgenden Ereignisse beleuchten. Die Zeilengliederung läßt ihm die Muße und die Gelegenheit dazu.

5.2 Hilfen für das vollziehende Vorlesen

Zunächst ist wichtig, daß das Vorlesen im Rahmen der Textmitteilung verbleibt; wenn die vielen impliziten und expliziten Sprechanregungen der Alltagsgewohnheit gemäß aufgegriffen und umgesetzt werden, dann landet man im Ergebnis leicht beim Hörspiel und verfehlt es, den Text als Einheit zu vermitteln. Daher können Texte, die unsinnig sind und daher naturgemäß vielfältige Möglichkeiten ihrer Gestaltung bieten, für das vollziehende Vorlesen ein reiches Übungsfeld bereitstellen, das vor allem implizite Sprechanregungen enthält.

Die Texte lassen sich auch in vielfältige situative Rahmen einspannen, und je nach der Entscheidung läßt sich der Rahmen der Texte ausfüllen. Auf jeden Fall laden Unsinnstexte geradezu dazu ein, auf allen Ebenen höheren Blödsinns mit Gestaltungsvariationen zu spielen. Auf diesem Spielfeld sammelt der Sprecher reichliche Erfahrungen, wie Spannung und Entspannung in den Dienst des Textes gestellt werden kann, wie Rollen- und Perspektivenwechsel zu angedeutetem Gestaltungswechsel werden, wie Alltagserfahrungen sich produktiv als Vorbilder und Modelle für das Vorlesen bewähren. Und er kann mit gebundener Rede und mit Redebegleitern experimentieren und Rahmen festlegen, in denen sich die Gestaltung von expliziten Sprechanregern bewegen sollen.

Beispieltexte mit unterschiedlichem Konkretheitsgrad sind z. B.:
Rudolf Otto Wiemer: Floskeln (in: Kliewer, S. 111 f.)
Werner Heißenbüttel: bremen wodu; ists (in: Dencker, S. 295 u. 300)
Ernst Jandl: Familienfoto (Jandl, S. 30)
Hugo Ball: Karawane (in: Dencker, S. 201)
Christian Morgenstern: Das große Lalula (in: Dencker, S. 176)

19 Vgl. Ockel 1992 u. ö.

Wichtige Regeln des Vorlesens, für die dieser Abschnitt Hilfen bereitstellte, sind also:

1. Der Text sollte dem Hörer gewidmet werden und deutlich auf das dem Sprecher Wichtige verweisen.
2. Dazu sollte der Vorleser einem Aussprachestandard entsprechen, der den Text sowohl akustisch als auch ästhetisch wirken läßt.
3. Der Vorleser sollte sich und dem Hörer genügend Zeit lassen, um den Text angemessen zur Kenntnis zu nehmen.
4. Er sollte sich dabei vor Augen halten, daß der Hörer nur über begrenzte Aufnahmekapazität verfügt, daß also für den flüchtigen Vorgang des Hörverstehens Verständnissicherungen anzubieten sind.
5. Der Vorleser sollte von expliziten und impliziten Sprechanweisungen im Text Gebrauch machen, um das Verstehen des Textes durch zusätzliche Anreize zu sichern.
6. Dabei sollte er sich über seine Blickrichtung an die Hörer wenden, um durch seine eigene Sprechspannung auch die Hörspannung zu gewährleisten. Mit seinem eigenen Schwanken zwischen Spannung beim Sprechen und Abspannung kommt auch der Hörer zur erholsamen Entspannung.
7. Sicher sollte er sich keine Sorgen um seine Atemreserven beim Vorlesen machen. Eine gespannte Artikulation gewährleistet sie. Spannungspausen sollten jedenfalls nicht durch hörbare Zwischenatemgeräusche gestört werden.

Wie hilft sich der Sprecher nun aber bei konkreten und nicht spielerischen Texten, um implizite und explizite Sprechanweisungen zu verwirklichen?

Vor allem die Sprechanweisungen in Texten lassen sich nur realisieren, wenn der Vorleser bereit und in der Lage ist, den Text offen zu gestalten. Es gibt keine richtige und keine falsche Vortragsweise; man kann allenfalls zwischen angemessen und unangemessen unterscheiden. Alles, was im Text des Vorlesers Aufmerksamkeit erregt, sollte dem Zuhörer angeboten werden.

Und hier bieten sich nach meiner Erfahrung zwei Wege an, um dem Text den beabsichtigten Ausdruck zu verleihen: zum einen ist dies die Arbeit mit dem Gestus in der Art, wie Hans Martin Ritter (1986, 1993 u.1999) damit arbeitet, zum anderen knüpfe ich an die Methode an, die Wilhelm Höffe (1967) mit seiner Grundstimmung und den Teilstimmungen in Texten entwickelt hat.

5.2.1 Gestus

Mit diesem Begriff ist jede bewußte Ausdrucksintention gemeint, nicht nur die üblicherweise auf Hände und Arme beschränkte Bedeutung. Sie macht sich eine Beobachtung zunutze, daß Menschen in der Regel ein einheitliches und vor allem kongruentes Zeicheninventar benutzen, wenn sie sich verständigen. Sie können beispielsweise nicht böse sein, wenn sie lachen (das machen sich vor allem Kinder oft und gern zunutze). Sprechstimme und körpersprachlicher Ausdruck wirken also zusammen. Stimme wirkt auch auf körpersprachlichen Ausdruck zurück und umgekehrt. Diese Erfahrung läßt sich nutzen, wenn man im Textvortrag zu eigenständigem Ausdruck gelangen will, um einem Text die vom Vorleser beabsichtigte Färbung zu geben. Wenn es gelingt, die vom Text verlangte und vom Vorleser beabsichtigte Stimmung mimisch und gestisch zu verwirklichen, dann wird sicherlich auch der stimmliche Ausdruck „mitspielen".

Damit dies gelingt, ist allerdings Voraussetzung, daß sowohl mimische als auch gestische Ausdruckselemente gefunden werden, die zu dem angezielten Textausdruck stimmen. Wichtig ist sicherlich, daß die Gesten zunächst nur dem Finden des richtigen Sprechausdrucks dienen, daß jedoch der Gestus wieder abgebaut werden kann, sobald dieses Ziel erreicht ist. Damit können durch solch übendes Gestenspiel die Ausdrucksreserven erweitert werden.

Beispiele:
(19) Wer reitet so spät durch Nacht und Wind? (Goethe 1, S. 105)
(ich schaue angestrengt – Hand über die Augen – in eine Richtung) und lese den Text vor
(ich schaue ängstlich – durch die Finger, die ich vor das Gesicht halte – in eine Richtung) und lese den Text vor
oder ...

Es war einmal ein kleines Mädchen, dem war Vater und Mutter gestorben ...
(ich denke nach ... lege die Hand / den Finger an die Stirn ... mir fällt eine traurige / wundersame Geschichte ein ...)

Der Schauplatz der Geschichte, die ich jetzt erzählen will, sind wieder die Bäder von Lucca
(Ich bewege meinen Finger – sprechend – suchend über eine Italienkarte).

Aus den drei Beispielen – sie lassen sich unschwer vermehren – ergibt sich mindestens zweierlei: zum einen läßt sich die entsprechende Hinweisgeste für den Text nicht eindeutig festlegen; sie ergibt sich vielleicht sogar durch Hörerreaktionen oder durch die gezielte Suche des Vorlesers nach dem angemessenen Gestus.

Zum anderen durchzieht einen Text eine Vielzahl von „Gesten", die dem Text abgehört und abgespürt werden sollten und vielleicht erst Ergebnis langer Bemühungen um den Text sind.

Nach diesen Bemühungen um den Text lassen sich Erschließungsfragen formulieren, die dem Vorleser Orientierungshilfen bieten:
Welche Text„gesten" habe ich wahrgenommen / beabsichtigt?
Welche Textaussagen waren wichtig / sind für mich wichtig? Welche Gesten lösen sie in mir aus?
Welche Text„gesten" habe ich mit welchen Textaussagen / Sinngliedern verbunden?
Welche sind für meinen Sprechausdruck produktiv? Weist meine Textstelle eher hinweisenden, nachdenklichen, appellierenden oder expressiven Gestus auf?

Daß ich mit der Suche nach Textgesten das Risiko eingehe, pauschale oder klischeehafte Verhaltensmuster zu kultivieren, darf mich nicht daran hindern, diese Methode anzuwenden. Sie entbindet den absichtsgemäßen und hörer- und textangemessenen Sprechausdruck. Vor allem machen Gesten auf eine Gemeinsamkeit aller darstellerischen Künste aufmerksam: Für jede dieser Künste gilt, daß der Künstler seine Kunst präsentieren muß. Er muß Zeichen verwenden, die jedem seiner Zuschauer vertraut sind, und sie so pointiert einsetzen, daß die erwünschte Wirkung auch eintritt. Übertreibungen und Klischees müssen am Anfang der Bemühung stehen, damit sie eine Chance haben, vom Zuhörer wahrgenommen zu werden. Für den Vorleser heißt das, daß er den eigenen Gestus für die eigene Textdeutung braucht, um beim Hörer „anzukommen". Nicht jeder Gestus stimmt für jeden Vorleser. Aber Gestus und Sprechausdruck beeinflussen einander; der Gestus wirkt auf den Sprechausdruck zurück, könnte man sagen, er verwandelt Sprechausdruck in Sprechgestus.

Erfahrungsgemäß steuern den Vorleser inhaltliche und assoziative Anregungen aus dem Text, die sich zunächst auf gestische Verstärker des Ausdrucks und dann auf die vorgängig genannten einfachen Techniken auswirken. Sicher ist jedenfalls, daß die Prägungen durch den Text erst das Festlegen des jeweiligen Aussagenkerns, die Zäsuren, das Spiel mit Spannung und Entspannung und das Ausgestalten des mitteilenden und vollziehenden Vorlesens ermöglichen.

5.2.2 Stimmungen des Textes

Natürlich hat dieser Aspekt nur Sinn, wenn Vorleser grundsätzlich Texte „gestimmt" erleben und gestimmt betrachten. Daß sich dies so verhält, läßt sich unschwer an den Alltagssituationen vom Typ „Hör mal her!" belegen. Selbst wenn der Sprecher überzeugt ist, neutral oder vollkommen distanziert gelesen zu haben, transportiert sein Sprechen durch die aktiv gesteuerten Elementarprozesse: Dynamik, Melodie, Klangfarbe, Artikulation und Tempo (wie in Kap. 2) eine Fülle von Sprecherhaltungen, die den Text und die Deutung des Hörers prägen. Natürlich sind diese Sprecherhaltungen sehr reduziert und nur dem geübten Hörer wahrnehmbar (der ungeübte wird nur pauschale Urteile abgeben können wie „das leuchtet mir ein" oder „das klingt gut" oder „das glaub ich nicht", und damit immer auch auf den Sprechausdruck Bezug nehmen).

Zur Verdeutlichung dieses Aspekts vollziehenden Vorlesens wird auf die Analogie zwischen Stimmungen des Sprechers im Alltag und Stimmungen des Textes verwiesen. Während die Vorstellung des Gestus davon ausgeht, daß ein bestimmter Körperausdruck auf die Äußerung übertragen werden kann und auf die Äußerung zurückwirkt, nutzt diese alternative Methode die Erfahrung, daß Alltagsäußerungen auch in ihrem vokalen Ausdruck formalisiert sind und sich daher leichter auf entsprechende Textaussagen übertragen lassen, als wenn nur die angemessene Stimmung beschrieben wird.

Als Beispiele nehme ich zwei kurze Texte, die ich mit entsprechenden Alltagsäußerungen kommentiere:

Mit gelben Birnen hänget	(Ist das schön! Sieh mal!
und voll mit wilden Rosen	(Oh, toll! Wie das duftet!
das Land in den See,	(So was hab ich noch nie gesehn!
ihr holden Schwäne,	(guckt mal! / kommt mal her! / schaut!
und trunken von Küssen	(bezaubernd! / das darf nicht wahr
tunkt ihr das Haupt	sein!
ins heilignüchterne Wasser.	(Das wirkt wie gesegnet! Ist's Wasser?
Weh mir, wo nehm ich, wenn	(Was mach ich bloß? Ich tu mir leid!
es Winter wird, die Blumen	(Hast du ne Ahnung?
Und wo den Sonnenschein	
und Schatten der Erde?	
Die Mauern stehn	(So'n Mist! / Ich find das gemein!
sprachlos und kalt, im Winde	
klirren die Fahnen.	(Richtig unangenehm! / Blöd!

(Hölderlin: Hälfte des Lebens, in: Bode, S. 146)

Zunächst wird man sich sicher von dem Gedanken freimachen müssen, daß die sprachliche Form oder gar der Stil der Alltagsäußerungen der Textvorlage entspricht. Täte sie das, wäre eine ausdrucksmäßige Orientierung ohne ganz große Reflexionsbemühung des Vorlesers nicht vorstellbar, und die Aufgabe wäre ohne eine Schauspielausbildung nicht zu leisten. Oder die Sprachebene des Sprechers ist mit der des Textes deckungsgleich und fördert daher seinen Gestaltungsversuch.

Sodann sind natürlich alle hier gemachten Vorschläge austauschbar und durch eigene, der Deutungsabsicht des jeweiligen Vorlesers entsprechende Alltagsäußerungen ersetzbar. Ich bezeichne sie als „Kontrastäußerungen" oder „Sprechhilfen". Wenn man ihre Funktion beschreiben will, könnte man auch von „Unterzeilen" sprechen. Aderhold spricht jüngst von „Untertext" oder „Testsätzen"[20]. Sicherlich gibt es einen Rahmen der Akzeptabilität, der die Auswahl treffender „Unterzeilen" von abwegigen unterscheidet. So wäre der zweite Abschnitt des obigen Hölderlin-Textes sicherlich im Tonfall von „wie nett!" schwerlich vorstellbar. Durch die Verwendung des Zeichens / habe ich bereits mögliche Alternativen angedeutet.

Und hier das zweite Beispiel, ein Auszug aus einem Kinderbuch:

(20)

Zum ersten Mal hat Sofie große Angst.	(das gibts nicht!
Klemens liegt im Krankenhaus.	(So'n Mist! / Schade!
Er muß sehr krank sein.	
Vater und Mutter sind traurig und reden kaum.	(ich könnt heulen!
Alles ist ganz anders, wenn Klemens nicht da ist.	
Die Wohnung ist leerer und leiser.	(richtig ätzend!

[20] Aderhold 1995, S. 7 und 49

Sofie merkt plötzlich, wie lieb sie den Klemens hat.	(aha!
Auch wenn er sie oft hänselt und nicht immer mit ihr spielen will.	(na, wenn schon.
Sie möchte ihn im Krankenhaus besuchen.	(klar!
„Das geht noch nicht", sagt Mutter.	
Klemens hat eine Blutvergiftung im ganzen Körper.	(Vorsicht! / Blöd!
Es wird eine Weile dauern, bis er wieder gesund ist." (...)	(richtig dof!
(Härtling: Sofie macht Geschichten, S. 31)	

Hier wird der Nachvollzug aus einem ganz einleuchtenden Grunde leichterfallen. Die Geschichten erzählen aus einer personalen Perspektive, und der Vorleser kann sich daher verhältnismäßig leicht in Sofie hineinversetzen. Zudem ähnelt die verwendete Sprache in ihrer Einfachheit der Alltagssprache und wirft kaum Probleme auf, sie in Sprechen umzusetzen. Und dennoch lassen sich die möglichen „Unterzeilen" nicht vereinheitlichen. Die geschilderte Situation ist zwar einfach dargestellt, aber die Gefühle, um die es geht, sind doch vielschichtig und von daher in vielfältiger Weise durch Alltagsäußerungen zu veranschaulichen.

Es geht darum, daß der Vorleser wie ein Seismograph alle Strömungen und Impulse eines Textes mit Hilfe seines Sprechvortrags aufnimmt und dem Zuhörer nachvollziehbar übermittelt. Vor allem ist immer wieder zu betonen: jeder hat seine eigenen Lesarten, seine eigenen Zugänge und seine eigenen Untertexte. Allerdings gilt: Der Vorleser muß sich für eine Lesart entscheiden.

Teil II:
Anregungen für den Unterricht

6. Kapitel: Didaktische und methodische Aspekte

In den folgenden Überlegungen geht es darum, wie Lehrer eine Brücke schlagen können zum Vorlesen, wie das meist verschüttete Vermögen und die Bereitschaft der Schüler herauszulocken sind. Dabei verzichte ich ganz bewußt auf die Angabe von Schulform oder Schulstufe, weil ich zum Experimentieren anregen möchte. Ich habe sehr ermutigende und überraschende Erfahrungen auch in Oberstufenklassen der Gymnasien gemacht, wo Schüler solche Hörerfahrung mit Texten als ganz neue Texterfahrung begeistert aufgriffen. Natürlich muß der Lehrer / die Lehrerin von der Effektivität dieser Methode der Texterschließung überzeugt sein. Wenn Lehrer, wie häufig erlebt, einen solchen Textversuch durch Vorlesen als das Unterbrechen vernünftiger Arbeit empfinden und die ganzheitliche Dimension dieses Lernzugriffs nicht positiv werten, vielleicht auch selber mit der Methode nicht umzugehen wissen, wird auch den Schülern eine solche Arbeit eher wie eine zweck- und folgenlose Spielerei vorkommen. Und dies aus einem doppelten Grunde: zum einen sind sie schon lange nicht mehr gewohnt, daß vorgelesen wird, und werden einen solchen Textzugang als unter ihrer Würde abtun und zum andern werden sie Schwierigkeiten haben, Ausdrucksmittel als deutende Markierungen wahrzunehmen. Ein solcher Zugang bedarf schließlich besonderer Wahrnehmungsförderung. Zuhören wird mit diesem Verfahren immer auch gelernt. Und natürlich besteht auch die Gefahr, daß sie sich als gestaltende Leser „blöd" vorkommen, ihnen vielleicht auch das Wahrnehmen und Fördern des eigenen Ausdrucks ungewohnt geworden ist. Der lebenspraktische Bezug sollte ihnen ebenso wie die ganzheitliche Funktion des Vorlesens klar werden.

6.1 Didaktische Überlegungen

Die Frage, die sich als erstes stellt, wenn man vom Vorlesen spricht, heißt: Wozu denn das?
Die Frage stellte sich offenbar in der Zeit bis zur Jahrhundertwende nicht. Bis dahin galt unstrittig die lautliche Realisierung von Geschriebenem als dessen eigentlicher Zweck; erst der Niedergang der Rhetorik im 19. Jahrhundert, aber auch die allgemeine Schulpflicht und die zunehmende Verdrängung des Lesens in gesellschaftliche Nischen ermöglichen den Vorrang der geschriebenen Sprache[21] vor der gesprochenen und beschleunigen deren Bevorzugung.

Vorlesen heute

Gleichwohl gibt es noch viele Bereiche, in denen die Kultur des Vorlesens noch praktiziert wird, und für die es lohnt, eine solche Anleitung anzubieten.

Zunächst sind dies alle Bereiche der primären Sozialisation. In der Familie und im Kindergarten wird vorgelesen, und das Vorlesen erfüllt eine wichtige Sekundärfunktion: es motiviert zum Selberlesen, zum Lesenlernen, wenn es die kindliche

[21] Vgl. Knoop 1993, S. 217–229, bes. S. 222f.

Neugier, das kindliche Vorstellungsvermögen anregen und wachhalten kann. Daneben spielt natürlich die Erweiterung des kindlichen Weltwissens eine entscheidende Rolle, denn die Spannweite der vorgelesenen Geschichten wird sich am kindlichen Interesse ebenso wie an aktuellen Themen der Umgebung und am aktuellen Bilder- und Kinderbuchangebot orientieren.

Der Leselehrgang in der Grundschule führt die Pflege des Vorlesens fort, ohne allerdings stets die Chance der Texterschließung damit zu verbinden: Hier hat das Vorlesen eher eine Brückenfunktion zwischen dem Lesenlernen der Kinder und der Kontrollaufgabe und dem strukturellen Notenzwang des Lehrers.

Gelegentliches Vorlesen in der sekundären Sozialisation spielt sich zuhause ab, wo spontan Leseeindrücke zum besten gegeben werden, wenn überhaupt noch gelesen wird, und exklusiv beim Vorlesewettbewerb des Börsenvereins des Deutschen Buchhandels, der sich allerdings nur an SchülerInnen der 6. Klassen wendet und keinerlei Auswirkungen auf die Vorleseentwicklung der Kinder zeigt, weil er nur die bereits brillanten Leser prämiert und kaum Sogwirkung auf alle anderen Kinder erkennen läßt. Erwähnenswert ist sicherlich in diesem Zusammenhang auch der regional im Norden verbreitete plattdeutsche Vorlesewettbewerb, über den z. T. ganz ohne Illusionen geurteilt wird: ein Teil der beteiligten Kinder – vorwiegend aus der Grundschule – verstehen die Texte, die sie exzellent vorlesen, selber nicht; sie haben sie auswendiggelernt. Gleichwohl verdienen diese mundartlich motivierten Bemühungen Nachahmung; sie machen aufmerksam vor allem auf die Klangschönheiten der Mundart.

In den Medien wird vermehrt vorgelesen: Traditionell werden Nachrichten in Rundfunk- und Fernsehsendern vorgelesen, und ganz viele, vor allem im Kulturbereich produzierte Sendungen werden vom Manuskript vorgelesen und gesendet. Dabei tritt gelegentlich die Komplexität sprachlicher Dichte in den Texten der Nachrichten dem Vorleser als Hindernis entgegen[22].

In Politik und Erwachsenenbildung tritt ohne Manuskript kaum jemand vor sein Publikum: Dabei zeigt sich die Güte oder Schwäche eines Manuskripts, das die Sprechnähe mehr oder weniger berücksichtigt hat, oder die Fähigkeit oder Unfähigkeit eines Vorlesers, mit seinem Manuskript situationsgerecht, und das heißt vor allem hörerbezogen umzugehen.

Im Rahmen der akademischen Berufsausbildung schließlich kennt jeder Student das Problem von Referaten, die nicht unumstritten zum unangefochtenen methodischen Grundbestand in Universitätsseminaren gehören: Jeder Betroffene kennt das Dilemma: Einerseits soll natürlich der Seminarsituation Rechnung getragen werden, d. h. der Referent soll möglichst frei vortragen; andererseits erwartet der Dozent als Grundlage für den Erfolgsschein meist die schriftliche Ausarbeitung des Referats. Wer mag es dem Referenten verübeln, daß er sofort die schriftliche Ausarbeitung erstellt und Bedenken gegen die seminardidaktische Form seiner Arbeit

[22] Vgl. zu dieser Problematik Wachtel 1996; zum speziellen Problem des Teleprompters S. 94f.

gar nicht erst aufkommen läßt? Erfahrung lehrt und breite Übereinstimmung unter den Betroffenen zeugt davon, daß die Vorlesefähigkeit sehr vieler Referenten in Seminaren jedenfalls zur verständlichen Übermittlung ihrer eigenen Manuskripte nicht hinreicht. Sowohl das vorgelegte Sprechtempo als auch die Blickrichtung auf das eigene Manuskript empfinden die betroffenen Seminarteilnehmer, sofern sie sich dazu äußern, als Zumutung. Auch bei den „Vorlesungen“ der Professoren ist es um die akustische Verständlichkeit nicht immer ideal bestellt. Die Schreibtischsprache entspricht nicht immer ihrer Sprechsprache. Auch Professoren könnten ihre Vorlesegewohnheit gelegentlich überprüfen. Das Problem, das sich nämlich bei den meisten Vorlesesituationen auftut: es geht um distanzierte Präsentation von Texten fürs Ohr.

Die einzige Ausnahme bilden Hörtexte, aber auch diese Medien sind, da kaum der Kritik unterworfen, von sehr unterschiedlicher Qualität und vor allem Intensität. Das sinnerfassende Vorlesen liegt im Schnittpunkt verschiedener Sinneswahrnehmungen, und es vermag solche Sinneswahrnehmungen auch hervorzurufen. Der Vorleser vermag Riech-, Schmeck, Tast- und Wärmeempfindungen anzuregen, je nachdem, wie intensiv er sich auf die Beschreibung einläßt. Und visuelle und akustische Vorstellungen vermitteln sich erst recht mit seinem Vorlesen. Das heißt jedoch im Umkehrschluß: Reize für Auge und Ohr, Geschmack, Geruch und Tastsinn lösen bestimmte Ausdrucksmerkmale beim Vorleser aus, die wiederum für die Hörer die lebendige Vorstellung oder Wahrnehmung grundlegen; das Vorlesen ist also mit hoher Wahrscheinlichkeit ein Indikator für Sinnesempfindung, wenn der Schüler seine Empfindung über das Vorlesen hörbar macht.

Vorlesen im sakralen Raum

Auch im sakralen Bereich der Liturgie aller Religionen, vor allem natürlich der Buchreligionen, wie Juden, Christen, Moslems, gibt es schon seit dem Beginn liturgischer Tradition die Vorlesung der „heiligen Schrift“. Sofern nicht gesungen wird, gelten natürlich auch für diese Vorlesesituationen die hier entwickelten Regeln für die Sprechvermittlung von Texten[23]. Für die Lektoren in diesen Bereichen scheint es ein besonderes Problem zu geben: Sie wagen nicht zu gestalten und sich auf die Entscheidung für einen Aussagenkern einzulassen, weil sie sich offenbar in einer besonders ernsten Verkündigungsverantwortung sehen, die durch eigene Ausdrucksgestaltung etwas von ihrer Aura verlieren könnte. Daß durch solche Auffassung und entsprechende Praxis die Gottesdienstbesucher / Hörer einer solchen Lesung vom Verstehen abgekoppelt werden, ist ihnen nur sehr schwer begreiflich zu machen. Zudem lassen sich erfahrungsgemäß nur „Laien“ auf eine solche Auseinandersetzung über die angemessene Vorlesung eines liturgischen Textes ein, Theologen sind nur schwer dazu zu motivieren, weil sie am Altar und auf der Kanzel „in Vollmacht“ sprechen und daher ohnehin dazu neigen, ihre religiöse Sprache von ihrer Alltagssprache abzuheben.

[23] Für spezielleres Interesse sei hier auf die Ausführungen von Schweinsberg 1946 und 1948, Zerfaß 1984, Kliem 1990 und zuletzt Mönnich 1993 verwiesen

Vorlesen und Hör- und Gedächtnistraining

Tendenziell leistet das Vorlesen einen indirekten kulturellen Beitrag: es betreibt nämlich unbemerkt Hörerziehung und erweitert ebenso nebenbei einen immer stärker vernachlässigten Bereich unserer Kognition, unser Gedächtnis. Ein wesentliches Qualitätsmerkmal eines guten Vorlesers besteht nämlich darin, Passagen des gelesenen Textes den Hörern zu widmen: Blickkontakt aufzunehmen. Vom Auswendiglernen will zwar kaum noch ein Lehrender etwas wissen[24], aber es besteht kaum Zweifel an der Tatsache, daß ohne Gedächtnis nicht gelernt wird, obwohl aus dieser Erkenntnis kaum Folgerungen gezogen werden. Seit dem Niedergang der Rhetorik im 19. Jahrhundert findet Mnemotechnik als gezieltes Gedächtnistraining nicht mehr statt. Kompensatorisch finden sich solche Bemühungen gelegentlich in Altenheimen.

Und Hörerziehung wird ebenso wenig in der Schule betrieben, einmal von spezieller fachbezogener Hörerziehung z.B. in Musik (dort als Hörbildung bezeichnet) abgesehen, obwohl das Hören unbestritten zur zentralen Ausstattung des homo communicator gehört, zur Teilhabe des Menschen an jeder Art von Kommunikation befähigt[25].

Vorlesen fördert sensible Hörfähigkeiten, indem die vokalen und gestischen Ausdrucksverstärker des Textes wahrgenommen und gedeutet werden, und es regt das Gedächtnis durch seine Beanspruchung an, indem im gehörten Text Zusammenhänge und Vorauserwartungen allein über das Gedächtnis zu stiften sind. Die absoluten Zeiten für Textsequenzen sind beim Vorlesen länger als beim Lesen; daher muß beim Vorlesen einfach länger gespeichert werden.

Und noch eine immer weniger gepflegte Fähigkeit wird durch die Vorleseschulung unterstützt: Weder Sprech- noch Körperausdruck kommen irgendwo als schulische oder allgemeine Bildungszielsetzung vor; zusätzliche Angebote zum szenischen Spiel in Schule oder Verein oder Initiativen einzelner Bundesländer (zur Dramapädagogik in Niedersachsen seit 1997) bilden rühmliche Ausnahmen des Trends.

Die Übertragbarkeit dieser Fähigkeiten liegen auf der Hand:
Das Hören von Stimmungen kultiviert die Kommunikation, weil es zu einem vertieften Verstehen verhilft, und das Bewahren von Textsequenzen im Gedächtnis trainiert die Behaltensleistung generell und fördert die Lernfähigkeit und mit dieser die Kreativität. Die Förderung eigener Ausdrucksmöglichkeiten steigert zudem das Selbstvertrauen und unterstützt die Alltagsinteraktion. Solche Fähigkeiten strahlen auch aus auf die Ebene von Alltagsgesprächen und auf die Fähigkeit zum aktiven Zuhören.

---

[24] Hierfür läßt sich sicherlich die Preisschrift der Deutschen Akademie für Sprache und Dichtung von 1986 als Beleg anführen: Sie enthält drei Antworten auf die Preisfrage „Soll man Dichtung auswendig lernen?" Auch auf den Diskussionsbeitrag von Ritter 1987 sei verwiesen

[25] Zu dem Problembereich vgl. den interessanten Sammelband Gutenberg 1984 und das Praxis Deutsch-Heft 88/ 1988 „Hörerziehung" sowie Ockel 1997

Vorlesen als Förderung des Ausdrucks

Ähnlich wie das Theaterspielen fördert das Vorlesen natürlich auch Ausdrucksvermögen ganz generell. Der Vorleser lernt zunehmend seine eigenen Ausdrucks„reserven“ kennen und nutzen, und er wird auch über den Anwendungsbereich hinaus ausdrucksvolleres Sprechen gewinnen[26].

Der gute Vorleser wird auch zweifellos für seine Kommunikationsfähigkeit gewinnen: er lernt abschätzen, was er wie schnell wie laut und vor allem wie intensiv wie vielen und welchen Hörern anbieten kann. Dabei lernt er die Wirkung von Körperspannung als Mittel der Adressierung kennen und erfährt, welcher Zusammenhang besteht zwischen der Kontaktaufnahme mit dem Hörer durch den Text und der Differenzierung von Körperspannung: Ähnlich wie die Geste auf das Wort Rückwirkungen zeigt und umgekehrt das Wort auf die Geste, so wirkt die Kontaktaufnahme / der Blickkontakt zwischen Vorleser und Hörer zurück auf die Körperspannung, und umgekehrt vermag die Körperspannung auf den Kontakt mit den Hörern zurückzuwirken. Spannung hat es auch immer mit dem Festhalten der Sprechabsicht zu tun: so lange diese intensiv verfolgt wird, so lange bleibt die Spannung erhalten und spürbar, sobald die Sprechabsicht schwächer wird oder gar dem Sprecher aus dem Blick gerät, sinkt die Spannung ab. Diese Spannung kann daher auch nicht durch Manipulation der Lautstärke ersetzt werden; bloße stimmliche Masche ersetzt nicht die absichtsvolle Mitteilungsgeste des Vorlesers an den Hörer, die immer auch mit der entsprechenden Mitteilungsspannung erfolgt.

So kann sich eine sehr enge Beziehung zwischen Vorleser und Hörern aufbauen: Als Vorleser entwickelt man eine Erfahrung, daß Hörer die mit Text oder der Textpassage verbundene Vorstellung übernehmen, wenn sie nur intensiv genug vom Vorleser selbst aufgebaut wird; das muß nicht bedeuten, daß er sie in seinem Sprechen hörbar macht, sondern daß er sie in seinem Innern beim Vorlesen wachruft.

Der Grund für eine Aktivierung von Vorlesen kann also nicht in einer nostalgischen Laune liegen, sondern hängt mit dieser unbestreitbaren kulturellen Bedeutung des Vorlesens zusammen. Wer hat nicht sofort eine entsprechend eindrucksvolle oder fragwürdige Vorlesergestalt vor Augen oder vor allem vor Ohren, wenn man das Stichwort „Dichter- oder Autorenlesung“ hört. Sicherlich wäre es auch für viele Autoren empfehlenswert, sich stärker mit dem Vorlesen ihrer eigenen Texte auseinanderzusetzen, um ihre Texte dem Hörer nahezubringen. Möglich, daß ihre Zurückhaltung mit einer verständlichen Befangenheit ihrem eigenen Text gegenüber zusammenhängt. Möglich auch, daß insofern ein distanzierter Vorleser viel bessere Chancen hat, einem literarischen Text seine Qualitäten abzuringen, weil er auch nicht einen so hohen Anspruch an sich selber stellt und weil er dem Text gegenüber nicht betroffen ist.

[26] In diesem Zusammenhang sei auf die interessanten Ergebnisse einer empirischen Studie von Heising 1991 verwiesen

Wenn man sich vergegenwärtigt, wie wichtig für die künftigen Leser die Erfahrung lesender und vorlesender Eltern war, dann kann man die Prägung und die interaktive Bedeutung regelmäßigen persönlichen Vorlesens für die menschliche Entwicklung kaum überschätzen.

Und das Vorlesen bietet zweifellos Chancen, ganzheitlich die Deutung von Texten, eigene Textlesarten zu vermitteln und dabei das eigene Ausdrucksrepertoire auszuloten, bewußt wahrzunehmen und zu fördern. Fraglos sind diese gesellschaftlichen Vorleseaktivitäten eine begrüßenswerte Argumentationshilfe für eine schulische Beschäftigung mit dem Vorlesen und für eine Intensivierung dieser akustischen Textvermittlung. Viele Texte entfalten erst dem Vorleser die Vielfalt möglicher Gestaltungen und öffnen die Vielfalt ihrer möglichen Deutungen erst dem Vorleseversuch. Und kein Zweifel: Wer vorliest und sich damit richtig auf das Erklären des Textes für seine Hörer einläßt, der versteht auch, was er liest. Allerdings wird er auch kein Mitlesen bei seinen Hörern dulden, weil das sein „Erklärungs"interesse erheblich einschränkt.

6.2 Die Richtlinien

Generell läßt sich feststellen, daß sich seit der 1979 erstmals vorgenommenen Bestandsaufnahme (Ockel 1979) innerhalb der Länderrichtlinien nicht viel bewegt hat. Tendenziell legen die schulischen Richtlinien überhaupt nur bis Klasse 10 Wert auf sinnentnehmendes Vorlesen; danach setzen sie es als gegeben voraus. Ein Lehrgang, der diese Fähigkeit stützen könnte, verliert sich in Klasse 4; und der Zusammenhang zwischen Textverstehen und Vorlesesprechen wird offensichtlich so nicht gesehen: sonst würden die vielfältigen Lernvoraussetzungen zum Umgang mit Texten auf der Ebene von akustischen und semantischen Gestaltungselementen wenigstens gelegentlich mit dieser Methode verknüpft. Offenbar hat die Forderung nach sinnentnehmendem oder sinngestaltendem Lesen – meist von Drama oder Lyrik – eine zweckfrei künstlerische („Freude am Text gewinnen", so heißt meist das Stichwort) oder eine rein kognitive Funktion: Die Überprüfung, ob der Schüler mit dem Text überhaupt etwas anfangen kann, ob er ihn erschließen kann. Die Interpretation der Texte hat jedenfalls offenbar mit dem akustischen Präsentieren nichts zu tun, da diese Forderung überall zusätzlich erhoben wird – im Bereich der weiterführenden Schulformen. Der Leser ist hier ebenso auf Vermutungen angewiesen wie angesichts der Forderung vor allem der bayrischen und der baden-württembergischen, aber auch der schleswig-holsteinischen Lehrpläne nach Mindestmengen auswendig gelernter meist lyrischer Texte, deren Auswahlrahmen kanonartig durch die Vorgabe bestimmter Texte festgelegt wird.

In den Niedersächsischen Rahmenrichtlinien für die Orientierungsstufe werden unmittelbar zusammengeführt „Satzzeichen als Lese- und Verständnishilfen" und „Wirkung von Pausen, Stimmlage, Stimmstärke, Lesetempo und Stimmführung" (S. 31). Parallel dazu werden das vorausschauende Überblicken komplexer Satzstrukturen als Voraussetzung fließenden und fehlerfreien Lesens unmittelbar der

Beherrschung von Vorlesetechniken vorgeschaltet: Die Folge, daß die alten Klischees der Satz- als Ausdruckszeichen sich in den Köpfen der LehrerInnen durch diese enge Verbindung verstärkt festsetzen könnten, wird nicht bedacht. Einzig im Bremer Lehrplan für die Orientierungsstufe von 1976/77 findet sich die Empfehlung für Klasse 5, eine regelmäßige Vorlesestunde einzurichten und Vorleseübungen abzuhalten. Einschränkend gibt es hier allerdings ebenso einmalig die Unterscheidung zwischen informierendem und künstlerisch gestaltendem Vorlesen von Dichtung. Inzwischen sind diese Anregungen wieder zurückgedrängt, praktisch wohl auch kaum umgesetzt worden: wie anders wäre die Beobachtung zu begründen, daß auch Studierende ungern vorlesen, und wenn sie es tun, anschließend äußern, sie wüßten nicht, was sie gelesen haben.

Es scheint insgesamt, als möge man von der liebgewordenen Gewohnheit insgesamt nicht lassen – und Gedichte verlangen ja besonders danach, daß sie hörbar gemacht werden – und empfehle oder fordere je nach Bundesland in den Deutschrichtlinien, daß Texte künstlerischer Qualität auch vorgelesen werden; ohne die Rahmenbedingungen und die kommunikative Funktion oder auch nur die Bewertung oder methodische Hilfen für das Vorlesen in den Blick zu nehmen. Vor allem dieses Defizit aufzuarbeiten, soll Anliegen der folgenden Anregungen sein.

6.3 Visuelle Hilfsmittel

Für die methodische Umsetzung der „Unterzeilen“ bewährt sich ein Text, der *mit Denkblasen versehen* ist und die Schüler auffordert, ihre Kommentare zu der entsprechenden Textsequenz abzugeben. Dabei lassen sich durchaus gezielt Unterzeilen aus der eigenen Alltagserfahrung provozieren mit der Aufgabe:

Stell dir vor, du wärst die Textfigur. Schreib in die entsprechende Denkblase, was die Textfigur wohl denken / sagen / empfinden mag.
oder
Stell dir vor, du wärst der Textautor. Schreib in die entsprechende Denkblase, was dieser beim Erzählen seines Textes wohl denken / sagen / empfinden mag.
oder
Schreib in die Denkblase, was dich unmittelbar beim Lesen des Textabschnitts bewegt, woran du denkst.

Wenn die Denkblasen oder auch Sprechblasen groß genug sind, lassen sie sich auch mit Malen und Zeichnen zu den gegebenen Anregungen füllen.

Die ausgefüllte Denkblase ermöglicht dann einen Sprechgestaltungsversuch, der den kommentierten Textabschnitt dem Kommentar / der selber produzierten Unterzeile / dem Bild gemäß verlautbart. Dabei lehrt die Erfahrung, daß die Ausdrucksvarianten des Textes ergiebiger ausfallen und gezielter auf den Text bezogen sind als ohne diese Verwendung von Denkblasen.

Handelt es sich um die Gestaltung eines eher schildernden Textes, so helfen *Bilder* ebenfalls, zu einer ausdrucksstärkeren Sprech-/ Vorlesefassung zu kommen. Denn die Vorstellung ist dann durch den eigenen bildnerischen Entwurf besser vorbereitet. Ich halte es dabei auch für unerheblich, ob die vom Text angeregte eigene Arbeit aussagefähig ist oder nicht. Entscheidend ist die sprachfreie und daher für viele Schüler günstigere Gestaltungsmöglichkeit, die am Text orientiert ist und daher auch Textvorstellungen begründet und begünstigt. Selbst Strichmännchen oder Kopffüßler können bestimmte Deutungen des Textes grundlegen oder anbahnen.

Dabei können auch die beiden hier beschriebenen Methoden kombiniert werden, wenn nur die Textteilen zugeordneten Denkblasen so umfänglich bemessen werden, daß genügend Platz für eine künstlerische Gestaltungsaufgabe bleibt. (Zeichne / male ein Bild zum Textausschnitt) Natürlich sollten die Textteile so viel Anregung bieten, daß die Aufgabe, die eigene Vorstellung im Bild festzuhalten, auch genügend Entfaltungsspielraum findet.

In jedem Fall helfen solche visuellen Stützen, schwachen Vorstellungen und ausdrucksärmeren Schülern wirksame Förderung zu bieten; die Ergebnisse zeigen in der Regel, daß sich solche ganzheitlichen Textverstehenshilfen – auch mit Blick auf die lebendigere Vorleseleistung – lohnen.

Und für alle Sekundarstufenlehrer, die schon jetzt wissen, daß sich ihre Schüler weder zum Malen noch zum Denkblasenausfüllen herbeilassen, gibt es eine szenische Darstellungsvariante, die den *Text als* ein *Regiebuch* begreift und seine Vorstellungen entweder als eine Sammlung von „stehenden Bildern“ oder von Pantomime oder von den Text untermalenden Gesten oder von „Hörbildern“ umsetzt, wobei den Schülern jede durch den Text zulässige Freiheit bei ihrer Umsetzung eingeräumt werden muß. Die Wechselwirkung zwischen szenischem Spiel und Vorlesen ist so anregend, daß die Schüler ihre vermeintlich altersgemäße Würde schnell ablegen, wenn auch der Lehrer an die Gestaltung der vorzulesenden Texte unbefangen herangeht. Auch der Text in Teilen oder sukzessiv als Sprechpuzzle oder auf dem Tageslichtprojektor oder als Sprechstaffel sind mögliche Methoden, die nachfolgend beschrieben und erörtert werden.

6.4 Spielerische Hilfsmittel

Vor allem für die Adressierung und echte Mitteilung des Textes ist es unerläßlich, daß sich der Lehrer um eine Unterrichtssituation bemüht, in der tatsächlich vorgelesen wird. D. h. die Schüler sollten eine Situation als normal empfinden, in der ihnen der Text nur übers Ohr angeboten wird, so daß sie auch nur übers Sprechen des Textes ihre Deutungen äußern können.

Um diese Situation herbeizuführen, kann der Text *von Schüler zu Schüler* weitergegeben werden; der Nachteil des Verfahrens: es treten zu viele Pausen und Orientierungshindernisse im Text auf. Jeder neue Vorleser muß sich vom Vorgänger den Ort bezeichnen lassen, wo dieser aufgehört hat. Die Spannung des Zuhörens reißt also ständig ab und muß daher mühsam immer wieder aufgebaut werden mit der verständlichen Folge: die Schüler halten mit ihrer Spannung den ganzen Text gar nicht durch. Es sei denn, der Stuhlkreis beteiligt sich ständig an der sukzessiven Textentstehung, indem ständig nachgefragt oder kommentiert wird, z. B.:

Was war das? Wer kommt jetzt? Wo ist der? Worüber denkt er/sie nach? ...
Kannst du das wiederholen! Ich hab das nicht verstanden! Würd ich ja nie machen!
...

Mit einem solchen Verfahren ist natürlich Unruhe vorprogrammiert, da sich die Schüler in ihrem Eifer gewiß gegenseitig anstecken.

Daher ist es aus mehreren Gründen besser, den Text in ein *Puzzle* zu verwandeln, und das heißt, jedem Schüler einen Textteil zu geben. Das bedeutet, daß jeder Schüler ein Stück der gemeinsamen Textinformation besitzt und nur mit ihm der Text insgesamt vorgestellt werden kann. Wenn den Teilen Nummern gegeben werden oder die Schüler in der Reihenfolge ihrer Textteile im Kreis sitzen, lassen sich störende Suchaktionen vermeiden, und der Text kann zusammenhängend vorgestellt werden. Außerdem lassen sich die Puzzleteile am Leistungsstand oder auch an der Ausdrucksfähigkeit der einzelnen Leser orientieren und mengenmäßig entsprechend differenziert bemessen. Schließlich kann das Verfahren des zusammensetzenden Vorlesens sich positiv auf das Sozialgefüge der Klasse auswirken: Wenn das gemeinsame Vorlesen einem Staffellauf verglichen wird, muß es das gemeinsame Anliegen sein, alle Vorleseleistungen aufeinander abzustimmen und so den kollektiv gebildeten Vorleseausdruck gemeinsam zu integrieren. Freilich darf der Begriff „Staffel" nicht dem Irrtum Vorschub leisten, daß das Verfahren besonders rasch abgewickelt werden muß. Und nicht nur Wörter und Sätze, sondern auch Deutungen durch Sprechausdruck werden weitergereicht. Ein solches Verfahren fördert naturgemäß auch Einsichten in die Strukturen eines Textes, insofern die Puzzleteile solche Einsichten nahelegen: die Anregung zur Texthypothese etwa oder die Themenentfaltung oder Auslassungen oder Spannungssteigerungen im Text. Das spielerische Zusammensetzen des Textes wird in seiner Wirkung überprüft durch das gemeinsam gestiftete Verständnis und durch die Verwirklichung der Textanregungen für das Vorlesen; überprüft wird auch, ob und wieweit die Schüler ihre eigenen Sprechintentionen verwirklicht haben: Was haben die Hörer verstanden und – korrespondierend dazu – was war dem Vorleser wichtig? Hat er es durch seine Sprechfassung verdeutlichen können? Entspricht seine Vorlesefassung dem zugrundeliegenden Text?

Diese spielerische Vorleseanregung läßt sich bei besonders ungeübten Schülern auch durch zwei relativ lehrerabhängige Methoden ersetzen oder diese Methoden lassen sich als Vorbereitung auf das Textpuzzle vorschalten. Sie dienen ebenso dem Vorlesen wie dem Vortragen und sie lassen sich nur dann sinnvoll einsetzen, wenn der Lehrer oder die Lehrerin über Vorlesebegabung verfügt:

Der/die *Lehrer(in) liest vor*, und die *Schüler sprechen gemeinsam nach* und versuchen, den Lehrerausdruck zu spiegeln. Der unübersehbare Nachteil liegt in der Abhängigkeit des Schülerausdrucks von dem Lehrerausdruck und natürlich darin, daß die Schülerausdrucksvarianten durch das Chorsprechen nivelliert werden. Andererseits erhalten die Schüler einen oder – bei verschiedenen Lehrerversuchen – mehrere Ausdrucksmodelle für einen gerade aktuellen Text und können im Wege des Nachsprechens – schrittweise – sich ihrer eigenen Ausdrucksmöglichkeiten bewußt werden. Sie bekommen Mut zum eigenen Ausdruck und verlieren die Scheu vor den Kommentaren durch die Lerngruppe. Sie erkennen sehr bewußt, wie der Text mit Leseerwartungen umgeht, weil sie ihn ja nicht alle vor sich haben; und sie erkennen, experimentieren und spekulieren, welche Ausdrucksmöglichkeiten der Text eröffnet. Sie werden durch das gemeinsame Sprechen in ihrem eigenen Ausdruck sicherer und fühlen sich nicht so ausgeliefert, als wenn sie allein sprechen. Und sie trauen sich mit ihrem Sprechausdruck mutiger hervor. Nicht zuletzt nehmen sie spielerisch den Rhythmus der Sprache wahr und prägen sich sprachliche Wendungen des Textes, die sie mitsprechen, für ihren eigenen Sprachgebrauch ein: Dabei kann ihnen sicherlich ein ganz ungewohnter Aspekt von Gedächtnisübung bewußt werden: nicht wie gewohnt ein seelenloses Memorieren, sondern ein möglicherweise ganzheitliches Durchgestalten des sprachlichen Materials. Eine neue Textgestalt macht womöglich Lust, den Text sich einzuverleiben, um ihn Eltern oder bei geeignetem Anlaß der Schulgemeinschaft vorzutragen. Vielleicht läßt sich dafür ein Sonderpreis aussetzen: etwa eine CD, die das Programm einer solchen Vortragsrunde wiederholbar macht.

Alternativ dazu wird der Text als *Tageslichtfolie* allen Schülern abschnittsweise sichtbar gemacht und nun als Partitur aufgeführt mit der Maßgabe, daß alle Schüler wie in einem Orchester mit einer Stimme sprechen. Auf diesem Wege lassen sich Gliederungsvorgaben des Textes und explizite Sprechanweisungen bewußt wahrnehmen und verwirklichen. Und die Schüler lernen auch hier, den Text als ein sowohl logisch und rational als auch emotional und rhythmisch bestimmtes Gebilde begreifen. Sie sind gehalten, alle sehr diszipliniert sich in das gemeinsame Sprechen einzufügen und sensibel zu hören; denn es gilt die gleiche Regel wie bei einem Chor: solange noch jeder jede Stimme außer seiner hören kann, klingt der Chor insgesamt homogen. Natürlich weist auch diese Variante Schwächen auf:

Zum einen scheint es keineswegs sicher, daß sich die Schüler zu einem solchen Chorsprechen anregen lassen: wenn jeder den Text sieht, gibt es keinen sinnvollen Adressaten einer solchen Aufführung. Der Lehrer sollte keinen Text für sakrosankt halten und womöglich ganz entschlossen die gemeinsame Sprechgestaltung als Austesten des mit dem Text Möglichen betrachten. Den *Text als „Steinbruch“* benutzen für Bauteile unterschiedlicher Gestimmtheit und ihn gezielt so bezeichnen, ermöglicht einen unbefangeneren Zugang. Nicht immer empfiehlt es sich, den Autor eines Textes zu nennen. Immerhin lassen sich Aspekte jeden Textes aufzeigen, die auf sprecherische Verwirklichung drängen und dem Text neue Aussagemöglichkeiten eröffnen. Und manche Texte laden zum Chorsprechen ein[27]. So z. B. eine mögliche Sprechfassung des Textes von Ingeborg Bachmann (S. 87ff.).

[27] So z. B. das kurze Gedicht von Anastasius Grün „Zwei Wanderer“, für das entsprechende Vorschläge in Ockel 1985 vorliegen

Zum anderen mag die chorische Verwirklichung des Textes dazu verleiten, seine Ausdrucksmöglichkeiten zu nivellieren. Es kann sein, daß der Chor den Text völlig ausdruckslos herunterleiert; möglicherweise läßt sich durch eine Probeaufnahme des Chores der Ehrgeiz dahingehend wecken, daß man den Text wenigstens verständlich und das heißt auch vollziehend produzieren will.

Lehrer bleiben natürlich immer neben diesen Vorschlägen *die geborenen Vorleser* der jeweils im Unterricht zu besprechenden Texte. Und wenn sie sowohl den Mut als auch die Routine haben, Texte in vielfältiger Ausdrucksgestaltung, also ganz unterschiedlich zu präsentieren und die Texte in der Druckfassung nicht ausgeben, dann leisten sie einen wichtigen Beitrag zur Hörerziehung, indem sie die Schüler zum Hören auf Inhalte, aber auch auf deren Deutung durch stimmliche Varianten veranlassen. Sie können die Güte von angeblich schon verstaubten alten Texten überzeugend beweisen, wenn sie sie begeistert den Schülern vortragen, ohne im einzelnen zu sagen, wie alt und ggf. von wem ein Text ist, der vielleicht den Schülern spontan gefiel. Und es geht natürlich am besten mit der ansteckenden Begeisterung, wenn die Lehrer ihre Lieblingstexte auswendig (by heart) verfügbar haben.

Sie können sogar, und das ist eine wichtige Erfahrung, ihre Schüler durch die ausdrucksmäßige Schwerpunktsetzung ihres Vortrags zu bestimmten Äußerungen provozieren, und damit Unterricht auch in diesem komplexen Feld planbar machen. Je vielfältiger und variabler ein und derselbe Text wiederholt wird, desto stärker werden sich formale Merkmale des Textes in den Vordergrund drängen und Schwierigkeiten geschriebener Sprache für das Sprechen auffällig werden.

Ein Beispiel, das diese Tücken besonders drastisch zeigt, aus einem Dia-Vortrag: „Hier lernte er seine Frau, studierte Agrar-Ingenieurin und ebenfalls mit ihrer Familie verbannt, kennen“.

Was beim leisen Lesen keine Probleme bereitet, überfordert den Vorleser, weil der Text auf Abwege verführt, das „studierte“ zwei Leseweisen anbietet und erst mit dem letzten Wort ein Verständnis des Satzes ermöglicht wird. Eindeutig leichter wird die Sprechaufgabe, wenn der Prädikatsteil miteinander verbunden wird: „Hier lernte er seine Frau kennen, eine studierte ... und mit Hilfe eines Artikels die Partizipialkonstruktion eindeutiger in den Vorleserblick rückt.

Manche Schüler lassen sich auch zu *Verfremdungen* von Texten bewegen: Je experimentierfreudiger Lehrer selber sich verhalten, desto eher werden sich z. B. Schüler zu einer Umsetzung eines Textes in einen dialektalen Akzent oder in eine sonst denkbare stimmliche Variante animieren lassen.

Neben Ansatzveränderungen, die sich wie ausländische Akzente anhören, dialektalen Färbungen der Aussprache bis hin zu Umsetzungen in eine z. B. niederdeutsche Textform, gibt es auch Möglichkeiten der Stimmveränderung, wie z. B. Näseln oder Gähnstimme. Auch der artikulatorische Zugriff läßt sich variieren: die Spannung und Schlaffheit, aber auch Weite und Enge der Artikulationsbewegung sind Änderungskategorien, die sich sofort mit bestimmten Klischees, meist sogar bestimmten Personen verbinden. Auch Tempoänderungen rufen solche Hörklischees hervor und beeinflussen die Wirkung des Textvortrags. Keine Frage: Je stärker der Lehrer selber sich mit solchen Experimenten hervorwagt und den Text regelrecht „austestet“, desto höher die Neigung der Schüler zu solchen Versuchen und desto naheliegender die Frage, was sich denn mit dem Text verträgt und was nicht.

Solche *Experimente* machen gleichsam schlaglichtartig den ästhetischen Rang eines Textes und seine Verwurzelung in einer bestimmten Sprachschicht deutlich; sie zeigen jedoch auch die klischeehaft und unterschwellig vorhandene Vorurteilsstruktur gegenüber bestimmten stimmlichen Abweichungen von der üblichen Norm, die sich auf den so realisierten Text überträgt.

Verfremdungen dieser Art sind natürlich auch gefährlich, denn sie leisten der ohnehin schülergemäßen Neigung Vorschub, Texte im Unterricht zu veralbern. Aber gleichzeitig bieten sie die doppelte Chance, dieser Gewohnheit einerseits entgegenzukommen und sie so womöglich ins Leere laufen zu lassen und andererseits die interpretativen Grenzen von Texten hörbar werden zu lassen. Zu schade darf jedenfalls kein Text im Unterricht sein, daß er zum Experimentierfeld in Sachen Vorlesen und Vortragen genutzt wird. Auch mehrere Sprecher, die sich den Vortrag eines Textes aufteilen, können die mögliche Deutungsvielfalt erhöhen und verstärken die Entscheidungssicherheit, was dem Text angemessen erscheint, was nicht.

Ausdrucksgewinn bringen auch kombinierte Spielanregungen, die mit der Auffassung vom *Text als Drehbuch* zu gewinnen sind:
Kaum ein erzählerischer Text, der sich nicht als Anweisung für spielerisches Handeln eignet, also als Regiebuch oder Drehbuch umzusetzen wäre. Und natürlich regt es den Vorleser in ungeahnter Weise an, wenn er seine Texte dramatisiert / pantomimisch gestaltet oder als bewegungslose Bilder illustriert simultan mit seinem Vorlesen entstehen sieht. Sicherlich bedeutet es einen völlig neuen Textzugriff, wenn der Vorleser gewissermaßen Regisseur oder Arrangeur einer spielerischen Darstellung (neu-deutsch: Performance) seines Textes wird. Am besten läßt sich dies in Gruppen realisieren. Die Gruppen benennen ein Mitglied als Vorleser des vorgesehenen Textes, und dann beraten alle gemeinsam über Form, Inhalt und Darstellungsweise des Textes durch die spielenden Gruppenmitglieder. Der Vorleser muß zudem das Tempo seines Vorlesens auf die Entstehung der szenischen Bilder abstimmen und wird somit in sehr heilsamer Weise diszipliniert: er kann sich auch besser auf seine Ausdrucksaufgabe einlassen. Verschiedene Formen und Vorgehensweisen seien hier skizziert:

1. Die Gruppe einigt sich auf eine bestimmte Anzahl von *stehenden Bildern (Dias)* zum Text, die sie dann mit Hilfe des Vorlesers – als Maler oder Bildhauer – gemeinsam gestaltet / stellt und modelliert / formt. Für das Märchen „Die Sterntaler“ könnte das bedeuten, daß das Mädchen in den verschiedenen Begegnungen dargestellt wird – bis hin zu den Stern-Talern.

2. Die Gruppe erprobt *einfache Pantomimen*, die etwa der vorgegebenen Textlänge zeitlich entsprechen, und ordnet sie den vorgesehenen Textpassagen zu. Dabei kann es sich anbieten, den Erzähler noch mit in die Pantomime zu integrieren, um seine Erzählhaltung in der Darstellung ebenfalls zu veranschaulichen. Und der Vorleser kann spannungsreiche Pausen in seinen Vortrag einbauen, um die Wirkung der Szenen zu erhöhen.
   Bei dem o. a. Märchen lassen sich z. B. die fortlaufende Bewegung des Kindes und seine Interaktionen mit dem alten Mann und den verschiedenen armen Kindern pantomimisch vereinfacht darstellen.
3. Und natürlich lassen sich die beiden Vorschläge kombinieren: die stehenden Bilder werden einem stummen aber bewegten Erzähler zugeordnet, der offensichtlich auf die Bilder reagiert und so dem Vorleser entsprechende Impulse vermittelt. Damit gibt es dann *zwei Erzähler:* den Vorleser und den mitspielenden Pantomimen-Erzähler.
4. Der Vorleser kann sich auch ständig mit Kommentaren aus der Lerngruppe konfrontiert sehen, die auf seine (Text)äußerungen reagieren. Und er reagiert hoffentlich mit lebendigem Ausdruck auf diese *Kommentare:*

z. B. Der Schauplatz der Geschichte,	„Na los, erzähl schon!“
die ich jetzt erzählen will,	„Komm, mach schon!“
sind wieder die Bäder von Lucca.	„Wird's bald?“
Fürchte dich nicht,	„Red nicht so geschwollen!“
deutscher Leser ...	„Hast du 'n Knall oder was?“

Die Kommentare werden sicherlich seinen Ausdruck anregen. Und ihn anregen, druckvoller oder überzeugender zu erzählen.

Ein anderes Beispiel:

Es war einmal	„Was denn?“
ein armes Mädchen,	„Was ist mit dem?“
dem waren Vater und Mutter gestorben	„Das arme Wesen!“
Und es war so arm	„Sozialhilfeempfänger?“
daß es kein Kämmerchen mehr hatte	„Wofür gibt's denn das
darin zu wohnen	Wohnungsamt?“
und kein Bettchen mehr	
darin zu schlafen	„Also ein Straßenkind!“ ...

5. Alle die vorher empfohlenen Ausdruck„öffner“ lassen sich gewiß auch durch Geräusch- oder Klangproduktionen gemäß dem Text anregen, von den bereits vielfach erwähnten Ergänzungsanregungen durch Lücken oder Abbrüche im Text abgesehen. Und natürlich steigen die Chancen eines Ausdrucksgewinns, wenn die spielerischen Experimente am Text visuell (Video) oder akustisch (Kassettenrecorder) festgehalten werden.

Leider wird viel zu selten von der öffentlichen Vorlesung, geschweige in Verbindung mit den hier geschilderten Abwandlungen, Gebrauch gemacht, eher noch von auswendiggelernten Vorträgen zu Festen und Feiern, wobei man den vorgetragenen Texten i. d. R. deutlich anmerkt, daß sie nicht gearbeitet, sondern eben nur gelernt sind: sie werden in der Regel zu schnell, zu einförmig in der Sprechmelodie (das gilt als schön[28]) und zu wenig adressiert und mit Blickkontakt vorgetragen. Außer im Rahmen des alljährlichen Vorlesewettbewerbs, der allerdings kaum als öffentliche Veranstaltung Aufmerksamkeit erregt und mit viel zu wenig Vorbereitung abläuft (inhaltlich seitens der beteiligten Schulen), finden Vorlesungen von eigens dafür ausgewählten Texten nicht statt. Beim Vorlesewettbewerb gewinnen bezeichnenderweise auch heut noch vor allem Kinder, deren häusliches Umfeld leseanregend wirkt und die von zuhause die Neigung zum Vorlesen mitbringen, vor allem von dort auch ihre Förderung erfahren.

Das Vorlesen ist leider aus den weiterführenden Schulen generell verschwunden und kann daher auch kaum zu Schulfesten oder zu speziellen Elternabenden als kultureller Beitrag in Betracht kommen, wenn man einmal von gelegentlichen Autorenlesungen absieht. Mit den folgenden Textbeispielen kann nach meiner Überzeugung in den angesprochenen Schulstufen das Vorlesen angeregt werden.

[28] Ein immer noch aktuelles Beispiel findet sich in Ockel 1980, S. 408

7. Kapitel: Beispiele für die Primarstufe

Für die Lehrer ist wichtig, sich immer die konkrete Vorstellung der Kinder vor Augen zu führen, wenn sie einen Text durch Vorlesen erschließen lassen. Die Kombination von Lese- und Vorleseübung eignet sich nicht, wenn wirklich sinngestaltend vorgelesen werden soll und der vorgelesene Text nicht nur selber verstanden, sondern auch den Mitschülern verständlich gemacht werden soll. Der Text muß immer auch auf echte Hörer stoßen. Der Lehrer muß also immer dafür sorgen, daß nur einer den Text vor sich hat und die andern zuhören.

Und gerade auf dieser Alters- und Schulstufe bewirkt die formale Aufforderung, auf die Satzzeichen zu achten und mit Betonung zu lesen, das Gegenteil des Erwünschten: Die Schüler müssen auf das aufmerksam werden, was ihnen der Vorleser anbietet und auf eine Sprechfassung drängen, die ihrer Vorstellung entspricht. Und der Lehrer sollte sich darauf beschränken zuzuhören und beim Vorleser dessen Vorstellung, das, was ihm wichtig ist, erfragen und den Vorleser ermutigen, genau das sprecherisch zu markieren. Und wenn das nicht funktioniert, dann sind andere Schüler sicher geeigneter, ganz konkrete Vorschläge und Sprechfassungen anzubieten und damit den aktuellen Vorleser anzuregen, als der Lehrer selber.

7.1 Gedichte in der Grundschule

Nicht erst seit der Publikation von Gudrun Schulz (1997) ist klar, daß Gedichte für die Grundschule vor allem konkrete Vorstellungen enthalten sollten oder Bilder, mit denen die Kinder solche Vorstellungen verbinden können. Natürlich eignen sich nicht alle Gedichte für die Vorlesegestaltung. Empfehlenswert ist es, in den lyrischen Texten Spielerisches und Fiktives zu entdecken, damit die Kinder Freude daran haben, mit diesen Texten sprecherisch zu jonglieren. Brechts Kindergedichte z.B. sind eine Fundgrube. Besonders für diesen Zweck eignet sich das Kinder-ABC von Brecht: die einzelnen Sprüche sind kurz und leicht zu behalten und daher auch leicht zu addressieren. Erzählerische und dialogische Gedichte sind besonders geeignet als Übungsfeld zum Vorlesen.

Die hier gewählten Texte lassen sich auch thematisch und vom Anlaß her vergleichen.

21) *Welch ein Klingen, welch ein Klagen*

Vom verschneiten Apfelbaum
welch ein Klingen
welch ein Klagen,
wie ein Fragen
halb im Traum.

Dort auf schneebedecktem Zweige,
herrlich rot und schwarz und grau,
sitzt der Dompfaff. Seine Frau
sitzt bei ihm in schlichtem Kleide.
Hunger haben alle beide.

Dieses Guggenmos-Gedicht läßt sich mit anderen Texten dieser Art vergleichen. So mit dem folgenden Gedicht Bertolt Brechts (in: Krüss 1959, S. 112)

(22) *Die Vögel warten im Winter vor dem Fenster*

Ich bin der Sperling.
Kinder, ich bin am Ende.
Und ich rief euch immer im vergangenen Jahr,
wenn der Rabe wieder im Salatbeet war.
Bitte um eine kleine Spende.
Sperling, komm nach vorn.
Sperling, hier ist dein Korn.
Und besten Dank für die Arbeit!

Ich bin die Amsel.
Kinder, ich bin am Ende.
Und ich war es, die den ganzen Sommer lang
Früh im Dämmergrau in Nachbars Garten sang.
Bitte um eine kleine Spende.
Amsel, komm nach vorn.
Amsel, hier ist dein Korn.
Und besten Dank für die Arbeit!

Ich bin der Buntspecht.
Kinder, ich bin am Ende.
Und ich hämmere die ganze Sommerzeit,
all das Ungeziefer schaffe ich beiseit.
Bitte um eine kleine Spende.
Buntspecht, komm nach vorn.
Buntspecht, hier ist dein Wurm.
Und besten Dank für die Arbeit!

Alle Texte konzentrieren sich auf die Not der Vögel im Winter; so auch das folgende Gedicht von Albert Sergel:

(23) Hängt ein Meislein am Futterring,
hat es jetzt schwer, das arme Ding;
Gärten und Wege vereist und verschneit –
schlimme Zeit!

Klettert ein Meislein am Futterring,
pickt und pickt, der Zwitscherling,
nickt in das Küchenfenster: Hm! Fein!
Den Dank sing ich euch im Sonnenschein!

Wiegt sich ein Meislein im Futterring;
bin nun wieder ein lustig Ding,
will auch die anderen holen gehn
zum Wintermahle! Auf Wiedersehn – srr . . !

Und ein letztes Beispiel, das wieder anders ansetzt, auch von Josef Guggenmos:

(24) Vorm Fenster ein feines: „Piep, piep!“
Was ist das für ein Tönchen?
Ein kleines Bitteschönchen: „Gib, gib!“

Die Finken, die Gimpel, die Meisen
oder wie sie heißen,
Sagen so, klagen so.
Sie sind um jedes Körnchen froh.

(aus: Faulbaum / Ockel 1979, S. 55)

1. Der erste der Texte beschreibt einen Höreindruck: er eignet sich, diesen Höreindruck evtl. mit Orff-Instrumenten oder nach der Phantasie der Kinder akustisch zu gestalten, während die Hörbeobachtungen beschrieben werden. Bevor die Quelle dieser Höreindrücke offengelegt wird (es bietet sich an, erst nur die erste Strophe mitzuteilen und Vermutungen anzuregen, was da zu hören ist), lädt die Überschrift ein zum Raten: Was kann man auf dem verschneiten Baum alles entdecken, das Klingen,Klagen, Fragen ... verursacht? Die Lösungen werden dann vorgetragen und können mit Sprecherwechsel und im Chor, nach erfolgreicher Suche, die Gestaltung der zweiten Strophe anregen. Der Vorleser der ersten Strophe, oder andere Sprecher können die letzte Zeile sagen – als Fachleute.

2. Der Brecht-Text lädt geradezu dazu ein, noch weitere Strophen hinzuzuerfinden und die Rollen von verschiedenen Kindern übernehmen zu lassen. Er vermittelt spielerisch Kenntnisse über die im Winter daheimbleibenden Vögel und deren Ernährungsprobleme und bietet Identifikation mit ihnen an: eine gute Chance, die Strophen als Rollentext zu gestalten, zumal die Texte sich weitgehend entsprechen und so kaum große Ansprüche an das Kurzzeitgedächtnis stellen. Es dürfte keine Schwierigkeit sein, das Muster der beiden Eingangsverse und der vier Schlußverse für weitere Strophen zu übernehmen, zumal das Metrum der paargereimten Mittelverse frei ist und keine großen Ansprüche an die sprachlichen Fähigkeiten stellt. So kann jeder Schüler in die Rolle eines Vogels schlüpfen und sich als Bettler vor seinen Mitschülern erleben und mit sich selbst auch die anderen ansprechen. Und der Text mutet jedem Kind zu, sich in einer Situation darzustellen, wo er oder sie „am Ende“ ist und sich selbstbewußt als jemand zu erleben, der den anderen genutzt hat. Jedem Schüler wird dieser Zusammenhang zwischen Dank oder Anerkennung und dem zuvor geleisteten Dienst einleuchten, um ihm sprecherisch Ausdruck zu verleihen. Und selbst wenn die Übertragung sich nur schwer erreichen läßt (welchem Schüler ist es wirklich mal körperlich dreckig gegangen?), mag die reizvolle Schreibaufgabe, um noch mehr Kinder zu Vögeln zu machen, die Neugier auf Lebensbedingungen der Nicht-Zugvögel erwecken. So läßt sich auch eine Zusammenarbeit mit Sachunterricht und dem Bezugsfach Biologie begründen.

3. Der Text von Albert Sergel fällt sprachlich und inhaltlich gegen die anderen Texte deutlich ab; die Meise wird arg verniedlicht und vermenschlicht, ohne daß der

Text den Eigenwert der Meise und ihr Verhältnis zum Menschen angemessen zum Ausdruck brächte: ein trivialer Text, der sich entlarven läßt durch den Sprechversuch, der das verniedlichende falsche Mitleid hörbar macht, wobei der Lehrer auf „Meislein“ und „Ding“ und „Zwitscherling“ aufmerksam machen könnte – und auf das bemüht kindliche Sprachgewand. Es sollte spannend sein zu prüfen, ob Kinder in der Grundschule falsche Töne entlarven können, ohne daß der Lehrer sie zu dieser Einsicht hindrängt.
Sergel instrumentalisiert das Meislein, ohne etwas Fabelähnliches zustande zu bringen, zu einem sprechenden Spielzeug. Der Zugang sollte auf jeden Fall übers Ohr erfolgen, damit die Unklarheit, ob hier 3 Meisen oder nur eine gemeint sind, ohrenfällig wird (die Textschwäche, um der Parallele willen 3mal den unbestimmten Artikel zu wiederholen, müßte eigentlich auffallen).

4. Wie bei dem ersten Guggenmos-Text läßt sich auch hier wieder die Höraufforderung wahrnehmen, die sich gut als Dialog sprechen läßt: Dabei läßt sich im Einvernehmen mit der Lerngruppe die erste Strophe so auf zwei Schüler verteilen, daß die ersten und letzten zwei der eine, die mittlere (Frage)der andere vorträgt. Die zweite Strophe könnte dann wieder ein Chor oder ein einzelner Experte sprechen. Wobei auch hier die Lösung der ersten Strophe gemalt, geschrieben, gespielt werden könnte, um sie dann mit der zweiten Strophe zusammen als eigene Ergebnisse vorzulesen und die Vielfalt der Thematik damit noch weiter zu erhöhen. Und mit den vielen Klanganregungen lassen sich natürlich auch Hörbilder produzieren, die durch die Bemerkung „Vorm Fenster ein feines „Piep, piep!“ eingeleitet werden könnten, wobei von der distanzierten Überschrift bis zum kommentierten Hören mit dem Finger oder der flachen Hand am Ohr viele Sprechfassungen denkbar sind.

Nur durch das Vorlesen fallen auch die unterschiedlichen Zugangs- und Erzählweisen ins Ohr, die unterschiedlichen Muster und Formen, die für die gleiche Thematik von den Autoren verwendet werden und den Vorleseausdruck spürbar beeinflussen, ohne daß dadurch den eigenen Entwürfen der Schüler entwertend begegnet werden darf. Reim und Rhythmus sind nicht nur willkommene Träger des Ausdrucks und Stützen des Kurzzeitspeichers, sondern sie beeinflussen auch den Klang des lyrischen Textes beim Vorlesen. Wenn die gewählte Form gut ist, setzt sie sich beim Sprechen auch durch, ohne daß es einer gezielten Suche nach der Textform bedarf.

7.2 Erzähltexte in der Grundschule

Für Erzähltexte in der Grundschule liegen eine Fülle von Sammlungen vor, abgesehen von Kinderbüchern, in deren Vermittlung ja im gleichen Verlag Michael Sahr eingeführt hat. Besonders gut eignen sich episodische Alltags- oder märchenhafte Geschichten; man muß vor allem bei Prosa für Kinder auf eine mittlere Komplexität der Sprache und auf klare und der kindlichen Vorstellung gemäße Inhalte achten. Ich nenne hier Nöstlingers Geschichten vom Franz, Geschichten vom Bumfidel und Ich und meine Schwester Klara, aber auch Vorlesegeschichten in Taschenbüchern[29]. Vor allem, wenn Erzählungen stark handlungsorientiert und dialogisch strukturiert sind, macht es Spaß, sie mit den Kindern vorlesend zu gestalten. Empfehlenswert ist es, die für das Vorlesen ausgewählten Texte lesefreundlich zu präsentieren, da selbst in den Grundschullesebüchern diesem Bedürfnis nach orientierender Zeilenstruktur für den noch ungeübten Leser nicht selbstverständlich entsprochen wird.

Aus dem schon genannten Buch von Peter Härtling (Sofie macht Geschichten) folgt hier noch ein Beispieltext, an dem Möglichkeiten veranschaulicht werden, wie eine 3. Grundschulklasse zum Vorlesen verlockt werden kann. Der Text lädt schon dadurch zum Spielen ein, daß er eine Situation in einer Schulklasse der gleichen Altersgruppe erzählt:

(25) *Sofie hat einen Vogel*

Sofie streckt den Finger und sagt „Frau Heinrich,
ich hab einen Vogel!"
Die ganze Klasse lacht.
„Wirklich?" fragt Frau Heinrich.
„Wirklich!" ruft Sophie zurück.
Die Klasse lacht noch lauter.
Sofie denkt wütend: ich muß das anders sagen.
Und sie sagt: „Mein Vater hat mir einen Vogel
geschenkt."
Jetzt lachen nur noch ein paar.
Das sind die, die über jeden Quatsch lachen.
„Was ist es denn für einer?" fragt Frau Heinrich.
„Ein Muskatfink. Er ist klein, hat lauter Punkte
auf der Brust und wohnt sonst in Australien."
„Prima", sagt Frau Heinrich. „Aber du siehst, es
ist gar nicht einfach, über Vögel zu reden. Vor
allem, wenn man einen hat."
Endlich kann die Sofie mitlachen.
Nun wissen alle, daß sie einen Vogel hat. Aber
einen richtigen!

Der Text ist original übernommen und füllt so in dem Buch des Beltz-Verlags eine Seite. Es lohnt sich, die Probe zu machen, wie eine beliebige Grundschulklasse auf den ersten Satz reagiert. Und welche Vermutungen er bei den Schülern auslöst.

Dieser Text bietet explizite und implizite Vorleseanregungen:
explizit sind die Redebegleiter „fragt" (Z 4), „ruft" (Z 5) und „denkt wütend" (Z 7), die unmittelbar deutlich machen, wie zu sprechen ist;
implizite Vorleseanregungen stecken in der Äußerung von Sofie Z 1 f., Z 8 f. und in

[29] Christine Nöstlinger 1997 u. ö., Margarete Bernhard-v.Luttitz 1975ff., Dimiter Inkiow 1994 u. ö.

den Dialog-Äußerungen ab Z 12; aber auch in den Erzählpassagen Z 1,3,6 und 10f.: die Stimmung der jeweiligen Äußerung sollte markiert werden: über sie sollte die Lerngruppe nachdenken – oder Sprechproben machen. Und in den Erzählpassagen kann die Perspektive von Sofie versteckt sein, die ihre Stimmung in die Erzählsätze einbringt (der Erzähler kann auch ein Onkel, Verwandter von Sofie sein, der die Geschichte je nach Typ und Stimmung erzählt).

Am besten führt man die Geschichte auf – als Hörspiel oder als kleinen Sketch, dann wird die Geschichte lebendig und überträgt sich auf die Vorleseversuche. Dabei wäre nur eine Modifikation der sonstigen Übung sinnvoll: die Sprecher der Rollen Sofie und Frau Heinrich sprechen ihre Begleittexte mit, damit es nicht immer Brüche innerhalb der Erzählung gibt.

Damit es eine echte Vorlesesituation bleibt, liegt der Text auf dem Tageslichtprojektor und wird Zeile für Zeile aufgedeckt – das hat den zusätzlichen Vorteil, daß auch ungeübte Vorleser mit dem Problem des weiterlaufenden Satzes am Zeilenende umgehen lernen, indem sie nicht stimmlich schließen, sondern in der Schwebe halten. Und die Reaktionen spüren und damit spielen, die mit Textoffenheit bewirkt werden. So in Z 8, wo für die Folgezeile assoziiert werden kann „gezeigt, gekauft, mitgebracht" oder 13ff., wo die unterschiedlichsten Körperteile des Vogels als Ort der „Punkte" gedacht werden können, oder unterschiedlichste Ergänzungen zu „es" oder „vor" in der folgenden Aussage, die zum Kontext passen.

Oder – wie bereits häufiger empfohlen – der Text wird zeilenweise (mit Zeilenvermerken) den Schülern verteilt und die Schüler, die keinen Text bekommen, hören zu, ob sie sich das Geschehen so vorgelesen vorstellen können.

Der Erzähler, so kann dabei deutlich werden, nimmt für Sofie Partei. Und wenn sich die Schüler in die Rollen einfühlen, gibt es kaum Probleme mit den Hauptbetonungen, zumal die Zeilenführung für die Wahl des Denkwichtigsten hilfreich ist. Die Schüler, die zuhören, sollten immer fragen, was dem Vorleser wichtig ist und ob man das hört – und wenn gespielt wird, ob das hör- oder sichtbar war.

Die Einfühlung in die Situation sollte leicht sein, die Geschichte episodenhaft, damit der Kontext nicht auseinandergerissen wird (eignen würden sich z. B. auch von Mayer-Skumanz: Jakob und Katharina, aber auch die ABC-Geschichten von Ursula Wölfel) und die Situationen aus der unmittelbaren Erlebniswelt der Kinder, damit sie sich einfühlen können.

8. Kapitel: Beispiele für die Sekundarstufe I

Abgesehen von dem punktuellen Vorlesewettbewerb im 6. Schuljahr, der jährlich vom Börsenverein des Deutschen Buchhandels durchgeführt wird, gibt es für das Vorlesen, wie bereits erwähnt, keinen systematischen Ort, da die Lehrer diese Fähigkeit entweder als nicht lehrbar ansehen oder als ähnlich zweckfrei wie das szenische Spiel; kein Gedanke richtet sich auf mögliche sinnvolle Integration in Textarbeit und deutende Erarbeitung von künstlerischen Texten[30]. Solche Übungen gehören in die Grundschule oder den Kindergarten, aber nicht in weiterführende Schulen. Wenn das Vorlesen so überzeugend aus dem Fachunterricht in den Bereich von reiner Unterhaltung abgedrängt wird, kann man sich über Skepsis oder gar Ablehnung bei den Schülern nicht wundern.

8.1 Luigi Malerba, Wie der Hund und der Mensch Freunde wurden

Die folgende Geschichte liegt sogar in einer Musikcassette vor, gelesen vom Verleger Wagenbach. Luigi Malerba, einem modernen Fabelautor, gilt meine Wahl, weil seine Geschichten stets von besonderer Leichtigkeit und von eindrucksvoller Tiefe geprägt sind.

(26) *Wie der Hund und der Mensch Freunde wurden*

Vor langer Zeit begegnete eines Tages
der frei herumlaufende Mensch dem
frei herumlaufenden Hund.
„Schade, daß mir dein Fleisch nicht schmeckt“, sagte der Mensch
zum Hund. „Ja“, sagte der Hund, „wenn
keiner von uns dem anderen schmeckt, dann
kann jeder seiner Wege gehen.“
„Wie gewählt du sprichst“, sagte der Mensch.
„Den Menschen liegt viel am Sprechen.“
„Das stimmt, unsere Zungen sind flinker.“
„Aber wir haben dafür feinere Nasen.“
„Aber wir haben einen Kopf zum Denken.“
„Was soll denn das sein – Denken?“ fragt der Hund.
Durch sein Denken erfand der Mensch
das Wagenrad, die Fahrradlenkstange und den Fernsehapparat.
Der Hund erfand nichts, weil
ja der Mensch sowieso alles erfand.
Der Mensch erfand auch den Maulkorb, damit
der Hund, der Freund, ihn nicht mehr beißen kann. (in: Zwiebel 1998, S. 31)

[30] Eine rühmliche Ausnahme bildet das Buch von Siegwart Berthold 1985, in dem das Vorlesen eine große Wertschatzung genießt; vereinzelt finden sich immer mal wieder Sammelbände: so z. B. Ockel 1989 und Ertmer 1996

Die Geschichte deutet auf eine Fabel hin: Der Titel setzt eine Erwartung frei, die der Autor ad absurdum führt. Am besten läßt sich hier wieder mit der Erwartung spielen und die Geschichte, die die Hörer erwarten, sollte aufgeschrieben werden. Auch die andere Möglichkeit macht Sinn: Die Geschichte bleibt ohne Titel und die Schüler geben ihr einen. Immerhin erfüllt die Geschichte 2 Erwartungen: das Tier in der Geschichte kann sprechen, und auch der Dialog zwischen Mensch und Hund ist formal fabelgerecht. Am produktivsten wirkt zweifellos die Aufforderung, die beiden Partner miteinander zu vergleichen und zu charakterisieren. Angemessen wäre die Frage: Wie ist die Rolle von Mensch und Hund zu beschreiben? Wie ist das Verhältnis zwischen ihnen zu bestimmen? Welches Verhältnis haben die Äußerungen zueinander? Verfeinernd läßt sich die Intention der Äußerungen untersuchen, die je nach dem Ergebnis vorgelesen werden.

Die erste Äußerung des Menschen (Z 4) verdeutlicht seine Einstellung, alles um ihn herum als Eigentum oder Genußmittel zu betrachten. Die folgenden Äußerungen weisen den Hund als zuhörenden und dialogfähigen Partner im Gespräch aus (er nutzt das aktive Zuhören und sucht Distanz zum Menschen zu wahren, wie aus Z 5 und 9 hervorgeht). Der Mensch dagegen wechselt ständig das Thema und die Gesprächsebene (Z 7 macht er dem Hund ein zweifelhaftes / ironisches Kompliment, Z 10 stellt er einen Vergleich zum Hund auf und Z 12 setzt er dem Vergleich die Spitze auf und rühmt sich seines Denkens.) So bleibt er immer in der Überlegenheitsrolle. Wenn man jedoch mit der Geschichte beginnt – und man kann hier satzweise vorlesen und erproben – fällt der merkwürdige Zusatz „der frei herumlaufende“ zum Menschen ins Ohr und damit die Verkehrung des Erwarteten: Der Erzähler stellt offenbar eine verdrehte Rangfolge auf: Indem der Mensch dem Hund begegnet, ist für den Leser eine Rangfolge Hund Mensch naheliegend. Gleichwohl stellt der Mensch in seiner ersten Äußerung Besitzansprüche und degradiert den Hund zum Nutztier. Der Hund dagegen bemüht sich um ein distanziertes partnerschaftliches Verhältnis mit der Schlußfolgerung „... kann jeder seiner Wege gehen“. (Z 5f.). Beim Sprechen ist der metaphorische Hintersinn „du schmeckst mir nicht“ unüberhörbar, mit dem sich der Hund als der weitaus Klügere in den Dialog einführt. Der Mensch ignoriert die Äußerung völlig und macht ein plattes ironisches Kompliment, das die logische Klugheit im Wort des Hundes völlig ignoriert; zumal das Attribut „gewählt“ auf die Äußerung des Hundes nicht zu passen scheint. Wieder nimmt die Äußerung des Hundes das vorher Gesagte auf, ohne auf die plumpe Schmeichelei einzugehen (Z 8). Man könnte einen versteckten Seitenhieb auf die Geschwätzigkeit des Menschen darin sehen. Der Mensch zieht ein Kompliment aus der Äußerung und schließt einen Vergleich zwischen Menschen und Hunden an, was den Hund zu einem Ausgleich veranlaßt. „Flinkere Zungen“ (Z 9) gegen „feinere Nasen“ (Z 10). Der Mensch rühmt sich seines Kopfs „zum Denken“ (Z 11), und der Hund fragt nach dem Begriffsinhalt. Bis dahin wird praktisch alles andere als Denken vom Menschen glaubhaft gemacht, und deshalb erscheint die Frage in doppelter Hinsicht angemessen: einmal aus der Rolle des

Hundes und zum andern nach der im Text dokumentierten Erfahrung mit dem Menschen. Jede der Äußerungen erhält ihre Sprechfassung durch die Deutung der Äußerungen und ihr Zusammenspiel. Die letzten 6 Zeilen (13ff.) fassen den Dialog in merkwürdiger Weise zusammen: Die Auswahl der Dinge, die das Denken dem Menschen bescherte, verfremden die Aussage ins Ironische: es hat nicht den Anschein, als hätten „Wagenrad“, „Fahrradlenkstange“ und „Fernsehapparat“ das Denken befördert, zumal die Nebenbedeutungen (die Raserei, das Duckmäusertum und der Konsumterror) der gewählten Beispiele diese Wirkung verstärken. Der Hund wird fast wieder als der überlegene Weise dargestellt (Z 15f), wenn er aufs Erfinden verzichtet. Und fast an die Tucholsky-Satire „Der Mensch“ erinnert der Abschluß des Textes (Z 17f.): Mit dem Maulkorb wird gezielt auf die Redensart angespielt und der Mensch somit als Freund karikiert: er versteht nur Schmeichelei und verbittet sich von Freunden jeden „Biß“. Auf der Oberfläche der Geschichte stimmt die Fiktion zwischen Hund und Mensch, gebrochen nur durch die nicht eingelöste Erwartung, etwas über die Freundschaft der beiden zu erfahren. Aufmerksam auf die Kanten und Ecken der Geschichte macht erst das Vorlesen. Erst der Schlußsatz nennt den Hund den Freund (und nur das Vorlesen macht aufmerksam auf das Fehlen des Bezugsworts: wessen Freund?). Mindestens drei Rollen prägen die Geschichte: Hund und Mensch und das, was man Erzähler nennt; aber hier leitet er in die Geschichte ein und kommentiert die Schlußfrage des Hundes.

Eine mindestens merkwürdige Form der Fabel, das läßt sich aus den Sprechversuchen er„hören“. Denkbar ist natürlich auch neben dem schrittweisen Aufdecken einer Folie, daß der Text satzweise auf große Tapetenrollen geschrieben und dann über Sprechversuche gedeutet wird, aber auch über Sprechcollage, über Hörspiel oder über szenisches Spiel ein Zugang erprobt wird. Ein ganz wichtiger methodischer Grundsatz bleibt, daß die Schüler genau das sprecherisch realisieren, was sie ausdrücken wollen – und der Lehrer muß helfen, sie dazu zu befähigen.

Was für ein Hund spricht da, so könnte zum Beispiel zur Vorleseanregung gefragt werden. Und wie stellen wir uns den Hund als Sprecher vor? Macht ihn mehr sein Hecheln, mehr sein Bellen oder mehr seine rauhe Stimme zum Hund? Und die gleichen Fragen könnten zur Rolle des Menschen führen.

8.2 Ingeborg Bachmann, Reklame

Entsprechend den Interessen und dem Anspruchsniveau der Mittelstufe sollen nun an einem Beispieltext, der schon bald den Rang eines Klassikers erreicht hat, die Möglichkeiten des Zugangs über das Vorlesen modellhaft veranschaulicht und kommentiert werden.

Dazu wähle ich einen lyrischen Text von Ingeborg Bachmann, dessen vielfältiges Wirkungsspektrum mir aus vielen Unterrichtserfahrungen für Vorlesegestaltungen besonders ergiebig erscheint.

(27) *Reklame*

Wohin aber gehen wir
ohne sorge sei ohne sorge
wenn es dunkel und wenn es kalt wird
sei ohne sorge
aber
mit musik
was sollen wir tun
heiter und mit musik
und denken
heiter
angesichts eines Endes
mit musik
und wohin tragen wir
am besten
unsere Fragen und den Schauer aller Jahre
in die Traumwäscherei ohne sorge sei ohne sorge
was aber geschieht
am besten
wenn Totenstille

eintritt
(Bachmann: Reklame S. 43)

Auffällig sind die zeichenlosen Zeilen, die eigenwillige Schreibweise, die Antiqua- und Kursivzeilen abwechseln läßt, sowie die radikale Kleinschreibung der Kursivzeilen, die nur die „Traumwäscherei" ausnimmt: eine Reihe von indirekten / impliziten Sprechanregern, die mehrdeutig sind und infolgedessen vielfältig umgesetzt werden können.

Die einzigen explizit vorliegenden Sprechanweisungen stellen die Zeilen dar: Die Zeilenenden legen Sprechzäsuren nahe, umso mehr, als die Zeilen einander gegenseitig zu unterbrechen scheinen, sich gleichsam gegenseitig ins Wort fallen, jedenfalls untereinander abwechseln, bis die „Totenstille" die Kursivzeile aussetzt oder ausblendet.
Die Gemischtantiqua-Zeilen enthalten vier durch „und/aber" verbundene Fragen – sie bilden insgesamt einen Fragesatz, der durch zwei Fragewörter bestimmt wird, und zwar „wohin" (Z.1/13), „was" (Z.7/17).
Die Kursivzeilen enthalten Schlagwörter, die anfangs (Z.2/4) durch das Hilfsverbum 'sein' in imperativischer Form noch als vollständige Kurzsätze erscheinen, in der weiteren Folge jedoch als Adjektive (Z.8/10/14/18) und Präpositionalausdrükke den Text bestimmen (Z.2/4/6/8/12/16), bis erneut die imperativische Kombination von Z.2 mit der einzigen Richtungsangabe auftaucht, die in dem ganzen Text überhaupt zu finden ist (Z 16).

Es liegt nahe, die Zeilen als wechselnde Sprechrollen, als Dialogrollen, aufzufassen und die Art der Antwort auf die gestellten Fragen näher zu untersuchen. Dann erklärt sich die bruchstückhafte Aussageweise des Kursivsprechers ein wenig. Auf die Frage nach dem Ziel des Wegs (Z.1) mit dem massiven Rat reagieren, sich keine Sorgen zu machen, mag noch Sinn machen. Die Wiederholung der Aufforderung als Antwort auf den Bedingungssatz „wenn ..." erscheint schon weniger einsichtig. Auf das „aber" *„mit musik"* zu antworten, ist kaum noch als sinnvolle Erwiderung, sondern eher als Störung des Gedankens zu bewerten. Noch deutlicher wird die bloße Beschwichtigungsgeste in Z.8, die nicht ein Handlungsziel anbietet, sondern positive Floskeln *„heiter und mit musik"*. Sie werden auf die Stichworte „denken" und „Endes" noch einmal angeboten. Auf die drängende Frage nach einem Ratgeber „wohin tragen wir ..." wird mit der superlativischen Wendung *„am besten"* reagiert und für die aufgezählten Probleme die *„Traumwäscherei ohne sorge sei ohne sorge"* empfohlen.

Schaut man sich die Dialogrollen in ihren Äußerungen im Zusammenhang an, so ergibt sich für beide eine überraschende stringente Struktur, die sicherlich auch Auswirkungen auf das Sprechen hat:

Wohin aber gehen wir ... wenn es dunkel und wenn es kalt wird ... aber ... was sollen wir tun ... und denken ... angesichts eines Endes ... und wohin tragen wir ... unsere Fragen und den Schauer aller Jahre ... was aber geschieht ... wenn Totenstille eintritt

Trotz der durchgängigen Fragestruktur, die kontinuierlich durch Konjunktionen verbunden werden, gibt es drei Bruchstellen, die jeweils eine Richtungswendung anzeigen, das „aber" (Z.5), „und wohin ..." (Z.13) und „was aber ..." (Z.17): Man kann nur vermuten, daß dies mit der Kursivzeile zu tun hat, die den Frager so konfus macht, daß er sich nicht auf seine Fragerichtung konzentrieren kann, oder aber daß er immer neu ansetzt, um endlich eine dem Anliegen angemessene Antwort zu bekommen.

Und nun die Kursivzeile:

ohne sorge sei ohne sorge ... sei ohne sorge ... mit musik ... heiter und mit musik ... heiter ... mit musik ... am besten ... in die Traumwäscherei ohne sorge sei ohne sorge ... am besten

Sogleich fallen die Wiederholungen auf; das einzige Element ohne Wiederholung ist das Präpositionalobjekt *„in die Traumwäscherei"*. *Am besten* taucht zweimal auf; *heiter und mit musik* einmal und ebenso *heiter* einmal, *mit musik* noch jeweils zweimal; *ohne sorge sei ohne sorge* ist als Kyklos (sprachliche Kreisfigur) zweimal, die Aufforderung *sei ohne sorge* einmal vertreten. Hier gibt es keinerlei Bruchstellen: die Zeilen werden konsequent fortgeführt und durch die wiederholenden Passagen intensiviert. Sieht man von den formalen Auffälligkeiten ab, so von der Schreibweise und von dem Telegrammstil (man könnte auch von restringiertem oder elliptischem Stil sprechen) und von dem bereits angesprochenen Imperativ, so weist nichts auf irgendwelchen Einfluß der Antiquazeile auf die Kursivzeile hin.

Das bedeutet: Die Antiquazeile nimmt Notiz von der Kursivzeile / „hört" auf die Kursivzeile, aber nicht umgekehrt. Gleichwohl sind sie so miteinander verwoben, daß Verbindungen zwischen den Zeilen naheliegend scheinen.

Den *Titel*, den Ingeborg Bachmann ihrem Text gegeben hat, sollte der Lehrer *bewußt weglassen*, wenn er den Text präsentiert; die Erfahrung zeigt, daß die Sprechversuche mit dem Text und die möglichen Deutungen allzusehr eingeengt werden, wenn der Titel bekannt ist. Und er gebe den Text an zwei Sprecher, um ihn auszuloten: Die erste Schüler-Entdeckung am Text wird zuverlässig sein, daß hier zwei Sprecher sich äußern, zwei Rollen interagieren.

Sobald der erste Sprechversuch als Annäherung verklungen ist, wird auf die Frage: „Was haltet ihr von dem Gespräch?" oder „Was für ein Gespräch ist das?" oder „Ein Gespräch?" oder auch ein großes Fragezeichen an der Tafel, wobei natürlich auch für Gespräch der Begriff Gedankenaustausch verwendet werden kann, erfahrungsgemäß mindestens zweierlei geäußert:

1. Die hören nicht aufeinander / Der zweite hört nicht auf den ersten
2. Der zweite unterbricht den ersten dauernd

Es ist wichtig, daß die Sprecher oder zwei andere versuchen, genau das hörbar zu machen: der Sprecher der Kursivzeile muß dem Sprecher der Antiquazeile ins Wort fallen; wenn diese Feststellungen in der ersten Sprechfassung nicht angeboten / zum Ausdruck gebracht waren, bietet sich hier ein Zweitversuch an, wieder mit zwei Sprechern, aber wieder auch nur mit den beiden Texten, die vorhanden sind, um die Zuhörer zum sensiblen Hören zu zwingen. Glaubhaft sich ins Wort fallen bedeutet, daß immer bereits das vorletzte Wort der Antiquazeile durch den ersten Sprecher als Stichwort für den zweiten Sprecher dient, auf das dieser mit seinem jeweiligen Text einsetzt.

Nach dem Zweit- oder auch schon nach dem Erstversuch bietet sich die Frage nach der Identität der beiden Sprechrollen an, dabei kann in zwei Richtungen gefragt werden:

1. Wer könnte der Sprecher der Antiquazeile, wer der Sprecher der Kursivzeile sein?
2. In welcher Beziehung stehen die Sprecher im Text zueinander?

Wichtig für das Verfahren: Jeder Vorschlag sollte einen Sprechversuch wert sein. Die Vielfalt der Vorschläge wird geradezu explodieren, wenn der Lehrer auf Einzelheiten im Text hinweist, falls sie nicht ohnehin entdeckt werden: So die wiederholenden Passagen in den Äußerungen des zweiten Sprechers, so das „wir" in denen des ersten Sprechers. Wenigstens wird bald die Möglichkeit probiert, das „wir" mit einer Vielzahl von Sprechern, vielleicht der ganzen Lerngruppe chorisch durchzuspielen. Es gibt ja keine Zahlenangaben, die das „wir" einschränken könnten.

Wichtig ist, daß die Rollen nicht nur charakterisiert werden, sondern daß ihre Beschreibung auch sprechend und hörend erfahrbar wird, um zu testen, ob diese Variante noch mit dem Text kompatibel ist oder nicht. Diese Entscheidung läßt sich hörend besser und angemessener treffen als bloß beschreibend.

Dabei erweist sich als ganz wichtig, daß die Antiquazeile ihre drängende Spannung beibehält, und am Ende der Zeilen der Vorleser auf die Weiterführung des Gedankens hin öffnet, indem er die Melodieführung in der Schwebe läßt. Die Lücke am Schluß sollte wirklich hörbar werden. Entweder es gibt wirklich eine deutliche gespannte Pause zwischen „Totenstille" und „eintritt" oder der zweite Sprecher läßt durch hörbaren Atemstau merken (Schreckhaftes Einreißen der Luft durch den Mund und Stauen), daß es ihm die Sprache verschlagen hat.

So wurden bislang folgende Rollen-Konstellationen vorgeschlagen und sprecherisch probiert:
ein Sprecher – und mit einer leichten Verzögerung viele weitere – der die Orientierungslosigkeit der Menschen verdeutlichen soll: mögliche Unterzeile „Wer hilft mir?";
sein Gegenpart, der zweite Sprecher, wird als der ewig unzugängliche Beschwichtiger, der Versucher oder Gott aufgefaßt und so einfühlsam wie möglich gestaltet: dabei könnte die Unterzeile heißen „Sei doch nicht so ängstlich!"

Der zweite Sprecher könnte auch ein totalitärer Führer sein – analog dem „großen Bruder" aus George Orwells „1984" – dann wäre der Tonfall warnend mit der Unterzeile „überleg dir das gut!" oder „mach dich nicht unglücklich!".

Auch Mensch-Maschine-Konstellationen werden vorgeschlagen und ausprobiert: dabei klingt die Kursivzeile blechern oder gleichbleibend in der Melodieführung wie eine Telefonansage, während die Antiquazeile drängend und immer verzweifelter klingt – evtl. mit der Unterzeile „Gibt denn keiner Antwort?" analog dem Schlußwort Beckmanns aus Borcherts „Draußen vor der Tür".

Auch die Rollen-Konstellation Jugendlicher versus Erwachsener zur Illustration und Veranschaulichung des Generationenkonflikts wird vorgeschlagen und ausprobiert;
dann wird die Stimmung der Antiquazeile etwas trotziger („Wer gibt uns endlich Antwort?") und die Kursivzeile selbstgefälliger („wie sprichst du denn mit mir/uns?").

Natürlich auch die Konstellationen Mensch-Werbung und auch Mensch-Kirche – sowie Mensch-Medien …
ggf. in beiden Fällen mit einschmeichelnder Melodie für die Kursivzeile –
werden vorgeschlagen und realisiert. Denkbar erscheint auch ein fiktiver Dialog im Innern jedes Menschen selbst, als dessen Protagonisten die Träger des Widerspruchs in jedem selbst angenommen werden.

Rahmenbedingung und Grenzmarkierung für die Deutungsvielfalt des Textes bildet sicherlich der Text der Antiquazeile, die sich schlechterdings nicht als ironisch denken läßt, sondern nach der Textintention nur aus authentischer Betroffenheit vorstellbar ist. Also, die Unterzeile „na, wie wär's denn mal?" wirkt nicht textgemäß; eher eine Steigerung der Betroffenheit in Richtung „ich halt's nicht mehr aus!"

Hingegen läßt sich die Kursivzeile von übertrieben fröhlich bis bedrohlich, von seelenlos bis gesungen denken, dabei allerdings nie von ernsthafter Absicht geprägt, auf das Anliegen des Antiqua-Sprechers zu reagieren.

In diesem Rahmen regeln sich auch die Aussagenkerne und Spannungszäsuren von selber; je nach der Rollenzuordnung werden die Entscheidungen für das jeweils Sprechwichtige leicht fallen. So bereiten z. B. konsequente Spannungspausen am Zeilenschluß auf Aussagenkerne am Zeilenbeginn vor, was den Antiquazeilen eine besonders drängende Intention verleiht, und den Kursivzeilen eine aufreizend spöttische. Die Selbstversuche des Lesers werden die wahrscheinliche Entdeckung zutage fördern: je nach Rollenwahl regulieren sich einfache Techniken des Vorlesens. Sie lassen sich andererseits aber auch ggf. zur Anregung der Rollenvariationen heranziehen. Selbstverständlich ist es auch ganz entscheidend wichtig, im Erarbeitungsprozeß akustischer Varianten des Bachmann-Textes zu einem Sprecher zurückzukehren, zum einen, um die Einheit des Textes zu sichern und zum andern, um ggf. das Problem des gespaltenen Menschen, der über Ausweglosigkeiten klagt, aber sich selbst immer wieder beschwichtigt, hörbar zu machen; in jedem Fall aber geht es um die Differenzierungsfähigkeit menschlichen Ausdrucks, der hier bis zu einer schwer vorstellbaren Kontrastierung expandiert.

Aber auch dieser Text, das ist hoffentlich deutlich geworden, kann als Experimentierfeld, als „Ausdrucks-Steinbruch“ genutzt werden, um alle Facetten des Sprech- und Körperausdrucks zu erfahren und auszuprobieren, wie weit sich der Text in Deutungsvarianten dehnen läßt. Und die Proben haben sicherlich auch verdeutlicht, wie ergiebig das Vorlesen für die Vielfalt möglicher Deutungen sich auswirkt. Wobei sicherlich auch für Schüler zwischen Klasse 8 und 10 gestische Verstärker den Ausdruck anregen und Aufführungsmöglichkeiten oder unter dem Titel Thema und Variationen Hörbilder möglich sind. Neben diesem Text lassen sich noch eine Fülle weiterer Texte denken vom „Verschleierten Bild zu Sais“ (Schiller, 2, S. 710) bis zu „Hiroshima“ (Kaschnitz, in: Bode, S. 310), die Denk- und Gestaltungsanregungen anbieten.

8.3 Wolfgang Borchert, Vier Soldaten

Ebenfalls für die Sekundarstufe I bietet sich neben dem dialogintensiven fabelähnlichen Text von Luigi Malerba ein intensiv schildernder Text an, damit die Schüler auch für ihre Erzählqualitäten Erfahrungen und unterschiedliche Anregungen sammeln können. Der Text ist extrem sparsam mit wörtlicher Rede und gleichwohl sehr dicht in der Vorstellungskraft, die der Vorleser mithilfe seiner Ausdrucksmittel dem Hörer übersetzen muß. Der Text weist auch inhaltlich eine bestechende Aktualität auf, die angesichts der Globalisierung von UN-Friedensmissionen kaum näher begründet werden muß.

Formal eine neue literarische Erzählform, die ohnehin in die Sekundarstufe I gehört: eine Kurzgeschichte; dabei ließen sich sowohl kurze Parabeltexte von Kafka als auch Brecht-Geschichten von Herrn Keuner einsetzen; ich wähle hier als Beispieltext eine Kurzgeschichte von Borchert. Auch hier ziehe ich es vor, nur mit einem Text zu arbeiten, damit alle Beteiligten zuhören müssen, und den Titel nicht mitzuteilen, damit er die Beteiligten nicht in ihrem Deutungszugriff beeinflußt. Ich gebe den Text in einer zeilenmäßig für das Vorlesen bearbeiteten Fassung:

(28) Vier Soldaten

Vier Soldaten. Und die waren
aus Holz und Hunger und Erde gemacht.
Aus Schneesturm und Heimweh und Barthaar.
Vier Soldaten. Und
über ihnen brüllten Granaten und
bissen schwarzgiftig kläffend in den Schnee.
Das Holz ihrer vier verlorenen Gesichter
stand starrkantig im Geschwanke des Öllichts.
Nur wenn das Eisen oben schrie und
furchtbar bellend zerbarst, dann
lachte einer der hölzernen Köpfe.
Und die andern grinsten grau hinterher.
Und das Öllicht bog sich verzagt.
Vier Soldaten.
Da krümmten sich zwei blaurote Striche im Barthaar: Meine Güte.
Hier braucht im Frühling aber
nicht gepflügt zu werden. Und
gedüngt auch nicht, heiserte es aus der Erde.
Einer drehte zuversichtlich eine Zigarette:
Hoffentlich ist das hier kein Rübenacker.
Rüben kann ich auf den Tod nicht ausstehen. Aber
zum Beispiel, wie findet ihr Radieschen?
Die ganze Ewigkeit Radieschen?
Die blauroten Lippen krümmten sich: Wenn
nur die Regenwürmer nicht wären.
Da muß man sich doch mächtig dran gewöhnen.
Der in der Ecke sagte: Davon merkst du dann doch nichts mehr.
Wer sagt das? fragte der Zigarettendreher, wie, wer sagt das?
Da schwiegen sie. Und oben
kreischte ein wütender Tod durch die Nacht.
Schwarzblau zerriß er den Schnee.
Da grinsten sie wieder. Und
sie sahen die Balken über sich an. Aber
die Balken versprachen nichts. Dann
hustete der aus seiner Ecke her: Na,

wir werden ja sehen. Darauf
könnt ihr euch verlassen. Und
das »verlassen« kam so heiser, daß das Öllicht schwankte.
Vier Soldaten. Aber einer, der sagte nichts.
Der glitt mit dem Daumen am Gewehr auf und ab.
Auf und ab. Auf und ab.
Und er drückte sich an sein Gewehr. Aber
er haßte nichts so wie dieses Gewehr.
Nur wenn es über ihnen brüllte, dann
hielt er sich daran fest.
Das Öllicht bog sich verzagt in seinen Augen.
Da stieß der Zigarettendreher ihn an.
Der Kleine mit dem gehaßten Gewehr
wischte erschrocken über das blasse Bartgestrüpp um den Mund.
Sein Gesicht war aus Hunger und Heimweh gemacht.
Da sagte der Zigarettendreher. Du,
gib mal die Ölfunzel her.
Natürlich, sagte der Kleine, und
nahm das Gewehr zwischen die Knie.
Und dann kam seine Hand aus dem Mantel und
nahm das Öllicht und hielt es ihm hin. Aber
da fiel ihm das Licht aus der Hand.
Und erlosch. Und erlosch.
Vier Soldaten. Ihr Atem war zu groß und
zu einsam im Dunkeln. Da
lachte der Kleine laut und hieb sich die Hand auf das Knie:
Junge, hab ich einen Tatterich!
Habt ihr das gesehn?
Die Funzel fällt mir glatt aus der Hand.
So ein Tatterich.
Laut lachte der Kleine. Aber
im Dunkeln drückte er sich dicht an das Gewehr,
das er so haßte. Und
der in der Ecke dachte:
Keiner ist unter uns, keiner, der nicht zittert.
Der Zigarettendreher aber sagte: Ja, man zittert den ganzen Tag.
Das kommt von der Kälte. Diese elende Kälte.
Da brüllte das Eisen über ihnen und
zerfetzte die Nacht und den Schnee.
Die machen die ganzen Radieschen kaputt,
grinste der mit den blauroten Lippen. Und
sie hielten sich fest an den gehaßten Gewehren.
Und lachten. Lachten sich über das dunkle dunkle Tal.

(Borchert, Vier Soldaten, S. 157)

Zweifellos ein Kriegstext: Nach Borcherts Art von Wiederholungen und starken Bildern gekennzeichnet. Eine Augenblicksschilderung, die geradezu zum Vorlesen und zu gestaltenden Versuchen einlädt. Umso mehr, als Wortschöpfungen wie „Geschwanke“ und „heiserte“ unterschiedliche Vorstellungen erwecken und die holzschnittartige Zeichnung der Figuren, die Köpfe aus Holz tragen und als implizite Sprechanweisungen Klischees, Vergröberungen, Übertreibungen provozieren. Umso mehr, als alle Requisiten der Situation verlebendigt werden:
das Öllicht „bog sich verzagt“; die Granaten „bissen“ und „brüllten“; die Balken „versprachen nichts“;
und sogar die Gliedmaßen der Soldaten verselbständigen sich und werden zu „blauroten Strichen“, zu „hölzernen Köpfen“ zur „Hand aus dem Ärmel“, die selbständig agieren. Auch explizite Sprechanweisungen an den Vorleser sorgen für lebendige Interaktion unter den Vieren. Die Zuversicht, das Husten und die Heiserkeit geben Hinweise für die Ausdrucksgestaltung, lenken die Ausdrucksweise des Vorlesers. Umso mehr, als die Ausdruckseinheiten extrem kurz sind und dem Vorleser Gelegenheit geben, sich in die Sprechplanung des Textes hineinzuversetzen.

Borchert probiert gleichsam die Wirkung seiner Einfälle aus, wenn er sie nacheinander aufzählt – scheinbar ohne sich festzulegen. Und faszinierend ist es, sich nach dem Sprecher der Kurzgeschichte auf die Suche zu begeben. Gibt es doch keine wertneutrale Schilderung. Alles ist mit starken Bildern oder Farben subjektiviert. Der Vorleser muß die subjektive Rolle einnehmen und kann nicht distanziert bleiben. Und er kann nicht umhin, den sprachspielerischen Impulsen des Autors nachzugehen, wie dem „verlassen“ nachzuspüren, der wiederholten „Auf und ab“ – Bewegung, den wiederholten „Radieschen“ und dem wiederholten „Zittern“. Hier kann der Vorleser sicherlich Nachdenklichkeit suggerieren und ähnliche Vorstellungen provozieren: z. B. Gottverlassenheit und Haßliebe, die mit der Bewegung und dem engen Körperkontakt mit dem Gewehr in Verbindung steht, und die Redensart, die mit den Radieschen angedeutet ist: sich die Radieschen von unten ansehen. Das Zittern als Tatterich verspottet steht ja hier ganz deutlich für Angst, wahrscheinlich angesichts der Situation für Todesangst.

Ich habe den Text in Flattersatz gesetzt, um bestimmte Zäsuren der Hörerspannung und -assoziation zuliebe anzubieten, ohne daß diese Zäsuren an den Zeilenenden zwingend geboten wären. Die Zeilen orientieren sich an einzelnen Sinnaussagen und an Offenheitsstellen, die Vermutungen und Vorauserwartungen bewirken.

Der Text lädt auch dazu ein, sich eine Vorstellung von den vier Soldaten zu machen, und ihre stetige Wiederholung mit immer neuer Assoziationsanregung zu versehen. Man könnte einleitend über die Funktion dieser häufigen Wiederholung nachdenken und den Vorleser zu einem je neuen Zugang zu der Vorstellung ermuntern.

Naheliegend wäre auch, die vier Gestalten jeweils mit einem anderen Sprecher zu besetzen und sowohl die räumliche als auch die Rollenvorstellung über Sprech- oder szenische Versuche zu klären. Durch das graue Grinsen legt der Autor nahe, daß die vier mit Entsetzen Scherz treiben und ihre Gespräche eigentlich anderes als das Ausgesprochene meinen. Ihr Thema tritt nur einmal als Redewendung „auf den Tod nicht ausstehen“ verhüllt an die Textoberfläche. Es ist ein Text, der vielfältige Textgestaltung anregt und verschiedene Perspektiven nahelegt. Mit ganz wenigen Strichen sind die vier Soldaten markiert. Man könnte sie fast mit den Marken zeichnen: den „Kleinen“ mit dem Gewehr, den mit den „blauroten Lippen“, den Zigarettendreher und den heiseren aus der Ecke.

Stetig enthält ihr Gespräch Untergründiges: „Hier braucht ... nicht gepflügt zu werden“ spielt auf die Wirkung der Granaten an und „gedüngt auch nicht“ auf die chronischen Darmerkrankungen und das Fehlen von Sanitäranlagen im Krieg, ja sogar die sprichwörtliche „Scheißerei“ vor Angst. Was auch immer der Vorleser oder die Rollenleser assoziieren, es wird im Text nahegelegt, unter den Worten noch anderes zu denken oder zu suggerieren.

Der Text ist auch so geschrieben, daß die unterschwellige Andeutungsvielfalt ins Auge springt. Woran die Schüler bei der Lektüre oder beim Hören denken, läßt sich herauslocken durch Aufgaben wie „Skizziert die vier Soldaten oder stellt sie als Dia vor. Was bewegt euch während des im Text ablaufenden Gesprächs, woran denkt ihr, wenn ihr den Text hört?“

Hier lassen sich sicher auch Schüler ab Klasse 8 zur Ausfüllung von Denkblasen animieren und so Vorlesefassungen der Geschichte vorbereiten. In 5er-Gruppen ließe sich die Vorbereitung mit solchen Aufgaben denken, wobei die Entscheidung der Gruppe sowohl zu einem Vorleser und vier stummen Spielern legitim wäre als auch die Entscheidung, alle an dem Vorlesen des Textes zu beteiligen. Die Einteilung des Textes für den Sprechvortrag muß sich dabei nicht zwingend nach den Äußerungen im Text richten. Die Einteilung durch Abschnitte kann auch einen Wechsel in der Perspektive des Lesers signalisieren.

Die Geschichte legt auch nahe, ihr noch ganzheitlicher zu begegnen: sie eignet sich nach meiner Überzeugung hervorragend als Hörspielplot, zumal einiges an akustischen Reizen in der Geschichte sehr hautnah beschrieben wird: Granaten, die „schwarzgiftig kläffend“ „brüllten“, ein „wütender Tod“ „kreischte“ und „brüllte“; man braucht kein Drehbuch; ich denke, es genügen kreative Jugendliche, die sich mit elektronischen Medien auskennen und eine solche Situation zu improvisieren sich zutrauen.

Natürlich lassen sich diese Gedanken auch in Richtung auf fächerübergreifenden Projektunterricht weiterdenken. Da könnte sowohl Kunst mit Holzschnitten, Musik mit Programmusik im allerweitesten Sinn und natürlich Geschichte eingebunden werden.

Klar ist für solche Planungen, daß die sprecherische Gestaltung die zentrale Mitte solcher Überlegungen bildet. Gerade anhand dieses Textes läßt sich plausibel belegen, daß die ganzheitliche Zugangsweise über den emotionalen Ausdruck und die sprecherischen Ausdrucksmittel, die ja sonst eher vernachlässigt werden, ganz besondere Lernchancen eröffnet. Das Umgehen mit den eigenen Gefühlen und das

Zulassen derselben ist gerade heute ganz besonders aktuell, weil die Gesellschaft Sachlichkeit, Distanz und Cool-Sein honoriert. Abgesehen davon, daß Borchert sich besonders sensibel dem Problem der Angst und ihrer Verdrängung annähert, wobei die lebensgeschichtliche Situation, in der Männer damit umgehen, hoffentlich nie der bei Borchert gleicht. Der Kosovo-Krieg eröffnet wieder vergleichbare Dimensionen.

Der Text bietet eine mehrschichtige Skala von Deutungsebenen an, die zunächst eine historische Situation fiktiv verfremden und darunter allgemeingültige Verhaltensmuster von Menschen spiegeln, die nur als Typen gezeichnet sind und umso überzeugender in ihrer Extremsituation klischeehaft handeln und sprechen können. Der Text arbeitet mit ganz behutsamen Andeutungen: er beschränkt sich, wie gezeigt, auf Wiederholungen, um die Vieldeutigkeit aufleuchten zu lassen.

Die gewählte Zeilenanordnung hat sich zum Vorlesen bestens bewährt, da sie dem Vortragenden / Redner als auch dem Lektor als auch dem Schüler- / -Lehrer-Vorleser nützliche Dienste leistet, weil sie ihn besser orientiert und weil sie auf seine Aufgabe gegenüber den Hörern besser vorbereitet. Sie gleicht den Text seinen Alltagssprachgewohnheiten an, gliedert ihn nach Sprechpausen und in Sinnglieder, die sich der Kapazität seines Kurzzeitspeichers anpassen, und öffnet ihn für Hypothesen und Assoziationen des Vorlesers und seiner Zuhörer. Sie stellt sich auch auf die Fähigkeit des geübten Lesers ein, vorauszuschauen und hält die Distanz der Sakkaden (der Blicksprünge im laufenden Text) ein.

9. Kapitel: Beispiele für die Sekundarstufe II

9.1 Ein Lyrikkurs

Während ältere Prosatexte sich bestenfalls durch Wortschatz und heute nicht mehr aktuelle syntaktische Wendungen von heutiger Prosa unterscheiden, der Fluß der Sprache sich aber im wesentlichen nicht verändert hat, hat sich moderne Lyrik durch ihre radikale Lösung von tradierten lyrischen Formen erheblich verändert. Der Vorleser von Prosa hat von daher keine wesentlichen Umgewöhnungsprobleme.

Lehrer, sofern sie überhaupt noch ihre Schüler mit Lyrik konfrontieren, wählen in der Regel moderne zeitgenössische Texte aus. Dabei besteht aber die Gefahr, daß die Quellen dieser heutigen Lyrik-Formen aus dem Blick geraten und Schätze der früheren Dichtung unverdient vergessen werden. Weil ich davon überzeugt bin, daß man Schülern der Sekundarstufe II Texte traditioneller bzw. klassischer Lyrik anbieten kann und daß sie gerade als Aufgabe sprecherischer Gestaltung besondere Möglichkeiten bietet, stelle ich vor allem unter dem sprecherischen Gesichtspunkt das klanglich Wichtige zusammen, damit Lehrer sich damit auseinandersetzend Vorbehalte verringern können.

Bei der Aufgabe, lyrische Texte vorzulesen, braucht der Vorleser auch eine gewisse Erfahrung, wie die vorliegenden Vers-, Strophen- oder Gedichtformen gegliedert sind. Daher halte ich eine „Klangpoetik" für notwendig, um sich angemessen sprechend in einem lyrischen Text in gebundener Form bewegen zu können. Die kurze Einführung in die Verslehre ist insofern auf den Anspruch ausgerichtet, unterschiedliche Verse, Strophen und Gedichtformen sprecherisch zu realisieren. Dabei lasse ich mich von der Erfahrung leiten, daß gerade über musikalische Qualitäten die klassischen Versmuster durchaus Schülern der gymnasialen Oberstufe vermittelt werden können, wenn durch Sprechversuche die Bezüge zwischen bestimmter Form und der gewählten Aussage aufleuchten.

Verse sind durch Folgen von betonten und unbetonten Silben rhythmisch gegliedert. Strophen haben bestimmte Versmengen und bilden inhaltliche Rahmen für die Aussage des lyrischen Texts. Von den Gedichtformen beschränke ich mich hier auf zwei, weil sie zu den meistbelegten Formen gehören. Im folgenden gebe ich Beispiele der gängigen Formen; dabei leitet mich die Überzeugung, daß die ungebrochene Formtradition bis zum Beginn des 20. Jahrhunderts zu sehr bewußter Formwahl angeregt hat. Die Sprecher solcher Texte sollten die Unterschiede in der Form hörbar machen, und sie werden dazu umso eher motiviert sein, weil sie etwas mit dem Inhalt zu tun haben und reizvolle Einsichten in die Inhaltsebene ermöglichen. Damit die Schüler jedoch als Sprecher die Form erkennen können und deren Inhaltsbedeutung einzuschätzen vermögen, brauchen sie gewisse Kenntnisse und Erfahrungen. Dazu sollen die folgenden Ausführungen helfen.

Versformen

Zweihebige Formen

(29)

Feiger Gedanken	Wie herrlich leuchtet	Viere lang
Bängliches Schwanken	Mir die Natur ...	Zum Empfang ...
(Goethe 8, S. 19)	(Goethe 1, S. 46)	(Liliencron, S. 29)

An diesen Beispielen lassen sich typische Klangelemente und hörbare Eigenarten der regelgeleiteten Lyrik veranschaulichen:

Die Versenden sind i. d. R. durch Reime verbunden und weisen ein bestimmtes Muster von betonten und unbetonten Silben (Kadenzen genannt) auf. Der Klang der Versschlüsse ändert sich, ob sie durch betonte Silben oder durch unbetonte gestaltet sind. Im ersten Fall spricht man von männlicher, im zweiten von weiblicher Kadenz. In den beiden Goethegedichten z. B. finden sich weibliche Versendungen oder Kadenzen, sie können ausschwingen, während in dem Liliencron-Gedicht männliche Kadenzen vorherrschen, die die Verse recht abrupt enden lassen. Endet der Vers auf der unbetonten Silbe, so schwingt er gewissermaßen aus, während die männliche Kadenz i. d. R. einen Stau verursacht und eine Spannungszäsur erzwingt. Auch der Beginn der Verse wird entweder unbetont (oder mit Auftakt) bestimmt oder betont (oder auftaktlos): So zeichnet den mittleren Text Auftakt aus, er beginnt mit einer unbetonten Silbe und schwingt somit sanft in den Text hinein, während die beiden anderen Lyriktexte unvermittelt beginnen. Man spricht von einem fallenden (auftaktlos) und steigenden Rhythmus (mit Auftakt).

Metrum und Rhythmus

Das den Versen traditioneller Lyrik untergelegte Muster von Betonungs- und Nichtbetonungssilben nennt die Poetik Metrik; kein Text jedoch, der seine sprachliche Fügung spannungsfrei dem metrischen Muster angleicht, und wenn es gelingt, wirkt das Ergebnis nicht souverän oder gar ästhetisch. Was als Rhythmus (Fluß) bezeichnet wird, meint die Spannung zwischen dem Verteilungsmuster von Hebungen und Senkungen (Betonungen und Nicht-Betonungen) durch die sprachlichen Füllungen im Vers. Die hier vorliegenden Verse tragen zwei Betonungen mit maximal zwei Nicht-Betonungen dazwischen – ihre rhythmischen Differenzen ergeben sich aus dem Spiel der Versanfänge und -schlüsse. Hinweise auf Betonungen der Textaussage lassen sich aus der metrischen Musterung durchaus entnehmen, aber auch spannungshafte Kontraste zwischen sprachlicher Füllung und metrischem Muster sind denkbar. Z. B. Wie **herr**lich leuchtet / mir **die** Natur ... Der unbefangene Sprecher könnte den Betonungsgipfel auf **mir** setzen: Dann ist die Spannung zwischen dem Auftakt des Musters und der logischen Betonungsfolge offenkundig. Das Muster sah in der Antike die Folge von langen und kurzen Silben vor: statt im Deutschen den Wechsel von betonter und unbetonter Silbe; für diese Wechsel gab es in der Antike die Bezeichnung Versfuß; die Bezeichnung beschrieb die kleinste

Einheit des Verses und in ihr die Menge und Stellung von langen und kurzen Silben: dabei beginnt die Messung der Versfüße am Versbeginn. So gibt es 4 Bezeichnungen: sie werden in übertragener Bedeutung auch in der deutschen Metrik gebraucht. Aber das einzig Vergleichbare zwischen deutscher und antiker Metrik sind die Silben:

Trochäus (Länge Kürze = Hebung Senkung, auftaktlos; Beispiel: Víere),
Jambus (Kürze Länge = Senkung Hebung, mit Auftakt; Beispiel: Wie hérrlich, mein Hérz),
Daktylus (Länge Kürze Kürze = Hebung Senkung Senkung, auftaktlos; Bsp: Feíger Ge- und bängliches),
Anapäst (Kürze Kürze Länge = Senkung Senkung Hebung, mit Auftakt; Bsp: Meine Rúh, dich nicht freí).

Damit veranschaulichen die oben zitierten Beispiele in der Reihenfolge den Daktylus, den Jambus und den Trochäus. Daß bei zwei Versfüßen der letzte nicht mehr vollständig ist, findet sich nicht nur bei zweihebigen Versen.

Reime und Assonanzen

Reime sind durch die Klangähnlichkeit der Wörter gekennzeichnet: Gedanken, schwanken; Natur, Flur. Sie kommen in jedem Fall nur zustande, wenn die Mitlaute der reimenden Silben identisch sind; allerdings sind Reime auch klanglich akzeptabel, die aus der regionalen Sprechgewohnheit des Autors herrühren (z. B. neige = Schmerzenreiche oder vereint = Freund): So reimen i mit ü und e mit ö und ä. Wird nur der Vokalklang wiederholt, erscheinen dabei aber die Mitlaute verändert (z. B. Gedanken, Gewalten), so spricht man von Assonanz. Dieser „Anklang" wird aber nur bei gleichem Vokal akzeptiert.

Die Verse treten natürlich zur Ausage in eine Beziehung; dabei kann die Aussage die Zeile überschreiten, wie
Feiger Gedanken / bängliches Schwanken / wendet kein Elend / macht dich nicht frei (Goethe 8, S. 19) oder
Viere lang / zum Empfang / vorne Jean / elegant / fährt meine süße Lady (Liliencron)
dann spricht man von Hakenstil; das bedeutet für den Sprecher, daß er die Zeilenübergänge durch leichte Zäsuren und durch weiterverweisende Melodieführung der Stimme – die Stimme wird in der Schwebe gehalten, sie bleibt in der Tonhöhe gleich – kennzeichnet, damit der Hörer weiß, daß der Gedanke, die Aussage weitergeführt wird.

Oder man spricht von Zeilenstil, wenn die Aussagengrenzen und Zeilengrenzen sich decken; so z. B.:
Meine Ruh ist hin / Mein Herz ist schwer / Ich finde sie nimmer / und nimmermehr (Goethe 13, S. 146). Nicht nur, daß hier mit Reim und Reimlosigkeit gespielt wird („hin" und „nimmer" sind Assonanzen), sondern die Verse haben durch die Paral-

lelführung von Aussage und Vers einen recht getragenen Ton, trotz des vom Auftakt bestimmten steigenden Rhythmus. Beeinflußt wird diese Wirkung auch von den bis auf „nimmer“ männlichen Versschlüssen, die kein Ausschwingen ermöglichen, sondern den Gedanken mit dem Sprechklang abrupt abbrechen.

Sprechersignale

Das Signal, das von kurzen Versen für den Vorleser ausgeht, ist zunächst auf das Sprechtempo gerichtet:
Die kurzen Verse regen ein langsames getragenes Sprechtempo an, um auch den zumeist gewichtigen Aussagen gerecht zu werden. Dazu passen die syntaktischen Verschiebungen zentraler Satzglieder, z. B.

(29a) „... Feiger Gedanken
Bängliches Schwanken (...)
wendet kein Elend,
macht dich nicht frei.

Allen Gewalten
Zum Trutz sich erhalten
Nimmer sich beugen
Kräftig sich zeigen
Rufet die Arme
der Götter herbei.

Das Subjekt, das in die zweite Zeile hinter das Genitivobjekt zurückfällt, betont die Stellung dieses Objekts und kaschiert es durch die Parallellführung gleichzeitig; zusammen mit der Infinitivkonstruktion des 2. Teils werden syntaktische Regeln der Satzstellung überspielt, da die Infinitive Mehrfachsubjekte darstellen, Gegengewichte des 1. Teils. Die Provokation macht aufmerksam auf den impliziten Bedingungssatz:
Wenn du dich allen Gewalten zum Trutz erhältst, nimmer dich beugst, kräftig dich zeigst, dann ...

Die Langsamkeit des 2. Beispiels

(30) Wie herrlich leuchtet
mir die Natur;
wie glänzt die Sonne,
wie lacht die Flur!

macht auf die Blickwendungen aufmerksam und zunächst auf die subjektive Perspektive des lyrischen Ichs (**mir** die Natur), die bloß wirken können, wenn sie langsam und erfüllt mit der Unterzeile „Oh wie schön!“ vorgelesen werden. Mit der Hauptbetonung kann offenbar produktiv gespielt werden. Auch die Komik der Liliencronschen Verse bringt erst die Langsamkeit des Vorlesens zur Entfaltung:

(31) Viere lang
zum Empfang
vorne Jean
elegant
fährt meine süße Lady.

Durch die Reime mokiert sich der Autor über frankophiles Vornehmgetue bürgerlicher Schichten: lang, Empfang, Schang (vgl. Busch: Fromme Helene), elegang sind offenbar absichtlich lautlich miteinander verbunden, klangverwandt, und der Sprecher muß die Spannung halten bis zum Schluß der Strophe, denn der Satz wird erst durch das Subjekt des Satzes im letzten Wort ganz verständlich. Die Reime werden erst als solche wahrgenommen, wenn der Sprecher das ironische Spiel mitmacht. Die Spielerei mit der Hauptbetonung wird hier zur Spielerei mit Deutungen: In der Strophe bietet sich nur zum Emp**fang** an, aber in der letzten Zeile – ähnlich einem Refrain – lassen sich **mei**ne oder **sü**ße oder **La**dy herausgehoben denken und sprechen.

Hebungsverteilung

Für die Verteilung der Hebungen im Vers nutzt der Autor traditioneller Lyrik die Akzentstruktur deutscher Wörter. Einfache Wörter werden i. d. R. auf der ersten Silbe betont (**ma**chen), abgeleitete auf der ersten Stammsilbe (Ver**mächt**nis); aber sinntragende Vorsilben tragen wieder den Akzent (**an**machen, **vor**machen). Zusammengesetzte Wörter tragen die Haupthebung auf der ersten Silbe des Bestimmungsworts und eine Nebenhebung auf der ersten des Grundworts (**Lan**desenge). Manchmal stimmen jedoch Versakzent und Wortakzent nicht überein; dann gibt es eine spannende Auseinandersetzung, die sich beim Vorlesen auswirken kann; z. B.:

Ich will hin**tre**ten vor sein Gesicht (Fontane)
Auf**steigt** der Strahl und fallend gießt (Meyer)

Grundsätzlich wirken die regelmäßigen Akzentfolgen traditioneller Lyrik nur als Angebot, das dem Sprecher ein rhythmisches Grundmuster anbietet, ohne daß er zum Leiern verpflichtet würde. Im Gegenteil sind auch die lyrischen Texte primär Träger von Inhalten und vertragen keine Häufung von Betonungen, umso mehr, als der Stil der Lyrik auffallend frei mit syntaktischen Regeln umgeht; z. B. heißt es in Schillers „Kraniche des Ibykus“

(32) Ihm schenkte des Gesanges Gabe,
Der Lieder süßen Mund Apoll. (Schiller 2, S. 758)

Subjekt und Prädikat sind auseinandergerissen, das Subjekt ans Ende des Satzes gerückt, das Genetivobjekt vor das Akkusativobjekt gerückt und das Attribut, das zu „Lieder“ gehört, dem Bezugswort „Mund“ zugeordnet. Erst wenn man den Satz als normale Prosa formuliert, merkt man, wie stark die lyrische Fügung abweicht und wie stark sie Klangstruktur stiftet:
Apoll schenkte ihm die Gabe des Gesanges und einen Mund süßer Lieder.

Allerdings ermöglicht diese Prosaform problemloser, die dominierende Vorstellung herauszufinden. Nicht um sie nur allein hervorzuheben, sondern um auch die Spannungsverhältnisse im Vers zu klären:

Gesanges Apoll
Des Gabe, Lieder **sü**ßen Mund
schenkte Der
(32a) Ihm

Und grundsätzlich gilt: Die Zeilen sollten vom Vorleser als Vorleseanleitung verstanden werden. An ihr Ende sollte immer eine Zäsur, als spannungsreicher Einschnitt, z. B.

Feiger Gedanken bängliches Schwanken

oder als Hilfe zur Umstellung für eine neue Vorstellung, z. B.

Dunkel, dunkel im Moor über der Heide Nacht

gesetzt werden. Dabei geht der Vorleser von einer Absicht bei der Wahl der Versstruktur aus. Bei ganz vielen Autoren des 19. Jahrhunderts kann man ein Spiel mit Formen feststellen, ehe sich der jeweilige Autor auf eine bestimmte Form festlegt. Das läßt sich z. B. bei C. F. Meyer und A. v. Platen feststellen. Daraus lassen sich Formwille und Aussageintention als wechselseitig beeinflußt schließen. Beispiele für mehrhebige Versformen folgen:

Mehrhebige Formen

(33) Komm, lieber Mai, und mache
Die Bäume wieder grün {dreihebig, jambisch} (Reiners 1955, S. 28)
Dunkel, dunkel im Moor
Über der Heide Nacht {trochäisch} (Droste-Hülshoff)

(34) Zum Kampf der Wagen und Gesänge,
Der auf Korinthus' Landesenge
{vierhebig, jambisch}
(Schiller 2, S. 758)

(35) Der Morgen kam. Es scheuchten seine Schritte
Den leisen Schlaf, der mich gelind umfing
{fünfhebig, jambisch}
(Goethe 1, S. 3)

(36) Mensch, werde wesentlich: denn wann die Welt vergeht,
so fällt der Zufall weg, das Wesen, das besteht
{sechshebig, jambisch, Alexandriner}
(Scheffler; Bode, S. 64)

(37) Pfingsten, das liebliche Fest war gekommen, es grünten und blühten
Feld und Wald; auf Hügeln und Höhen, in Büschen und Hecken …
{sechshebig, daktylisch, Hexameter}
(Goethe 6, S. 3)

Es läßt sich dieser unvollständigen Aufstellung unschwer entnehmen, daß zu jedem Vers mit Auftakt ein auftaktloses Gegenstück zu finden ist, daß die Versenden männlich oder weiblich sind – mit den oben erklärten klanglichen Wirkungen, und daß es bis zum vierhebigen Vers ausschließlich Reimendungen gibt, beim fünfhebigen hingegen für Drama (Blankvers) und beim sechshebigen für Epik (Hexameter) bewährte klassische ungereimte Gegenbeispiele. Gebundene Rede nennt man jegliches in traditionellen lyrischen Formen geprägtes Textbeispiel.

Thema und Form

Verständlich wird bei genauerem Überblick über die Zuordnung von Thematik und Form, daß kürzere Verse eher zu feierlichen oder hymnischen Themen neigen, während die erzählenden Themen eher zu längeren Versen passen, und einfache Themen, vom Abzählvers bis zum Erzähllied die drei- oder vierhebigen bevorzugen. Immer tritt die Wahl des Verses in Bezug zu konkreten sprachlichen Aussagen; und so tauchen immer wieder gleiche Effekte auf, Sprünge der syntaktischen Vollkommenheit am Versende, wobei der Leser gleichzeitig zu Vorausdeutungen eingeladen wird: z. B. „Komm, lieber Mai, und mache ... die Bäume wieder grün" und Umstellungen, die bewußt das Subjekt einer Aussage an den Schluß einer Strophe oder Versreihe rücken oder erst nach mehreren Versen verraten, ohne daß der Vorleser die Versgrenzen überlesen dürfte. Schon um die Vorausdeutungen anzuregen (Komm, lieber Mai, und mache ... kann ja auch mit „daß" fortgesetzt werden). Und es springen Kontraste zwischen der Versanordnung und sprachlichen Fügung ins Ohr, die als Hebungsprall oder metrische Drückung bezeichnet rhythmische Spannung in lyrischen Texten verursachen: z. B. »Komm lieber Mai ...« Hier steht die Aufforderung *Komm* in metrisch unbetonter Position, gleichwohl betonungsfordernd, weil mit expressiver Emotion aufgeladen. Ganz unauffällig wird hier eine liebevolle Aufforderung des Sprechers nahegelegt. Und im Vers wird mit der Anzahl der vom Metrum vorgesehenen Hebungen auch das Tempo tendenziell rascher.

Volkstümliche Formen

Daß schließlich die vierhebigen und die dreihebigen Verse bevorzugt für volkstümliche Lyrik gewählt werden, hängt wohl mit der in diesen Versen möglichen einfachen Sprache zusammen:

(38) Ein Jüngling liebt ein Mädchen,
Die hat einen andern erwählt, (Heine 1, S. 90)

(39) Hoppe hoppe Reiter!
Wenn er fällt, dann schreit er; (Anonym)

Die dreihebigen Verse sind auch deshalb so flexibel anzuwenden, weil in ihnen meist die Senkungen nicht streng gleichmäßig sein müssen, sondern Wechsel zwischen ein und zwei Senkungen vorkommen und akzeptiert werden. Beliebt sind die meist vierzeiligen Texte auch wegen flexibler Reimbildung und der Möglichkeiten zu witziger Reimneuschöpfung (z. B.: Reiter – schreit er) oder der generellen Reduktion auf das Ende der jeweils 2. Verse, so daß z. B. Heine oft die geraden Verse miteinander reimt und die ungeraden reimlos läßt. Aufmerksam darauf werden

Vorleser und Hörer lediglich, wenn genügend Zeit für die nötige Aufmerksamkeit eingeräumt wird und wenn Zäsuren am Versende selbstverständlich sind, ohne daß der syntaktische Zusammenhang gestört wird. Ein frühes Beispiel für frei gefügte vierhebige Verse bietet der Knittelvers, der sich vom Meistersang herleitet, obwohl dort die freien Senkungen nicht zulässig waren. Klassisch wurde diese freie Form erst durch Goethes Faustmonolog:

(40) Habe nun ach die Philosophey (Goethe 13, S. 205)

Die längeren Verse verlangen eine aufwendigere Syntax und sind meist noch in sich gegliedert, so daß sich stilistisch mehr Aufwand und größere sprachliche Redundanz nahelegt als bei anderen Formen. Schnitte in der epischen Erzählfolge, wie Vergleiche, Anreden oder Perspektivenwechsel im Hexameter stören zum Beispiel, wenn sie unmittelbar vor der vierten oder der fünften Hebung erfolgen. Wenn sie zudem noch Zäsurstellen in der Versmitte aufweisen (Alexandriner), so eignen sie sich vorzüglich als Sinnsprüche mit antithetischer Struktur, z. B.:

(41) Mensch, werde wesentlich, denn wenn die Welt vergeht,
so fällt der Zufall weg; das Wesen, das besteht.
(Johannes Scheffler, in: Bode, S. 64)

(42) Ein Jüngling, den des Wissens heißer Durst (Schiller 2, S. 710 / Blankvers)

(43) Sage mir, Muse, die Taten des vielgewanderten Mannes (Voss / Hexameter)

(44) Der schnelle Tag ist hin, die Nacht schwingt ihre Fahn (Gryphius, in: Bode, S. 60 / Alexandriner)

Wichtig ist, daß der Vorleser hier seine Entscheidung für die Hauptbetonung ebenso selbstverständlich fällt wie bei der Prosa; nur daß er sich der stützenden Funktion der Versfußgliederung in gebundener Rede immer bewußt bleibt und seine Hauptbetonung im Rahmen dieser Vorgabe setzt.

Strophenformen: Zweierstrophen

Die Spruchstrophe aus antiker Tradition übernommen, von Goethe und Schiller in ihren Xenien neu belebt, ist das Distichon, das als Grundform elegische Dichtung bestimmt.

Vor allem zwei Beispiele, die zugleich als Beschreibungen gelten dürfen, seien hier angemerkt:

(45) Im Hexameter steigt des Springquells flüssige Säule,
Im Pentameter drauf fällt sie melodisch herab. (Schiller 2, S. 726)

(46) Im Hexameter zieht der ästhetische Dudelsack Wind ein,
Im Pentameter drauf läßt er ihn wieder heraus. (Claudius, S. 833)

Das besondere Merkmal dieser antiken Spruchstrophe bildet der Wechsel von sechsfüßigem zu fünffüßigem Maß, zwei ungereimte sechshebige Verse, deren zweiter Vers der Pentameter genannt wird, weil die dritte und vierte Hebung als eine besondere Verseinheit (der Spondeus: Zusammenfall zweier Langsilben; in der deutschen Metrik Hebungsprall) gerechnet wurde. So kommt das „Fünf-maß“ zustande. Das Aufeinanderstoßen zweier Hebungen lädt geradezu ein dazu, antithetische Aussagen, Allgemeingültiges zu formulieren. Allerdings gibt es in diesem Jahrhundert kaum Belege für die kleine Form des Distichon mehr. Allerdings eröffnet auch diese streng gebaute Spruchstrophe unterschiedliche Lesarten: zum einen malen die Verse ein Bild oder Gleichnis, mit dem Schiller oder Claudius das Wesen dieser Zweierstrophe einfangen wollen; die Vorstellung ist sehr suggestiv: Der Vorleser wird eingeladen, dieses Bild auch dem Zuhörer plastisch anzubieten. Es zeigt sich, daß selbst verschiedene Sprechproben mit wechselnden Hauptbetonungen den Grundrhythmus nicht zu beeinträchtigen vermögen: **steigt** läßt sich **fällt** zuordnen bei dem Schiller-Text; ebenso lassen sich **ein** und he**raus** bei Claudius gegenüberstellen. Anders gewichten Betonungspaare auf **Spring**quells und me**lo**disch (Schiller) oder auf **Wind** und **läßt** (Claudius). Beide Varianten sind als sinnvoll und texterschließend zu bezeichnen und lassen sich auch noch erweitern. Vor allem verträgt Schillers Text keinen Humor, während Claudius gegen erhabene Klassik Mutterwitz setzt – und womöglich formuliert die folgende Unterzeile seine Hintergedanken „So’n Schwachsinn!“

Vielleicht hat das Distichon sich wegen seiner künstlichen Form und ihrer gehobenen Sprache überlebt. Einmal mit dem Muster vertraut, macht es Spaß, selber Sinnsprüche damit zu basteln:

Bringt unser Lehrer uns Tests mit und meint uns damit zu prüfen,
prüft er doch immer sich selbst; er hat den Inhalt gelehrt.

Ansonsten gibt es Zweierstrophen nur noch gelegentlich, so in der Balladendichtung als spannungsreiche Reduzierung der sonst üblichen Volksliedstrophen, verbunden mit männlichen Versendungen: z. B. Belsatzar (Heine, in: Bode, S. 175) oder in Nachdichtung der Nibelungenstrophe der achthebige Vers, der ebenfalls als episches Gewand verwendet wird, mit dem sich reich geschmückt und anschaulich erzählen läßt, und der mit weiblichen Versendungen ausklingt: z. B. Das Grab im Busento (Platen, in: Bode, S. 174).

Fast durchgängig kennzeichnet Zeilenstil diese Strophen, d. h. sie stimmen in Satzaussage und Verslänge überein. Anders sieht das aus bei Balladentexten, die sich vierhebige Zweierstrophen für ihre Aussage wählen. Allerdings wird ihre Zusammengehörigkeit auch durch Paarreime gestützt, z. B.

(47) Dort oben in dem Königssaal
Belsatzar hielt sein Königsmahl (Heine)

Die Inversion scheint fast den Vorgang der Beobachtung abzubilden: Dort oben in dem Königssaal (warte, laß mich mal genauer hinsehen!) Belsatzar (richtig, der) hielt (da) sein Königsmahl. So werden die Vorstellungen sehr plakativ gesteuert und sind dennoch der Leser- und Hörervorstellung frei zugänglich;

oben und Bel**sa**tzar sowie **Kö**nigssaal und **Kö**nigsmahl sind als Hauptbetonungen wählbar; für die Architektur in dem Schloß stehen sowohl Artikulation wie eigene Vorstellungen zur Verfügung. Der Vorleser kann schrittweise in den weiteren Beschreibungsverlauf einschwingen oder sich korrigieren lassen in seinen assoziativen Vorstellungen; der Gang des Textes gleicht fast einem Drehbuch.

Knappheit und Zuspitzung der Vorstellungen bis hin zum Blitzlicht, zur Momentaufnahme, kennzeichnen die Zweizeiler, deren Tempo aufgrund ihrer relativen Länge eher zur Beschleunigung des Sprechtempos als zur Verlangsamung Anlaß gibt. Immer wieder kommt es zu Spannungen zwischen Betonungsmustern des metrischen Schemas und der Aussage des Verses:

So findet sich in der zitierten Belsatzar-Strophe ein Hebungsprall, der **Dort** und **o**ben in gleicher Weise, das „Dort" auch wohl als Vorbereitung und Hinweis auf „oben" zu sprechen nahelegt. Das trifft übrigens auch für das „Grab im Busento" (Platen) und auf das Versepos „Huttens letzte Tage" (C.F. Meyer) zu.

Dreierstrophe

Als Dreierstrophe und besonders kunstvolle Form der Reimverschlingung hat Dante die Terzine entwickelt, um die zeitgenössischen Jenseitsvorstellungen unter dem Titel „Göttliche Komödie" episch zu veranschaulichen und seine politischen Gegner zu verunglimpfen, aber auch um seine Geliebte unsterblich zu machen. Die kleine Form der Terzine, wie sie dann zur Jahrhundertwende wiederbelebt wurde, wird vor allem für die reflexive Lyrik verwendet. Die Verse sind jeweils fünfhebig und jambisch, meist mit weiblichen Kadenzen versehen; und die strenge Form fordert sich umschlingende Kreuzreime, also muß jeder Reim wie folgt dreimal auftauchen:
aba/bcb/cdc..

(48) Noch spür ich ihren Atem auf den Wangen:
Wie kann das sein, daß diese nahen Tage
Fort sind, für immer fort, und ganz vergangen?

Dies ist ein Ding, das keiner voll aussinnt,
Und viel zu grauenvoll, als daß man klage:
Daß alles gleitet und vorüberrinnt ... (Hofmannsthal, in: Bode, S. 252)

Die Nachahmer Dantes haben offensichtlich mit der Vorgabe gespielt und variiert, wie auch aus dem Beispiel ersichtlich, evtl. auch bewußt Bezüge zwischen Aussagen und Reimwiederholung herzustellen gesucht.

Auch in Terzinen finden sich Doppelakzente, Brüche zwischen Metrum und sprachlicher Füllung, durch ihre Schmiegsamkeit und überstrophische Flexibilität häufiger, wie sie ja auch Verssprünge (Enjambements) notwendig machen, weil die Ausssage über die Versgrenze hinweg drängt

Noch spür ich ihren Atem auf den Wangen:
Wie kann das sein, daß diese nahen Tage
Fort sind, für immer fort, und ganz vergangen?

Hier leuchtet einmal mehr die Sinnhaftigkeit des Verssprungs auf: die Spannungszäsur beschreibt den Gang der Selbstreflexion; der Sprecher hält inne, um seinen Gedanken nachzusinnen:

„... daß diese nahen Tage ...

Und schließt ganz unerwartet verzweifelt oder resignativ

fort sind, für immer fort ...“

Die gewöhnliche Betonung, die das Metrum fordert, gibt der Aussage eine Unwiderruflichkeit, die weit entschiedener klingt (**sind**) als das näherliegende „**fort** sind“, das sich in einer unbetonten Metrumsstelle findet. Zudem provoziert diese „metrische“ Betonung eine Tonhöhensteigerung des Ausdrucks (ähnlich wie in „da kann man nichts machen!”) und zwingt die Stimme zu Gebrochenheit, umso mehr, als die Versaussage eine dreifache Steigerung anbietet und diese Steigerung in die Verzweiflung führt.

So sorgt das Metrum für Sensibilität gegenüber inhaltlichen Verstärkungen durch unübliche Akzentuierung.

Viererstrophen

Am weitesten verbreitet ist bis weit in unser Jahrhundert hinein – vor allem durch die Gebrauchslyrik von Kästner – die vierzeilige Strophe, die die unterschiedlichsten Formen und Variationen erfahren hat, sei es durch einen Wechsel von männlicher und weiblicher Kadenz, sei es durch den Wechsel von vierhebigen und dreihebigen Versen, wie in „Archibald Douglas“ (Fontane, in: Bode, S. 220), sei es auch durch die Anordnung der Reime, die meist als Kreuzreime (abab) oder als Paarreime (aabb) oder als umarmende Reime (abba) die Strophen zusammenhalten. Daneben spielen auch die unterschiedliche Länge der Verse oder neben der generellen Vierzahl der Hebungen auch andere Hebungszahlen eine Rolle. In der Strophe gewinnen kürzere Verse größeres Gewicht gegenüber längeren Versen. Beispiele für die Vielfalt dieser vierzeiligen Strophenform:

(49) O flaumenleichte Zeit der dunkeln Frühe!
Welch neue Welt bewegest du in mir?
Was ist's, daß ich auf einmal nun in dir
Von sanfter Wollust meines Daseins glühe? ... (Mörike, in: Bode, S. 202)

(50) Du bist Orplid, mein Land!
Das ferne leuchtet;
Vom Meere dampfet dein besonnter Strand
Den Nebel, so der Götter Wange feuchtet ... (Mörike, in: Bode, S. 203)

(51) Die Krähen schrein
Und ziehen schwirren Flugs zur Stadt:
Bald wird es schnein –
Wohl dem, der jetzt noch – Heimat hat! ... (Nietzsche, in: Bode, S. 232)

Auch heute noch finden sich expressive und erzählende Texte, die die Form des Vierzeilers, meist nach Heine-Vorbild mit nur einem Kreuzreim und zwei reimlosen Zeilen (xaya) weiternutzen. Ich erinnere z. B. an Günter Grass' Kinderlied (in: Bode, S. 332)

Die vierzeiligen Strophen haben auch als Lieder größte Verbreitung gefunden (alle Küchenlieder und Moritaten folgen dieser Form); rein zahlenmäßig scheinen mehr Strophen mit Auftakt vorhanden als ohne. So läßt sich generell feststellen: Die Aussagen der Verse werden zumeist eingeleitet und nicht unvermittelt gesetzt. Umso provokanter und überraschender ist es, wenn die unbetonte Auftaktsilbe in die Betonung drängt, selbst wenn auf ihr nicht die Hauptbetonung liegt. (Gerade Grass ist dafür ein Beispiel, dessen spielerische Einfachheit zur bedrohlichen Intensität sich steigert, wenn man das Metrum ernst nimmt:

(52) Wer **lacht** hier, hat gelacht? / Hier **hat** sich's ausgelacht / Wer **hier** lacht, macht Verdacht, / daß **er** aus Gründen lacht ...)

Die zitierten Texte regen so viel Vorstellung an und sind so unregelmäßig, daß die sprecherische Gestaltung kaum der besonderen Anregung bedarf. Sie schillern durch eine Vielzahl an möglichen Hauptbetonungen und durch die gefühlsstarke Ausdrucksweise, die verschiedenste Lesarten nahelegt.

Am ersten Text möchte ich das beispielhaft belegen, ohne den Anspruch zu erheben, alle möglichen Lesarten abzudecken.

(49 a) O **flau**menleichte Zeit der dunkeln Frühe! „Was für ein Gefühl!"
Welch neue **Welt** bewegest du in mir?
Was **ist's**, daß ich auf einmal nun in dir
Von sanfter Wollust meines Daseins **glü**he? ...

(49 b) O flaumenleichte **Zeit** der dunkeln Frühe! „Sehr merkwürdig!"
Welch neue Welt be**we**gest du in mir?
Was ist's, daß ich auf **ein**mal nun in dir
Von sanfter **Wol**lust meines Daseins glühe? ...

(49 c) O flaumenleichte Zeit der dunkeln **Frü**he! „Was machst du mit mir?"
Welch **neu**e Welt bewegest du in mir?
Was ist's, daß ich auf einmal nun in **dir**
Von sanfter Wollust meines **Da**seins glühe? ...

Ich möchte noch aufmerksam machen auf die Kontraste zum metrischen Muster: Zu Beginn des ersten und zweiten Verses neigt der Sprecher zu einer Unterstreichung und Mit-Betonung der beiden Anfangssilben. Sie drängen aufeinander hin und intensivieren das spannungsreiche Gefühl der Strophe. Gleichwohl sieht das Metrum Auftakt vor.

Ein Beispiel der Viererstrophe

Im folgenden gehe ich beispielhaft einem Text intensiver nach und erörtere seine Sprechfassung(en); formal zählt er zu den einfachsten Vierzeilerstrophen und macht auch sprachlich nicht viel her. Seine drei Strophen weisen nur jeweils ein Reimpaar auf, die anderen Kadenzen sind gelegentlich klangverwandt, sie sind ungereimt und weiblich, die gereimten geraden Verse männlich:

(38a) Ein Jüngling liebt ein Mädchen,
die hat einen andern erwählt;
der andre liebt eine andre,
und hat sich mit dieser vermählt.

Das Mädchen nimmt aus Ärger
den ersten besten Mann,
der ihr in den Weg gelaufen;
der Jüngling ist übel dran.

Es ist eine alte Geschichte,
doch bleibt sie immer neu;
und wem sie just passieret,
dem bricht das Herz entzwei.

Die Geschichte mutet fast wie eine Versfabel an: sie endet mit einer Moral, die gleichzeitig das Erzählmotiv bestimmt. Zugleich wird ein Verwirrspiel erzählt, das in einfachen Bildern vorgestellt wird. Die Geschichte bleibt anscheinend ganz distanziert; sie begnügt sich mit unklaren Personenbezeichnungen: Jüngling und Mädchen sind noch konkret, aber namenlos. Eine Muster- oder Modellgeschichte; ansonsten ist von „andrer“ und „andre“ und vom „ersten besten Mann“ die Rede. Nur die 2. und 3. Strophe enthalten Bewertungen

„der Jüngling ist übel dran“ und
„dem bricht das Herz entzwei.“

jeweils am Schluß, die die sonst neutrale Distanz aufbrechen.
Hier entscheidet sich die Sprecherhaltung des Vorlesers:

(38b) Ein Jüngling **liebt** ein Mädchen,
die hat einen **an**dern erwählt;
der andre liebt eine **an**dre,
und hat sich mit dieser ver**mählt**.

Das Mädchen **hei**ratet aus Ärger
den ersten besten **Mann**,
der ihr in den **Weg** gelaufen;
der **Jüng**ling ist übel dran.

Es ist eine **al**te Geschichte,
doch **bleibt** sie immer neu;
und **wem** sie just passieret,
dem bricht das **Herz** entzwei.

Mit dieser Betonungsstrategie mutet der Text fast wie ein Leierkastenlied an, eine ewige, daher schon langweilige Litanei mit dem Untertext „Das bekannte Lied“. Die spielerische Vernachlässigung des metrischen Musters ergibt ein spannendes Spiel ironischer Verfremdung: das „**hei**ratet“ wird zu einem gelangweilten Akt der bürgerlichen Tradition: das Metrum, bis dahin regelmäßig alternierend, läßt hier auch „hei**ra**tet“ als Alternative zu. Und ich bin ganz sicher, daß Heine diese ironische Brechung bewußt vollzogen hat.

Als eine weitere mögliche Aufteilung von Hauptbetonungen schlage ich vor:

(38c) Ein Jüngling liebt ein **Mäd**chen,
die hat einen andern er**wäh**lt;
der andre **liebt** eine andre,
und hat sich mit **die**ser vermählt.

Das Mädchen heiratet aus **Är**ger
den **er**sten besten Mann,
der **ihr** in den Weg gelaufen;
der Jüngling ist **ü**bel dran.

Es ist eine alte Ge**schich**te,
doch bleibt sie **im**mer neu;
und wem sie just pas**sie**ret,
dem bricht das Herz ent**zwei**.

Auch diese Verteilung von Hauptbetonungen steht nach meiner Einschätzung einem resignierenden Untertext nahe „Da kann man halt nichts machen!"

Ungeachtet solcher, noch ergänzbarer, Betonungsverteilungen in dem dreistrophigen Text lassen sich auch Perspektiven personaler Anteilnahme denken: Von dem 2. Vers an könnte der Vorleser die Rolle des Jünglings einnehmen. Dafür ließe sich als Untertext denken „So ein Mist!" und im weiteren „Das hat sie nun davon!" Und die letzte Strophe läßt sich verallgemeinern und daher sogar im Chor sprechen; sie könnte wieder die Rolle des Jünglings kennzeichnen und eines wie immer gearteten neutralen Dritten. Untertexte könnten sein „So ist das eben" oder „da kann man nichts machen!" oder „das war schon immer so!"

Und weil es eine „Patchworkgeschichte" ist, aus vielen Mitakteuren zusammengesetzt, lassen sich auch Sprecherwechsel mit dem Text denken, um ihn zu verlebendigen. Und der Text liest sich wie eine Choreographie:
Dabei wäre folgende Verteilung denkbar: Sprecher 1 liest Vers 1, Sprecher 2 Vers 2, Sprecher 3 Vers 3und 4; Sprecher 4 liest Vers 5, Sprecher 5 Vers 6, Sprecher 6 Vers 7 und Sprecher 7 Vers 8.

Auch die letzte Strophe läßt sich vollständig in dieser Weise auf Sprecher verteilen mit dem Hintergedanken, daß allen der Vorgang bekannt ist und sie ihn daher zusammensetzen können und auch voneinander genau wissen, was sie sagen werden und somit die Gedanken des vorigen Sprechers bereits antizipieren können.

Der Text läßt sich auch ohne Mühe pantomimisch oder in stehenden Bildern umsetzen. Die einzelnen Aussagen der Verse 1–8 lassen sich wie gesagt als Collage von Detailinformationen auffassen, deren Sprecher mehr oder weniger emotional beteiligt sind. Die dritte Strophe läßt sich dann auch als gemeinsame Äußerung aller an den beiden ersten Strophen Beteiligten auffassen und realisieren. Durch die Vielfalt an angebotener Ausdrucksfärbung, die durch solche Sprechercollage möglich ist, kann der einzelne Sprecher eine Fülle von Ausdrucksimpulsen für seinen Einzelvortrag erhalten.

So oder choreographisch – als Bewegungsspiel zur Untermalung – läßt sich der Text erarbeiten, der sehr gelungen die Vorteile des einfachen, liedhaften Strophenbaus zeigt (nicht umsonst liegt der Text in mehreren Vertonungen vor, z. B. in Schumanns „Dichterliebe", lädt aber zu eigenständigen Versuchen ein: so läßt er sich als Kinderlied nach der Melodie „Ringel, Rangel, Rose" singen).

Der Sprecher oder, wenn mehrere Sprecher vortragen, alle Beteiligten sollten beim Vorlesen berücksichtigen, daß die Verse mit Auftakt und dreihebig alternierend (außer Vers 5) gebaut, sowie mit männlicher Reimkadenz an zweiter und vierter Stelle versehen sind: sie sollten diese Struktur trotz variabler Betonungsentscheidung durchscheinen lassen, um den Rhythmus nicht zu beeinträchtigen.

Aufregend genug, daß der durchängige Auftakt mit einigen syntaktischen Gegebenheiten in Konflikt gerät, obschon die Textaussage so simpel ist: Es scheint, daß Vers 1 und 2 in der dritten Strophe aufgrund der Spannung zwischen Rhythmus und Metrum dialektisch aufeinander bezogen sind

(38d) Es **ist** eine alte Geschichte, („Ich gebe das zu")
doch **bleibt** sie immer neu; („Sie gilt! behält recht!")

Ohne die Versstruktur käme kaum ein Vorleser auf die Idee, zur Hauptbetonung diese beiden metrischen Hebungssilben ernsthaft ins Auge zu fassen. Und natürlich kann man sich als Vorleser immer anders entscheiden (vgl. die Vorschläge oben), z. B. **al**te und **im**mer zu Hauptbetonungsstellen wählen.

Schließlich durchmißt ja der Text ein großes Stück reale Lebenszeit, so daß es ratsam erscheint, zwischen den Strophen Zäsuren und Pausen einzuschieben: Nur die Zeilen 5–7 werden zügig und aus einem Guß gesprochen (ungeachtet der schwebenden Zäsuren am jeweiligen Versende). Denn hier überspringt ja auch die grammatische Aussage die Versgrenze und bildet mit weiteren Versen die syntaktische Einheit. Obwohl die syntaktische Spannung hier nicht so groß ist: Der Satz schwingt aus in die Objektphrase

„... den ersten besten Mann", der zudem durch das Verb „heiratet" einiges von ihrer Erwartungsspannung genommen ist. Die Variante „nimmt", die sich stattdessen hier in der „Dichterliebe" findet, würde eine Fülle von Ergänzungsangeboten nahelegen und die Phantasie beflügeln, z. B. wären Alternativen zu Vers 6 möglich

„... nen Strick und hängt sich auf" oder
„... ein Angebot vom Strich" oder
„... den Schleier: Jesu Braut" oder
„... Bier und Zigarre her" oder
„... Gelegenheit zur Flucht" und so weiter.

„Nehmen" fordert obligatorisch ein Objekt – viel stärker als „heiraten" – und regt wegen seiner semantischen Flexibilität zu kreativen Alternativen an; zumal nur der Hinweis „aus Ärger" das Folgende festlegt. Gleichwohl bleibt der gestische Impuls (ein Fingerschnipsen mit dem Untertext „Wen könnte sie denn heiraten?") erhalten und kann mitgedacht werden.

Überhaupt läßt sich eine Menge gestischer Verstärker für den Text herausspüren, die das Vorlesen anregen: Der erste Vers läßt sich mit der Beteuerungsgeste aufs Herz untermalen, die Aussage von Vers 2 könnte eine wegwerfende Handbewegung stützen, im dritten Vers könnte der begleitende Gestus ein Schulterzucken oder das bedauernde Heben der Arme mit nach oben geöffneten Händen sein und die Aussage im Vers 4 wird unterstrichen durch das Reiben der Hände ineinander oder durch das Schlagen mit der flachen Hand vor den Kopf (je nach Untertext und

Temperament). Entsprechend läßt sich die Gestenreihe weiterspinnen, um den Ausdruck zu fördern:

Vers 5 könnte mit verstärkter Kieferspannung unterstrichen werden, Vers 6 mit einem leichten Lachen gesprochen werden. Für Vers 6 und 7 könnte sich auch anbieten, die Hand wie suchend über die Augen zu legen, und ein bekräftigendes Nicken unterstreicht vielleicht Vers 8. Für die dritte Strophe bietet sich die beidhändige Hinweisgeste mit den offenen Handflächen nach oben an, die Hände werden zusammengeführt bei Vers 10 und gleichzeitig könnte ein leichtes Senken des Kopfes hinzutreten, Vers 11 ließe sich mit einem Zeigeimpuls auf einen der Zuhörer verstärken und für Vers 12 böte sich ein ruckartiges Auseinanderziehen der beiden Fäuste vor der Körpermitte an.

Natürlich sind solche Empfehlungen nur als Ausdrucksimpulse aus eigener Erfahrung zu verstehen; es wäre falsch, sie als alleinigen Weg zum richtigen Ausdruck mißverstehen zu wollen. Jeder Vorleser sollte seinen Ausdruck nach eigenen Untertexten und Gesten dem Text gemäß produzieren. Und der primäre Vorstoß sollte immer auf das Gefühl des Vorlesers zielen: Was spürst du, wenn du das liest? oder Was macht das mit dir? Und dann ist zu fragen: Welche Worte legt dir dies Gefühl nahe? oder Welche Geste begleitet gewöhnlich dieses Gefühl? Bloß wenn der Vorleser auf diese Fragen keine Antwort weiß, sollte nach dem, was in den Versen wichtig scheint, gefragt werden, damit nicht dem Metrum nachgeklappert wird. Produktiv erscheint auch immer die Kooperation mit Musik: Fast alle Vierzeiler lassen sich singen, ja es gibt sogar bereits Melodien: Man denke bloß an die vielen Küchenlieder[31].

Mehrzeilige Strophen

Fünfzeiler, Sechszeiler und Siebenzeiler, bevorzugt mit vierhebigen Versen und mit unterschiedlichem Reimschema, werden als Strophenformen von Liedern und von Balladen verwendet, sind allerdings heute kaum noch zu finden. Bekannte Beispiele sind das Brecht-Gedicht „Legende von der Entstehung des Buches Taoteking auf dem Wege des Laotse in die Emigration“ in fünfzeiligen Strophen (Bode, S. 294), das Abendlied von Matthias Claudius in sechszeiligen Strophen, deren 3. und 6. Vers, einen Schweifreim bildend, den Text einrahmen (Bode, S. 84) und Schillers „Bürgschaft“, eine klassische Ballade in siebenzeiligen Strophen (Bode, S. 117).

All diese Formen erzählen Geschichten und bieten somit der Stellungnahme und dem Ausdruck des Vorlesers eine Fülle von Ausdrucksangeboten, implizit oder explizit. Daß sich daneben auch eine Fülle von Stimmungsgedichten in 5 und auch 6 zeiligen Strophen finden, sei nur am Rande erwähnt: Prominente Autoren sind Theodor Storm und Annette von Droste-Hülshoff.

[31] Vgl. dazu Hansen 1996

Die Stanze

Eine strenge Strophenform, die sich vor allem in Klassik und Romantik häufiger findet, neben einfachen Dopppelstrophen wie Goethes „Auf dem See“ (1, S. 50), ist die achtzeilige Stanze, die sich durch dreifache Wiederholung des gleichen Reims und die paarreimige Beendigung der Strophe auszeichnet (abababcc). Ein sehr bekanntes Beispiel bildet Goethes „Zueignung“ (1, S. 1):

(53) Der Morgen kam; es scheuchten seine Tritte
Den leisen Schlaf, der mich gelind umfing,
Daß ich, erwacht, aus meiner stillen Hütte
Den Berg hinauf mit frischer Seele ging;
Ich freute mich bei einem jeden Schritte
Der neuen Blume, die voll Tropfen hing:
Der junge Tag erhob sich mit Entzücken,
Und alles war erquickt, mich zu erquicken.

Es ist offensichtlich, daß diese Langform besonders für Reflexionen geeignet scheint, und daß die paargereimten Schlußverse sowohl ein zusammenfassendes Motiv oder das Resultat einer schildernden Textpassage enthalten können. In allen diesen Strophenformen wirken die Hebungen innerhalb der Verse und die Reime als zeilenverbindende Klangelemente zusammen: allerdings sind diese Klangelemente nur als inhaltsstützende Aspekte des Vorlesers zu betrachten. Vorstellungen werden geweckt durch die lebendigen Bilder, die die relativ langen Zeilen – es sind in der Regel 5hebige Verse mit Auftakt – ermöglichen: die „Tritte“ des „Morgens“, der „Schlaf, der mich gelind umfing“ und der „Tag“, der sich „mit Entzücken“ erhob, und der Vorleser muß sich auch von der fast rauschhaften Stimmung einfangen lassen.

Antike Strophenformen

Eine letzte Strophengruppe besteht in den drei antiken Odenstrophen, die auf jeglichen freien Rhythmus eingewirkt haben, aber auch hymnische Texte jeder Art befruchtend angeregt haben: wie alle antiken Maße verzichten sie auf Reime und regeln den Wechsel von Hebung und Senkung in besonders strenger Weise. Das vorgegebene metrische Muster fügt sich jedoch nur schwer den sprachlichen Gegebenheiten einer Akzentsprache, so daß es auch bei meisterhaften Adaptionen zu spannenden Konflikten zwischen Maß und Rhythmus kommt.

Die älteste ist die alkäische Odenform; das Hölderlin-Beispiel „An die Parzen“ erscheint besonders geeignet, diese strenge rhythmische Form zu veranschaulichen:

(54) Nur <u>Ei</u>nen <u>Som</u>mer <u>gönnt</u>, ihr Ge<u>wal</u>ti<u>gen</u>!
Und <u>ei</u>nen <u>Herbst</u> zu <u>rei</u>fem Ge<u>sang</u>e <u>mir</u>,
Daß <u>wil</u>liger mein <u>Herz</u>, vom <u>sü</u>ßen
<u>Spie</u>le ge<u>sät</u>tiget, <u>dann</u> mir <u>ster</u>be ... (in: Bode, S. 135)

Es leuchtet unmittelbar ein, daß die deutsche Akzentstruktur nur mühsam in dieses strenge Korsett eingezwängt werden kann – das Ordnungsschema nach Silbenlänge existiert nicht mehr –: jedenfalls sind die von Hölderlin zu Hebungen definierten unbetonten Endsilben bei „Gewaltigen" und „williger" wenig überzeugend. Dafür hat man nach einer getragenen und betont rhythmischen Form gesucht und sie hier gefunden, die in klassisch vollendeter Form auch religiöse und mythische Themen zu gestalten vermag. Eine Andeutung dieser Formstrenge erzielt der Vorleser sicher durch besonders prägnante Artikulation. Allerdings darf auch bei solchen hymnisch-erhabenen Texten die Priorität nicht aus dem Blick geraten: Der Vorleser muß sich um die Verständlichkeit des Textes kümmern und daher die inhaltliche Aussage über die poetische Form stellen; das bedeutet, daß er auch bei diesen Texten je nach seiner Lesart Betonungsgipfel bestimmt, die das Verständnis tragen und vermitteln.

Eine etwas jüngere Form ist die asklepiadeische Odenstrophe: sie weist in den beiden Anfangsversen sechs Hebungen und – wie bei den anderen Strophenformen – unterschiedliche Senkungen auf; die Hebungen bilden einen Hebungsprall in der Mitte des Verses, der dritte Vers ist verkürzt und wird frei abgewandelt, und auch diese Form eignet sich für Widmungs- und hymnische Themen, wie an dem Beispiel von Klopstocks „Der Zürchersee" gut zu belegen:

(55) Schön ist, Mutter Natur, deiner Erfindung Pracht
Auf die Fluren verstreut, schöner ein froh Gesicht,
Das den großen Gedanken
Deiner Schöpfung noch einmal denkt ... (in: Bode, S. 75)

Zur gleichen Zeit etwa wie die alkäische entstand auch die sapphische Odenstrophe, die erst in neuerer Zeit Josef Weinheber in vielen Versuchen wiederbelebt hat: in philosophischen und lehrhaft-moralischen Themen, wie das folgende Beispiel zeigt: Wie andere Autoren des 20. Jahrhunderts fallen auch bei ihm die spannungsreichen Versübergänge auf, die den Gedankengang nachzeichnen und reflektierende Aussagen über die Versgrenzen hinwegdrängen lassen, was umso leichter ist, als der Reimzwang klassischer Poetik wegfällt.

(56) Nimm des Menschen Dunkelstes: Dies ist ewig.
Nimm aus weher Brust das Verlorne. Hauch die
Scham, die Sehnsucht, flüstre das Weinen in die
Stille des Abends, ... (Wiesner, A 15, S. 56)

Gedichtformen

An dieser Stelle sind zunächst die zahlreichen strophenlosen und sehr frei gebauten und auch sehr frei gereimten von zwei bis zu ca. 20 Verse umfassenden *Madrigale* zu nennen, die vor allem im 18. Jahrhundert viel zu gereimten Sprüchen, Geschichten, Beispielerzählungen, Fabeln und Satiren die Form boten. Ein Beispiel von Lessing:

(57) Sie hat viel Welt, die muntere Lucinde.
Durch nichts wird sie mehr rot gemacht.
Zweideutigkeit und Schmutz und Schand und Sünde,
Sprecht, was ihr wollt: sie winkt euch zu, und lacht.
Erröte wenigstens, Lucinde,
Daß nichts dich mehr erröten macht!

Diese Gedichtform hat die freie rhythmische Struktur des Knittelverses mit der freien Anzahl der Hebungen oder Silben je Vers verbunden; unter den gebundenen Versen ist sie nächst dem Blankvers daher am flexibelsten für alle möglichen Themen und sprachlichen Ebenen verwendbar. Je stärker der Text erzählerische Impulse aufnimmt, desto reichhaltigere Angebote macht er für Gesten und für Untertexte. Die möglichen Lesarten orientieren sich natürlich auch an der Einschätzung des Vorlesers über das Thema des Textes und seine Stellungnahme. Auch die Rolle, aus der er spricht, ist immer wieder zu bedenken: im Falle dieses Lessing-Textes lassen sich verschiedene Rollen als Sprecher des Textes denken: z. B. eine Nachbarin oder der Pfarrer oder ...

Sonette

Im Gegensatz zum Madrigal steht sehr hoch, was Formstrenge und Anspruch an die sprachliche Fügung anbetrifft, eine andere Gedichtform, die angeblich von Petrarca im 14. Jahrhundert – also in der Hochrenaissance – begründet wurde und vornehmlich für Liebesgedichte verwendet wurde: das *Sonett.* Bei ihm liegt sogar eine inhaltliche neben der formalen Struktur fest. Zwei Vierzeiler (im Sonett spricht man von Quartetten) bestehen aus zwei Reimen, die allerdings beliebig untereinander verzahnt sein können: abba, baab oder abab, baba oder aabb, bbaa ... Danach folgen zwei Dreizeiler (Terzette), die entweder wie die Terzinen gereimt sind: cdc dcd oder drei Reimwörter aufweisen, die beliebig untereinander reimen: cde cde oder ccd eed oder cdd eec.

Eine englische Variante dieser Gedichtform sieht drei Quartette mit unterschiedlichen Reimen und einen abschließenden paargereimten Zweizeiler vor: Das Shakespeare-Sonett.

Inhaltlich muß das Thema des Gedichts in den Quartetten entfaltet und in den Terzetten kommentiert oder bewertet oder zu einer Folge weitergeführt werden. Dabei gilt es als besonders kunstvoll, wenn die Quartette und Terzette antithetisch aufeinander bezogen sind. Daß jedoch selbst dieses strenge Formprinzip spielerisch variiert werden kann, zeigen Beispiele von Johann Heinrich Voss:

(58) Mit
Prall-
Hall
Sprüht

Aus Moor-
Gewimmel
Und Schimmel
Hervor

Süd
Lall-
Trall-
Lied.

Kling-
Klang
Singt;
Sing-
Sang
Klingt

Dringt, Chor,
Dein Bimmel-
Getümmel
In's Ohr.

O höre
Mein kleines
Sonett.
Auf Ehre!
Ist deines
So nett?

(in: Dencker, S. 31 f.)

Was auch in diesen Beispielen deutlich wird: wenn die sprachliche Substanz nur noch eine Silbe je Vers umfaßt, wird der Vorleser aufmerksam auf Klangspielereien und reagiert entsprechend mit seiner Artikulation, um den parallelen Anlauten (Alliterationen) und den betonten Vokalen (Assonanzen) gerecht zu werden: Die L-, S- und K-Häufung der Anlaute des einen Textes und die i-Häufung in betonten Vokalen (außer den Reimvokalen auch noch „dringt", „in's" und „ist"), die in jedem Text ganz unauffällig Stimmungen unterstreichen und Wörter und Silben dem besonderen „Ohren"merk des Vorlesers anbieten.

Selbst Robert Gernhardt kann sich dem Reiz dieser 14 Verse nicht entziehen, wenn er eine harsche,von Jugendsprache geprägte Kritik auf das Sonett in Sonettform schreibt. (S. 164):

(59) Sonette find ich sowas von beschissen,
so eng, rigide, irgendwie nicht gut;
es macht mich ehrlich krank zu wissen,
daß wer Sonette schreibt. Daß wer den Mut
hat, heut noch so'n dumpfen Scheiß zu bauen;
allein der Fakt, daß so ein Typ das tut,
kann mir in echt den ganzen Tag versauen.
Ich hab da eine Sperre. Und die Wut
darüber, daß so'n abgefuckter Kacker
mich mittels seiner Wichserein blockiert,
schafft in mir Aggressionen auf den Macker.
Ich tick nicht, was das Arschloch motiviert.
Ich tick es echt nicht. Und wills echt nicht wissen:
Ich find Sonette unheimlich beschissen.

In diesem Text finden sich geballt alle Formeigentümlichkeiten in seltsamer Diskrepanz zum Stil und zur Aussage. Gernhardt faßt noch einmal zusammen, warum gerade Lyrik vom Klang lebt und daher vorgelesen werden muß. So gelingt ihm ein kunstvoller Rahmen, der zugleich mit der Satzstellung spielt und in derber Alltagssprache (Jugendsprache) die Form betont verfremdet.

Mit dieser Übersicht habe ich zwar bei weitem nicht alle traditionellen lyrischen Formen im Bereich des Verses, der Strophe und des Gedichts dargestellt, aber ich habe mich bemüht, dem Vorleser Hinweise zu geben, worauf er beim Vorlesen solcher und ähnlicher lyrischer Formen zu achten hat: inwiefern die Folge von Hebung und Senkung, das Reimschema, Auftakt oder Auftaktlosigkeit sowie die männlichen oder weiblichen Versendungen (Kadenzen) die Klangstruktur der lyrischen Aussage beeinflussen. Dabei sollte der Vorleser nie vergessen, daß seine Aufgabe zuallererst die Vermittlung von Textverstehen ist. Und daß die Klangform bestenfalls die Bedeutung eines Kleides für den Text hat. Und neben dem Inhalt vermittelt die Form bestenfalls einen Deutungsansatz.

Und der Lehrer in der Sekundarstufe II, der seine Schüler für solche Texte gewinnen will, kann sie zum einen ohne Autor vorstellen, um Schülervorurteile zu entkräften, und zum andern braucht er selber Begeisterung für diese Kleinkunstwerke. Die Anregung, die Texte hörbar zu machen, steht immer im Zusammenhang mit anderen ganzheitlichen Methoden des Zugangs: Die Texte werden darstellerisch umgesetzt, als Puzzle oder Collage angeboten oder als inhaltliche Anreicherung einer aktuellen Fragestellung oder jahreszeitlichen Situation eingebracht, um selber produktiv zu werden, nachschreibend oder sprechgestaltend ganzheitliche kreative Erfahrungen anzubahnen.

9.2 Kritisches Hören von Medientexten – verständliches Sprechen von Medientexten

Gerade angesichts der zunehmenden Beeinflussung durch Rundfunk und Fernsehen wird es vor allem in der gymnasialen Oberstufe zunehmend wichtiger, daß reflektierte Kritik an den Mediensprechern möglich wird. Dafür bedarf es genauer Beobachtung und eigener Erprobung. Zwar wird das Stichwort Medienkritik zunehmend wichtiger, aber es stößt ins Leere, so lange nicht eine differenzierte Wahrnehmung des medial Vermittelten ermöglicht wird. Globale Eindrücke sind zu einem solchen Vorhaben wenig hilfreich: Die Sprecher lassen die Ruhe vermissen, sie hetzen durch ihre Texte und lassen sich nicht die Zeit, die überwiegend vorliegenden Texte zu gliedern und den Hörern verständlich zu machen.

Für Schüler, die im Auto oder zu Hause einen Lieblingssender hören, ist es selbstverständlich, daß jeder Sender eine bestimmte Kennung und auch die Sprecher eine bestimmte Masche haben, die bei den potentiellen Hörern „ankommt". Dabei vernachlässigen sie oft Beobachtungen wie die folgenden:

1. Die Ökonomie des Sprechens ist hörbar und häufig sichtbar gestört: Der Hörer nimmt sehr störende Atemgeräusche wahllos in die Aussage verstreut wahr. Am Ende der Aussagen wird ganz häufig die Stimme gehoben, hingegen nach Aussagenteilen fast ebenso häufig die Stimme gesenkt. Gleichgewichtige Hauptbetonungen durchziehen im Durchschnitt nach jedem 4. Wort die Aussagen, und häufig sind Betonungen am Ende der Aussagen mit besonderem Nachdruck – im Fernsehen mit einem Nicken – verstärkt.

2. Subtilere Beobachtungen beziehen sich auf das hohe Sprechtempo, das in allen aktuellen Sendungen vorgelegt wird und das seinen Höhepunkt in der Werbung erreicht: *ZuRisikenund NebenwirkungenlesenSiediePackungsbeilageundfragenSieIhrenArztoderApotheker.* Kaum vor- stellbar, daß ein Zungenbrecher so schnell präsentiert würde! Damit unmittelbar verbunden sind Verschleifungen und Silbentilgungen im Wortauslaut: Typisches Beispiel „ham" für *haben.*
3. Offenbar als kompetent gilt, weil es so häufig praktiziert wird, eine Sprechmelodie, die tendenziell von oben nach unten verläuft und sich vor allem bei Klaus Bednarz (Monitor) und bei Bodo H. Hauser (Frontal) sowie bei vielen weiblichen Moderatoren, so z. B. bei Conny Herrmann (ML-Mona Lisa) beobachten läßt.

Die Differenzierung hier schließt natürlich nicht aus, daß sich die geschilderten Beobachtungen bei einem Hörfunk- oder Fernsehmoderator nicht bündeln können. Obwohl Bewertungen fehlen, wird unterstellt, daß die beobachteten Sprechgewohnheiten einem ungestörten Zuhören abträglich sind. Möglicherweise schleichen sich solche Gewohnheiten bei den „Profis" ein, weil sie zeitlich ziemlich unter Streß stehen und jeder glaubt, ein besonderes Markenzeichen entwickeln zu müssen.

Demgegenüber ergeben entsprechende Tests, daß die gleiche Zeit für ruhiges gegliedertes wie für hektisches Sprechen vergeht, daß die Zuhörer mit dem ersteren besser umgehen können, zumal sich Versprecher durch diese Hektik häufen.

Ein anderes Problem liegt darin, daß die Sprecher aufgrund dieser Hektik in Atemschwierigkeiten kommen und so lange sprechen, bis sie keine Luft mehr haben und dann nur hörbar einatmen können: genau damit aber zerreißen sie oft den Textzusammenhang.

Und eine dritte Beobachtung, die sich womöglich auch aus der Hektik erklärt: Die Sprecher, vorwiegend eingesetzt in Musikprogrammen, in denen sie locker durch die Musiktitel führen und zwischendurch aktuelle Nachrichten und Wetter- und Verkehrsmeldungen vorlesen, haben sich z. T. eine ganz merkwürdige Intonation angewöhnt, die sich nicht mehr mit der Mitteilungshaltung am Mikrophon vereinbaren läßt.

Wenn sie einmal etabliert sind, laufen sie Gefahr, in Routine zu erstarren, verlieren so rasch die Distanz zu sich selbst, und ein differenziertes Kontrollhören ihrer Sendungen durch kundige Hörer, die ihnen ein entsprechendes Feedback anbieten könnten, findet nicht statt. So können sich sogar funktionelle Fehler beim Sprechen einschleichen und zu unerwünschten Überbeanspruchungen führen.

Es gibt auch wenig bis gar keine Ausbildung für diese Mitarbeiter.

Die folgenden Textbeispiele habe ich aus aktuellen Musikprogrammen eines norddeutschen Rundfunksenders mitgeschnitten und transkribiert. Sie sollen zur Grundlage dienen für die Kritik, die den Schülern durch Erproben und eigene vergleichende Mitschnitte sowie durch viele Originaltexte aus Wachtel 1997 ermöglicht werden. Schüler sollen angeregt werden zu eigenen Mitschnitten und entsprechenden Beobachtungen sowie hauptsächlich zu Sprechererfahrungen am Mikrophon. Vielleicht lassen sich durch solche Anregungen Anreize für einen internen Schulsender schaffen, in dem dann der Ernstfall für alle Interessierten einträte. Der Schulsender könnte sogar vieles von dem in diesem Buch Geschilderten dokumentieren und damit für erhöhte Motivation bei allen vorlesenden Schülern sorgen! Auch das Internet bietet mit seinen Bild- und Tonkombinationen Anreize genug, um z. B. verschiedene Sprechfassungen eines gewählten Textes im Internet auf einer Web-Side auszustellen und auf Auseinandersetzungen mit Gleichgesinnten hinzuarbeiten. Nachdem bereits Grundschulen Internet-Zeitungen gestalten (z. B. die Alexanderschule in Vechta) dürfte ein solcher Anspruch für die Schüler der gymnasialen Oberstufe erst recht realistisch sein. Wie wär's mit einem Internet-Sender?

Die Texte sind mit folgenden Markierungen versehen: Die Atemgeräusche sind mit / markiert. Die betonten Silben durch Fettdruck hervorgehoben.

(1) ... Aber **nicht** nur **dort**/
sondern **auch** auf der **ost**friesischen **In**sel **Wan**gerooge **schnellt** die **Zahl** der **Ehe**schließungen **sprung**haft in die **Höhe** /
Einen **lang**sameren /
aber **ste**ten Zuwachs ver**zeich**neten auch die Ver**wal**tungen von **Bor**kum Norder**ney** **Föhr** und **Sylt** /
Nicht daß die Insu**la**ner so **hei**ratsfreudig geworden **wä**ren /
Nein der **An**stieg /
geht wie **fast** über**all** auf das **Kon**to **Aus**wärtiger Und **wann** wird ge**hei**ratet /
Be**liebt** sind die **Mo**nate **Mai** und Sep**tem**ber /
Und **selbst** steife **Win**terwinde /
locken die **Lie**benden an die **See** / ...

(2) **Ein**mal wünsche ich na**tür**lich FF Frohe **Pfin**gsten /
und **hof**fe daß Sie **Lus**t und **Lau**ne haben ein **Spiel**chen mitzumachen Das **gan**ze /
Leben ist bekanntlich ein **Quiz so** auch **heu**te **nach**mittag auf der **Han**sawelle /
Die **Fra**gen sind nicht **all**zu schwer **wie** Sie gleich **hö**ren werden /
und **wenn** Sie es **schaf**fen tele**fo**nisch **durch**zukommen dann ge**win**nen Sie eine **Ki**nofan-**Grund**ausrüstung /
be**ste**hend aus zwei **Ki**nokarten einem Videofilm und einer **CD** mit einem **Sound**track **Ei**gentlich /
ge**hör**te ja noch **ei**ne Tüte **Pop**corn dazu /
aber **die** läßt sich so **schlecht** mit der **Post** /
ver**schick**en Ich **freu** mich drauf Sie **hof**fentlich **auch**

(3) Bei **stun**denlangen Kra**wal**len im **An**schluß an ne Demonstrati**on** gegen **Aus**länderhaß sind **heu**te in **Ham**burg **20** Menschen **fest**genommen worden /
[Für] wie die Poli**zei** in einer **er**sten **Zwi**schenbilanz am **A**bend /
weiter mitteilte wurden **5** bis **10** Beamte ver**letzt**

außer**dem** eine Passan**tin** und ein **Ra**dio-Journalist /
Über Ver**letzt**e bei den **Stö**rern habe er **kei**ne **An**gaben sagte /
der Poli**zei**sprecher
Ein **En**de der Kra**wal**le sei nicht **ab**sehbar Gegen **19** Uhr **stan**den /
sich nach **An**gaben der Poli**zei** und von **Au**genzeugen die Be**am**ten und ein **har**ter **Kern** von **150** Randa**lie**rern am neuen **Pfer**demarkt gegen**über** /
Drumher**um** waren **meh**rere **hun**dert **Schau**lustige
Die Poli**zis**ten wurden mit **Stei**nen beworfen und ver**such**ten immer / **wie**der die **Men**schen mit **Was**serwerfern zu zer**streu**en /
sie **zo**gen sich **dann** in die **Sei**tenstraßen oder in **Haus**eingänge
zurück um **wie**derzukommen /
Zwischenzeitlich **hat**te sich die Poli**zei** für **rund** 30 Mi**nu**ten
zu**rück**gezogen /
In dieser **Zeit** zer**schlu**gen die zumeist **jun**gen **Leu**te eine **Am**pelanlage /
Eine Demonstration in **Bre**men dagegen verlief **fried**lich ...

(4) Es wird 13 Uhr 42 Sie **hö**ren den **Küs**tenreport auf der **Han**sawelle /
Im **Streit** um das Bremer**ha**ven-Struk**tur**konzept /
hat der FD**P**-Politiker **Her**bert **Rich**ters ge**for**dert /
Bremer**ha**ven mehr po**li**tische **Mit**wirkung bei der **künf**tigen **Ha**fenstruktur zu er**mög**lichen /
Alle **Hä**fen des **Lan**des **müß**ten in **Lan**deshoheit über**führt** werden /
damit **Ha**fenpolitik nicht **län**ger **bre**mische Kommu**nal**politik **blei**be /
Richters der **stell**vertretender **Vor**sitzender des **Wirt**schaftsausschusses und der Fische**rei**deputation **ist** /
unter**stützt** auch die Zu**sam**menlegung der Se**nats**ressorts **Wirt**schaft und **Hä**fen /

(5) Wer im **Ur**laub auf das **ei**gene **Au**to nicht ver**zich**ten will
kann es **jetzt** ganz **ein**fach im **Flug**zeug **mit**nehmen /
Auf **al**len **Stre**cken des **Air**bus A 3**10**
innerhalb Eu**ro**pas und zu den ka**na**rischen **In**seln /
bietet der **Rei**severanstalter Hapag Lloyd **an**
einen **PKW** oder ein Mo**tor**rad als **Luft**fracht **auf**zugeben /
Billig ist das **nicht**
Das eigene **Au**to fliegt pro **Flug**strecke für rund **1700** Mark **mit** / ein Mo**tor**rad für 7**50** Mark
Insge**samt kön**nen **bis** zu **3** PKW in **ei**nem Airbus transpor**tiert**
werden /
Nach **An**gaben von Hapag **Lloyd** ist das Inte**res**se **groß** /
In der **Test**phase **wur**den bereits **100 P**KW mit dem **Flug**zeug be**för**dert

(6) Für **vie**le **El**tern **kommt** es einem **Alp**traum gleich /
wenn der **Sohn** oder die **Toch**ter auf einmal **beich**tet /
Ich bin **schwul** oder ich bin **les**bisch **Aus** der **Traum** vom **net**ten **Schwie**gersohn /
oder der char**man**ten **Schwie**gertochter die **spä**ter einmal die Fa**mi**lie ver**voll**ständigen soll /

Und **nicht** zu ver**gess**en **Aus** der **Traum** einmal **O**ma oder **O**pa zu **wer**den Wenn **Kin**der homosexu**ell** sind /
bricht für **vie**le **El**tern das **tra**ditionelle **Welt**bild **voll**kommen zu**sam**men /
Dann wird **erst**mal ge**weint** ge**strit**ten und **schließ**lich ge**hofft** daß sich viel**leicht** nach einer **Pha**se sexu**el**ler **Ir**rungen /
doch noch **al**les zum **Gu**ten **wen**det ... So **An**gela **Wei**nert **Mut**ter eines **schwu**len **Sohns Pe**ters **El**tern **wis**sen seit **zwei Jah**ren **daß** er schwul **ist** /
Für **ihn** war das Ge**spräch** mit seinen **El**tern wie ein **Gang** zum Scha**fott** ...[32]

Funksprecher-Art

Die Texte, vermischte dpa-Meldungen, werden ohne erkennbare Zäsuren gesprochen, werden i. d. R. mit einer Häufung von Betonungen ausgestattet und manchmal auch noch mit Intonationsschleifen gesprochen, die den Text beliebig werden lassen: Die hörbare Sprechmelodie hat auch erfahrungsgemäß häufig wenig mit der eigenen Sprechstimme zu tun, sie wirkt aufgesetzt und mag von Medienvorbildern kopiert sein. Solche und ähnliche Hörerfahrungen lassen sich mit vielen Moderatoren machen.

Die kritische Frage, die sich stellt, ist natürlich, ob diese Art des künstlichen und übertrieben betonten Sprechens so locker flockig wirkt, wie die Moderatoren wirken wollen. Hat überhaupt ein Mediensprecher eine Chance, wenn er sich nicht auf seine Zuhörer einläßt und nicht so redet, „wie ihm der Schnabel gewachsen ist"? Muß nicht gerade auch der Rundfunksprecher seine Meldungen adressieren, damit sie auf Interesse stoßen? Er tut gut daran, seine Texte zu gliedern und damit eindeutig zu betonen; das heißt, daß auch hier das Prinzip von Spannung und Entspannung gilt, daß dem jeweils Unbekannten die Entspannung zuzuordnen ist, dem bereits Bekannten die Spannung. Die Gliederung des Textes gewährleistet auch, daß weder pauschale Melodiemuster sich einschleichen können noch zu überhastetes Sprechen verwaschene Artikulation hervorrufen kann. Wenn die Pausen unkontrolliert und nur von der vermeintlichen Not diktiert sind, Atem zu schöpfen, zerreißen sie leicht den Sinnzusammenhang und zerstören die Spannung, die man mit dem Hörer aufgebaut hat. Das gilt umso mehr, als häufig in Verbindung mit dem Atem an das Ende der Äußerung die Betonung rückt, die dann Gefahr läuft, den Sinnzusammenhang noch stärker zu beeinträchtigen.

Was wäre angemessen?

Ich gebe hier den ersten Text in einer nach meiner Einschätzung normalen Gliederung und rege an, daß die Schüler mit den anderen Texten ähnlich umgehen, natürlich indem sie den Text probesprechen und seine optimale Gliederung im Sprechen ausprobieren, wohl wissend, daß sie dann natürlich auch dem Zeitlimit unterliegen: kein Text darf länger als 2min dauern.

[32] Die Texte entstammen Sendungen von Radio Bremen im März 1997, die mitgeschnittenen Sendungen habe ich transkribiert

1) ...Aber nicht nur **dort**
sondern auch auf der ostfriesischen Insel **Wan**gerooge
schnellt die Zahl der Eheschließungen **sprung**haft in die Höhe
Einen **lang**sameren
aber **ste**ten Zuwachs verzeichneten auch die Verwaltungen von
Borkum Norder**ney** **Föhr** und **Sylt**
Nicht daß die Insulaner so **hei**ratsfreudig geworden wären
Nein der
Anstieg geht wie fast überall auf das Konto **Aus**wärtiger
Und **wann** wird geheiratet
Be**liebt** sind die Monate
Mai und Sep**tem**ber
Und selbst steife **Win**terwinde
locken die **Lie**benden an die See ...

Sprechsprache versus Schreibsprache

Gliederungsgerechte Zäsuren vermeiden auch die Versprecher (vgl z. B. Text 3), weil die Länge der Sinnabschnitte kürzer und überschaubarer ist als häufig ganze Sätze der Meldungen. Zumal diese Sätze, wenn sie unzensiert dem Ticker entnommen sind, i. d. R. nicht sprechnah formuliert sind und damit große Probleme für die Sprechgliederung aufwerfen können. Z. B. aus Text (3)

[Für] wie die Poli**zei** in einer **er**sten **Zwi**schenbilanz am **A**bend / **wei**ter mitteilte wurden **5** bis **10** Beamte ver**letzt**

Der Versprecher [], der sich der Hektik des Sprechers verdankt, ließe sich sicherlich vermeiden, wenn etwa so gliedert würde:

Wie die Polizei
in einer ersten Zwischenbilanz
am Abend weiter mitteilte,
wurden 5 bis 10 Beamte verletzt

oder, noch besser, so umgestellt würde, daß das Wichtigste am Beginn der Mitteilung steht:

5 bis 10 Beamte wurden verletzt
so teilte die Polizei mit
in einer ersten Zwischenbilanz am Abend

Alle Informationen sind mitgeteilt, aber formal so übersichtlich, daß der Sprecher wie auch der Zuhörer keine Probleme haben, die Mitteilung zu verstehen, denn auch die Klammer „wie die Polizei ... mitteilte" ist „entschärft". Problem ist ja bei all diesen Nachrichten nicht nur die Überfülle der gleich gültigen Akzente, sondern auch die Überfülle an Informationen, die in die Aussagen gepackt sind[33]. Wenn die Aussagenblöcke im Text (auch als Sinnglieder bezeichnet) isoliert und paratak-

[33] Diese Feststellung trifft auch bereits Wachtel 1997, der eine Fülle von authentischem Material aus seinen Trainings verarbeitet und detaillierte Anleitungen zu sprechnahem Schreiben gibt

tisch, also nebengeordnet gegliedert sind, kann der Sprecher besser mit dem Text fertig werden, ihn besser gliedern und adressieren. Freilich resultieren Sprechprobleme am Mikrophon auch aus der Struktur der zu sprechenden Sätze; wenn zu viel Information wie im Deutschen üblich in einen Satz gepackt wird, wird ihn auch der beste Sprecher nicht mehr sinnstiftend vorlesen können.

Sprech-Maschen

Und die pauschale Anhebung der Sprechmelodie am Aussagenende oder auch pauschal sinkende Sprechmelodie am Ende jeden Sinnabschnitts lassen sich mit Gliederung und eindeutiger Betonungsstruktur, verbunden mit dem eigenen Interesse an der Mitteilung der Meldung, vermeiden. Die Erfahrung mit dieser Neuorientierung und ihre Erprobung verdeutlichen überzeugend, daß die Sprechzeit durch die Gliederung der Texte in Sinnabschnitte, eindeutige dominierende Vorstellungen und Zäsuren nicht verlängert wird.

Vielfach auch sprechen die Sprecher(innen) mit Schonstimme und wollen damit ganz besonders intim wirken. Wenn sie auch über Vollstimme verfügen und damit Spannung ebenso wie Entspannung beim Vorlesen bewirken können, schafft das gute Voraussetzungen, um textangemessen, hörerbezogen und „echt" zu sprechen. Ein seriöser Text, mit Schonstimme gesprochen, also als intim wirkende Mitteilung, löst womöglich Irritation bei den Hörern aus.

Die unkontrollierte Einatmung bei den Mediensprechern läßt sich mit der effektiven Textgliederung ebenso wie pauschale sonstige Gewohnheiten abstellen: Wenn nämlich prinziell die Pause gefüllt wird durch das Schließen der Lippen, dann wird der Atem geräuschlos durch die Nase aufgenommen, und die Spannung bleibt erhalten. Außerdem müssen und sollen auch Mediensprecher wissen, daß durch und mit dem akzentuierten Sprechen ständig Einatemreflexe bewirkt werden, die ein aktives Einatmen überflüssig machen. Und ein hörbarer Einatemreflex kann eine sehr unerwünschte Deutung auslösen: Gott, was sind die (Nachrichten / Hörer ...) blöd!

Selbst-Sprecher

Die wirksamste Brücke zum Hörer bildet für den Sprecher die Entdeckung und Kultivierung seiner eigenen Sprechweise. Keine noch so verführerische Masche ersetzt den eigenen Alltagssprechstil. Er gewährleistet den sichersten Zugang zum Hörer, wenn die Bemühungen um den Text verinnerlicht werden. In der Regel spricht der Rundfunksprecher Texte, die ihm andere zum Sprechen vorlegen. Er tut gut daran, die Texte so zu gliedern, daß sie seinem Alltagssprechrhythmus entsprechen. Noch besser: Er schaut sie sich vorher an und vereinfacht sie sprechgerecht. Das heißt, er zieht wenigstens das Prädikat der Aussage nach vorn, so weit es die grammatische Regel zuläßt. Dann hat er die Möglichkeit, dem Zuhörer seine Mitteilungsabsicht zu verdeutlichen und eine Medieninteraktion mit ihm zu verwirklichen.

Sprecher-Regeln

Das hier Referierte geht auf Erfahrungen zurück, die ich aus Trainings mit Sprechern und Moderatoren im Hörfunk machen konnte. Für sie habe ich die folgenden Regeln erarbeitet, die für alle in vergleichbarer Situation Tätigen, d. h. nicht in Live-Situationen Vorlesenden gelten und das vorher Ausgeführte wiederaufgreifen.

Vorweg: Sprechen ist in aller Regel ein gerichteter und absichtsvoller Prozeß. Zunächst teilt sich der Mensch mit, der spricht, dann die Mitteilung. Störungen können sich durch verwaschene Artikulation, durch uneindeutige Adressierung oder Sprechabsicht sowie durch äußere Einflüsse ergeben. Wer nur ein Mikrophon als Gegenüber hat und ansonsten allein im Studio sitzt oder steht, braucht eine Menge Einfühlsamkeit und Einbildungskraft, um sich das oder die fehlende(n) Gegenüber vorzustellen.

Ich halte es für ganz wichtig, daß auch Schüler solche Erfahrungen machen. Immerhin sind sie an medienvermittelter Kommunikation mitbeteiligt und gewinnen so die Chance, vom Medienkonsumenten zum Medienproduzenten aufzusteigen. Um das Projekt in seiner Realität noch zu steigern, können sie sich gegen ein geringes Entgelt die aktuellen Nachrichten einer Woche von dpa (Deutsche Presse Agentur) schicken lassen. Die müßten dann in Sprechtexte umgewandelt und gesprochen / gesendet werden. Vielleicht läßt sich auch eine eigen Schulagentur mit Korrespondenten in allen Klassen anregen. Als Ort solcher Erfahrungen bietet sich ein Sprachlabor an, oder aber ein mit geringfügigen Mitteln eingerichteter kleiner Raum, der eine leistungsfähige Computeranlage mit der Software „wave Lab" enthält. Die folgenden Regeln sind somit vor allem an die Schüler gerichtet; sie drängen das im Teil I Entfaltete brennpunkthaft zusammen.

Sprechen als Dialog

1. Gerade als Mikrophonsprecher im Studio ist es notwendig, die eigenen Äußerungen zu adressieren, also jemanden mit den Äußerungen anzusprechen. Dabei darf der Zuhörer nicht zu weit entfernt gedacht werden, damit die Sprecherstimme nicht zu laut wird und die empfindliche Mikrophonanlage nicht überreagiert.
2. Damit sich ein Radiohörer angesprochen fühlen kann, muß der Sprecher seine Äußerung mit Körperspannung sprechen. Die Spannung muß den gesamten Ausspruch umfassen. Sie stimuliert die angemessene Ausdrucksdifferenz zwischen Voll- und Schonstimme und eine durchweg gespannte Artikulation. Die Spannung darf nicht vor dem letzten Wort abfallen – das hört sich an, als sei der Sprecher am Kontakt gar nicht interessiert.
3. Der Zwang zur Korrektheit und zur Zeitangepaßtheit darf weder zu überhastetem Sprechen führen noch die Äußerungen sinnentleert machen: ersteres vermindert die artikulatorische Prägnanz, letzteres reduziert die o. g. Körperspannung und damit die o. g. Höreradressierung. Flüssig sprechen bedeutet nie den Verzicht auf angemessene Sprechgliederung.

4. Unkontrollierte Pausen und Schnapper (Einatmungsgeräusche) gefährden / beeinträchtigen den angesprochenen Adressatenbezug – und damit auch die Körperspannung. Zumal es kaum bedeutungslose Atemgeräusche gibt: der Hörer kann durch sie irritiert werden.

Als vokales Emblem (bedeutungstragendes Stimm-Zeichen) hat hörbares Einatmen nämlich durchaus Bedeutung: Kritik an der Begriffsstutzigkeit der Zuhörer / an der Unsprechbarkeit der Texte.

Sprechen als Ausdruck

5. Körperspannung hat etwas mit Sprechabsicht zu tun: Der Sprecher muß eine eindeutige Entscheidung treffen, was in dem Gesagten wichtig ist, und entsprechend seine Akzente verteilen. Dabei gilt: nur in den seltensten Fällen steht das Wichtigste am absoluten Schluß der Äußerung. Analog zum Spontansprechen darf nur eine Silbe je Sinn-Glied die Hauptbetonung tragen.
6. Die Pausen – selbst nur als Zäsuren / kurze Einschnitte innerhalb der Äußerung – haben akzent-steigernde Funktion. Sie dienen auch der Vermeidung von Versprechern, weil sie dem Sprecher eine kurze Planungspause ermöglichen. Besonders fatal wird es, wenn der Sprecher, in zeitsparender Absicht, die Gliederungssignale seiner Äußerung überspricht und den Zusammenhang seiner Äußerung durch seine Atmung stört. Allerdings dürfen die Pausen auch keine „Löcher" werden, die das Signal des kontinuierlichen Sprechflusses vermissen lassen.
7. Die Intonation oder Sprechmelodie trägt zur o. g. Echtheitswirkung mit bei; es gibt allerdings Melodieverläufe, die der Hörer als künstlich oder gar als arrogant wahrnimmt. Ein besonders unangenehmes Beispiel – meist mit quasi-dialogischen Floskeln verbunden, ist die fallende Intonation, ein Beispiel aus (1):

   Ich
   freu
   mich drauf
   Sie
   hoffentlich
   auch

   Für Irritation sorgt i. d. R. die meist unbewußte Angewohnheit, am Äußerungsende die Stimme zu heben. Aber auch unbewußte Regeln der Aussprache, wie z. B. der Hochschluß der Frage, oder unbewußte Sprechvorbilder tragen zur Verzerrung der echten Sprechmelodie bei. Z. B. ist die Angewohnheit weit verbreitet, grundsätzlich am Ende des Sinnglieds zu betonen. Wenn dies – wie bei Monitor-Chef Bednarz – mit einem Kopfnicken verbunden wird, wirkt das ungewollt komisch. Nach Möglichkeit orientiert sich der Sprecher an der eigenen Sprechmelodie, denn nur diese garantiert ihm optimale Wirkung bei den Hörern.

8. Vor allem die unbewußte Angewohnheit geräuschhaften Sprechens (Schonstimme) führt den Hörer ungewollt auf Abwege: die durch hauchigen Stimmklang bewirkte Intimität gibt möglicherweise sachlichen Äußerungen einen komischen Effekt.

Sprechen als physiologischer Prozeß

9. Die Einatmung vollzieht sich vollkommen selbständig: Der Körper holt sich beim Sprechen die Luft, die er braucht, automatisch. Jede korrekte Aussprache von Hemmlauten aktiviert das Zwerchfell und regt es zur Gegenbewegung an (gehemmte Ausatmung reizt Einatemreflex). Je aktiver ein Sprecher einatmet, desto stärker drängt er diesen natürlichen Zusammenhang zurück. Besser ist es, auf die Zwerchfellatmung zu achten (die mehr oder weniger intensive Mitbewegung der Bauchdecke beim Atmen) und den ruhigen Ausatemstrom beim Sprechen sicherzustellen zur Unterstützung der Sprechstimme. Planpausen verbunden mit dem ruhigen Aufnehmen der Luft durch die Nase wirken entlastend auf die Zuhörer.
10. Die Tonschwingungen des eigenen Körpers werden in den Hohlräumen des Kopfes zu artikulierter Sprache: Je beweglicher Kiefer und Zunge arbeiten, desto geschmeidiger funktioniert das Sprechen (= Sprechen mit Kau-Impuls). Vor allem reguliert diese intensive Bewegung den Speichelfluß und macht Trinken beim Sprechen z. B. überflüssig. Und je intensiver die konsonantischen Silbenränder (und d. h. die Hemmlaute) gesprochen werden, ohne in Nußknackermanier zu verfallen, desto stärker wird der Einatemreflex des Zwerchfells innerviert.

Sprechen als personales Kennzeichen

11. Das allerwichtigste ist es, seine **eigene** Sprechweise zu entdecken und zu kultivieren. So verführerisch die Versuchung ist, Kollegen zu kopieren (die Nick-Masche von Klaus Bednarz läßt sich noch bei anderen Moderatoren politischer Magazine beobachten), so verhängnisvoll erweist es sich im Hinblick auf die eigene Echtheitswirkung.

Ein wichtiges Mittel zur Überprüfung und Korrektur der eigenen Sprechwirkung ist die Aufzeichnung und eigene Hörkontrolle. Dabei sollte sich der Sprecher allerdings nicht überfordern. Es dürfte am Anfang schwierig sein, etwas von dem Beschriebenen wahrzunehmen.

Für das Projekt sollten sich auch Hörer finden lassen, die Rückmeldungen auf solche Aufzeichnungen geben könen: über Echtheit, Eindeutigkeit, Übereinstimmung von Text und Sprechausdruck. Sie sollten auch die 11-Punkte-Regeln als Kriterium für ihre gegenseitige und auch aktuelle Medienkritik nutzen, wobei es ausschließlich um Nachrichten- und Magazin-Sendungen geht, die mit den Regeln erfaßt werden sollen.

Zentrale Idee ist dabei, selber in die Rolle von Nachrichtensprechern und Moderatoren zu schlüpfen, um deren Situation nachvollziehen zu können. Dabei sind auch hier überraschende Einsichten zu erwarten: Medientexte lassen sich durchaus in einem gewissen Rahmen unterschiedlich gestalten, situative Zwänge lassen sich erst nach erfolgter Simulation angemessen einschätzen, und Schreiben und Sprechen folgen extrem unterschiedlichen Regeln. Häufig sind Texte, die der Sprecher verständlich übermitteln soll, unsprechbar. So können mit dem Projekt mehrere Ziele verfolgt werden:

1. Die Schüler lernen auch mit spröden sachlichen Texten sprecherisch umzugehen und sie für Zuhörer entsprechend verständlich anzubieten.
2. Die Schüler erleben sich in der Rolle von Verantwortlichen für die reale Information (beim Schulsender oder beim Internetsender sowie bei der Schulagentur) und sammeln Erfahrungen in der Nachrichtenlogistik sowie der Aufbereitung bis hin zur Sendung.
3. Die Schüler erfahren eine fundamentale Notwendigkeit, andere zur Aufnahme (zum Zuhören oder Zusehen) der eigenen Sendungen zu motivieren, und lernen, das Medieninteresse anderer (ihrer Mitschüler) zu antzipieren.

9.3 Ein fächer- und schulübergreifendes Projekt: Vorlesen von biblischen Texten im Gottesdienst

Dieses Projekt, das Realsituationen mit einer kaum abschätzbaren exemplarischen Bedeutung verbindet, möchte fächerübergreifende Aspekte zusammen mit dem Religionsunterricht produktions- und handlungsorientiert verfolgen.

Dies betrifft zunächst das Thema. Kaum ein Schüler wird gerade in seiner individuellen Leseentwicklung an der Bibel vorbeikommen. Insofern lassen sich viele Gründe anführen, warum wenigstens in Auszügen diesem so oft zitierten und kopierten Buch besondere Aufmerksamkeit zukommt.

Sodann geht es um die Methode. Zweifellos ist es eine besondere Herausforderung, die Texte der Bibel vorzulesen und in die Rollen von Gott, Prophet oder Erzähler zu schlüpfen, ganz abgesehen von den extrem vielfältigen Möglichkeiten der Aktualisierung im Vorlesen. Kaum andere Texte haben so viele unterschiedliche und widersprüchliche Deutungen erfahren wie die der Bibel.

Kaum eine größere reale Vernetzung läßt sich denken: Die Klasse könnte sich an Lektoren und Pfarrer, aber auch an beauftragte Prediger von Sekten und Freikirchen wenden und mit ihnen deren konkrete Gestaltung der ausgewählten Bibelstellen diskutieren und kontrastieren. Zudem mag ein konkreter Gemeindedienst damit verbunden sein, wenn all die Schüler – selbst wenn es nur einer ist – die Lektorendienst in ihrer Gemeinde übernehmen, auf die jeweiligen Textabschnitte ihrer Lesung vorbereitet werden und ggf. die Klasse / den Kurs zu dem entsprechenden Gottesdienst einladen. Sicher wird das auf sehr viel verständigere Hörer treffen als bei der sonstigen kirchlichen Praxis. Und vielleicht wird über solchen ernsthaften

„Sprechproben" das Bekenntnis hinter der Sprechfassung aufleuchten und ggf. anstecken.

In der Zuversicht, daß es einem immer wieder angesprochenen interdisziplinären Zusammenwirken in den Schulen zugute kommt, wenn für die Durchlässigkeit der Fächer untereinander geworben wird, und in dem sicheren Bewußtsein, daß der Appell zur Kooperation hier ganz besonders angebracht ist, werbe ich dafür, im Deutschunterricht auch für diese Anregung Verständnis und Zeit aufzubringen, um das Anliegen der Textdeutung durch Sprechausdruck von dieser zentralen Stelle her zu pflegen und *alle* Situationen des Vorlesens differenziert im Blick zu behalten. Vielleicht bringt ja die Lektüre dieses Buchs mit diesem Teil den einen oder anderen Deutschlehrer auch für seine eigene Person auf neue Gedanken ...

Situation der Lektoren

Lektoren, so werden Vorleser im Gottesdienst genannt, haben es mit religiösen Texten zu tun. Sie scheinen besonders bemüht um eine vielfältige und gleich gültige Betonung ihrer, meist biblischen, Texte: vermutlich, weil sie der Überzeugung sind, daß ja keins der kostbaren Worte der Verkündigung verlorengehen darf. Zudem sind sie aus akustischen Gründen gezwungen, langsamer und pointierter zu sprechen als im Alltag. Auch die beste Lautsprecheranlage kann den Halleffekt von Kirchenräumen nicht abschalten. Aber die Vorleser halten dadurch eine solche Distanz zu diesen Texten ein, daß sich kaum ein mitteilendes Vorlesen verwirklicht. Sie wagen nicht, Briefe aus dem Neuen Testament z. B. direkt und mit der entsprechenden Vollstimme (Spannung) der Gottesdienstgemeinde mitzuteilen, wohl aus Besorgnis, sie würden mit dem Briefinhalt direkt in Beziehung gesetzt, sie könnten mit dem Briefschreiber identifiziert werden. Das wird schon an dem vielfach auch heute noch gesprochenen „Brüder" hörbar: Zum einen spiegelt sich hier die große Distanz zwischen Gemeinde – die ja nicht nur aus männlichen Mitgliedern besteht, wie früher die jüdische Gemeinde – und Vorleser, zum anderen zeigt sich die Schwierigkeit, von dem vorliegenden Text abzuweichen, selbst wenn er der aktuellen Situation im Gottesdienst widerspricht.

Ohnehin verblüfft die Beobachtung, daß den meisten Benutzern von biblischen Texten gar nicht klar ist, daß sie es mit Übertragungen und damit auch Deutungen zu tun haben. Noch weniger bekannt und bewußt ist meistens auch, daß viele und meist unbekannte Autoren bei der Entstehung der Bibel beteiligt waren, wenn man von den autorisierten Schriften einmal absieht. Mit dem Etikett „Wort Gottes" sind Lektoren meist ängstlich besorgt, auch nicht ein Jota an dem heiligen Zeugnis zu ändern.

Die meisten Vorleser im Gottesdienst lassen zudem die Ruhe vermissen, die besonders für den Vortrag geistlich-didaktischer Texte notwendig ist, damit sie ihre Wirkung entfalten können. Lektoren sind meist froh, wenn sie ihre exponierte Position im Blickfeld der Gemeinde rasch wieder verlassen können. Mit dem Schlüpfen in die Rolle des *Bibelvorlesers* scheint die Gefahr eines „heiligmäßigen Sprechausdrucks“ verbunden, der die Wirkung der Worte naturgemäß einschränkt, weil er deren Authentizität beeinträchtigt.

Der Lektor ist im Augenblick seiner Vorlesung – er mag das noch so sehr herunterspielen – *„Stellvertreter Gottes vor den Menschen“*[34]. Während seiner Vorlesung wendet er der Gemeinde sein Gesicht zu und spricht die Gemeinde, nicht etwa das Lektionar oder Perikopenbuch (so heißen die großen Bücher, die vorn auf dem Stehpult im Altarraum liegen und die Textausschnitte für die sonntäglichen Lesungen enthalten) an. Die Stellvertreterrolle kann er nur wirksam ausfüllen, wenn er

- dem vorgegebenen Text entsprechend der Gemeinde erzählt, verkündet oder prophezeit, sowie sie belehrt, bedroht oder warnt, d.h. aber sich selbst mitten in den Text hineinbegibt, ja sich selbst zum Autor des Textes macht, den Autor durch sich selbst und durch den Text zur Gemeinde sprechen läßt;
- eingedenk der akustischen Bedingungen eines halligen Großraumes so langsam und sorgsam und deutlich artikuliert spricht, daß zum einen kein Wort durch den Nachhall des vorangegangenen beeinträchtigt oder gar unverständlich wird, zum anderen alle Worte ihrem Anspruch gemäß ausgedrückt werden können (das heißt: der Sprecher / Lektor soll lediglich das Tempo des Sprechens drosseln, aber nicht die durch den Text ihm zugewachsene Rolle aufgeben. Dem Hörer soll aber klar werden, daß die vorgelesenen Passagen zusammengehören.
- seinem Auftrag gemäß die Gemeinde mit dem jeweiligen Textanliegen anspricht, wobei er sicherlich gut daran tut, wenn er seine eigenen Vorverständnisse oder Texthypothesen mit vermittelt und damit der Gemeinde einen durchaus subjektiven Zugang ermöglicht; denn wie anders soll der vorlesende Lektor „in Vollmacht“ sprechen, als wenn er mit seiner Verkündigung auch seine Empfängerrolle dieser Verkündigung sich selbst und den Hörern vergegenwärtigt. Dabei sollte er sich nicht überfordern: Auch das vollkommene Kapitulieren vor einem Lesetext kann und sollte der Gemeinde gespiegelt werden.

Wünschenswert ist ein vorbereiteter Lektor – möglichst im Besitz des gleichen Lektionars / Perikopenbuchs, das auch im Gottesdienst zur Lesung verwendet wird. Und die Vorbereitung kann und sollte eine inhaltliche und eine formale sein.

Die inhaltliche geht dem Aspekt nach, was ausgesagt wird, und die formale setzt in den Text z.B. Hilfszeichen, damit während der Lesung rasch übersehen werden kann, wo Spannungszäsuren zu setzen sind, um das Wichtigste in einer Textaussage anzuzielen. Besonders wichtig sind die Zeichen für das Anblicken der Gemeinde, und das Festhalten der Zeilen mit dem Daumen oder Zeigefinger, um die Gemeinde wirklich zu erreichen. Ohne diesen Kunstgriff läuft der Vorleser Gefahr, die Zeile zu verlieren und damit den Textsinn für die Zuhörer zu verdunkeln, wenn er Sinnglieder aufblickend in die Gemeinde spricht.

[34] Zerfaß 1984, S. 6; der Abschnitt über das Lektorenamt übernimmt einige gute Anregungen dieses immer noch aktuellen Buchs

Wenn jedoch nicht verständlich ist, was vorgelesen werden soll?
Dann muß der Lektor dem Text Satz für Satz nachgehen und für sich selber versuchen, einen Sinn in die oft schwierigen Gedankengänge des Textes zu bringen. Wie soll er sein Anliegen den Hörern im Gottesdienst klarmachen, wenn er selber nicht weiß, worum es geht? Am besten versucht er schrittweise, den Inhalt des Textes mit eigenen Worten (vergleichbar den Testsätzen) nachzusprechen, um sich seiner zu vergewissern. Das hat den Vorteil, daß sich dann oft wie von selber die dominierenden Vorstellungen der Aussagen aufdrängen. Unbekannte oder altertümliche Worte und Wendungen kann gegebenenfalls der Deutschlehrer erklären, wenn er nicht sowieso für den Sinn eines unverständlichen Textes zuständig ist. Es gibt ja zu jedem Bibeltext eine Fülle von Übersetzungen: Vielleicht kann über eine aktuellere Übertragung der Sinn erschlossen und mit diesem neugewonnenen Verständnis die vorgeschriebene Sprachform bewältigt werden. Schlimmstenfalls läßt der Schüler-Lektor durch den Text seine Fragen und Unsicherheiten „durchtönen". Die Chance einer überraschenden Neubegegnung für die Gemeinde ist groß. Denn sie fühlt bei schwierigen Texten ja dieselben Verstehensprobleme wie der Lektor, und wenn er seine Probleme „durchtönen" läßt, wird die Gemeinde zur gemeinsamen Verstehensanstrengung provoziert. Daß hier Transferchancen auch für spröde Texte im Unterricht liegen, dürfte einleuchten! Und die Sympathie der Klasse / des Kurses bei der vorlesenden Bekanntgabe von Unsicherheiten ist sicher.

Sprechen – Sprechrolle – Sprecherrolle

Gleichwohl wird, wer den Text in der Vorbereitung nur leise durchgelesen hat, kaum richtig vorbereitet sein: Der Text muß klingen, erst dann offenbart er seine Stoßkraft, seine Schönheit, seinen Geist. Der Vorleser muß ihn mit all den Möglichkeiten, die auch seinem Alltagssprechen eignen, den Zuhörern mitteilen. Er sollte ihn durch Spannung und Entspannung, durch Pausen, Zäsuren und sparsame dominierende Vorstellungen sowie durch die empfundene Stimmung und den innerlich verwirklichten Gestus gliedern und für die Hörer lebendig machen.

All dies vermittelt der Text: er gibt etwas von der Sprechsituation wieder, in der der Text gesprochen wird, und vermittelt damit Hinweise über Tempo- und Tonhöhenbewegung, die den Textausspruch lebendig gestalten. Weder Tempo noch Langsamkeit, weder Gestimmtheit noch dominierende Vorstellung, meist gepaart mit dem Tonhöhengipfel, werden durch den kontinuierlichen Fluß der Schriftzeilen mitgeteilt. Dadurch kommt der Vorleser auch nicht um eine Entscheidung herum, wie er den Text verstehen und infolgedessen auch sprechen will. Dem Text ist nur beizukommen, indem der Vorleser seine Absicht übermittelt, seine Sprechrolle erspürt:
Will er etwas über unsere Zukunft sagen?
Erzählt er etwas von einer der großen Bibelgestalten?
Gibt er eine Geschichte, ein Gleichnis wieder?
Warnt oder mahnt er in der Rolle von Paulus oder den Propheten?

Sprachproblem

Das immer aktuelle leidige Problem ist das der sprachlichen Gestalt: jeder biblische Text ist eine Übertragung aus dem Hebräischen oder Griechischen, damit sowohl eine Deutung als auch ein Zeugnis für eine bestimmte Zeit und eine bestimmte Theologie. Trotz vorhandener Einheitsübersetzungen werden in katholischen und evangelischen Gottesdiensten nicht die gleichen Übersetzungen verwendet. Mit dem Erfolg, daß sowohl die evangelischen Lektoren als auch die Gottesdienstgemeinden neben ohnehin vorhandenen Verstehensproblemen noch zusätzlich die Sprachbarriere zu Luther überwinden müssen, eine geradezu absurde Situation, wenn man sich vergegenwärtigt, daß gerade Luther in seiner Zeit eine zeitgemäße und volksnahe Sprache anstrebte.

Vorlesehilfe Flattersatz

Tröstlich ist für dieses offensichtliche Verstehens- und Entscheidungsproblem ein Wort aus 5 Mose 30, 11–14: Schön wäre, wenn die Bibellesebücher ihr Layout vorlesefreundlicher gestalten könnten, so wie ich es im folgenden mit dem Flattersatz erprobt habe.

(1) Denn das Gebot, das ich
dir heute gebiete,
ist dir nicht zu hoch und
nicht zu fern. Es
ist nicht im Himmel, daß du
sagen müßtest: Wer will
für uns in den Himmel fahren und es
uns holen, daß wir's
hören und tun? Es ist auch
nicht jenseits des Meeres, daß du
sagen müßtest: Wer will
für uns über das Meer fahren und es
uns holen, daß wir's
hören und tun? Denn
es ist das Wort
ganz nahe bei dir,
in deinem Munde und
in deinem Herzen, daß du es tust.

Eine solche Zeilenanordnung wäre auch empfehlenswert für die Lektionare, um den Lektoren eine Sprechhilfe zu geben. Prinzip der gewählten Zeilenanordnung ist die Sprechgewohnheit. Zum einen paßt für die Offenheitsstelle eine Zäsur des Sprechers, er kann sich neu orientieren (und dem Einatemimpuls folgen), er kann diese kurzen Zeilen total den Zuhörern widmen, und er kann am Anfang der folgenden Zeile jeweils einen Betonungsgipfel finden. Formal umfassen die Zeilen Sinnaussagen, Teilsätze, die Vorstellungen und Vermutungen beim Leser und Vorleser auslösen.

Sprechausdruck

Der Geschicklichkeit, dem Einfühlungsvermögen und dem Mut des Vorlesers bleibt vieles überlassen: Manch einer kann sich auf seine Fähigkeit verlassen, und er widmet den Text den Hörern so, daß sie sich ihm weit öffnen. Ein anderer dagegen liest ab, was im Buch geschrieben steht und läßt all das hören, was er in der Schulzeit an irrigen Ratschlägen verinnerlicht hat: die Vielzahl der Betonungen, die Pausen und Stimmhebungen an Kommastellen und Stimmsenkungen an Punkten machen jeden Text eintönig und langweilig, von dem verinnerlichten Zwang zum flüssigen Lesen ganz zu schweigen. Nur die entschiedenen Schwerpunktsetzungen – was ist mir wichtig? – verbunden mit lebendiger Vorstellung des Vorgelesenen schaffen das Wunder, daß die Totengebeine der Buchstaben Geist und Leben gewinnen, treffen die Hörer als Gottes Ruf. Gestus und Stimmung des Textes erschließen sich dem Vorleser, der Jesu Wort beherzigt (Mt 10,27):

(2) Was ich euch sage in der Finsternis, das
redet im Licht; und
was euch gesagt wird in das Ohr, das
predigt auf den Dächern.

Vor allem wegen der ungünstigen Akustik (dem Nachhall) des Kirchenraumes muß der Text gegliedert werden. Nur durch Einschnitte im Text zwingt sich der Vorleser dazu, den Text so zu präsentieren, wie er dem Hörer „verdaulich“ und „verständlich“ ist: und vieles von dem Hörakt ist vergleichbar mit der Nahrungsaufnahme. Häppchenweises Vorlesen erleichert die Ausdrucksgestaltung und das Verständnis der Zuhörer. Für den obigen Text könnte das z. B. bedeuten:

(2a) Was ich euch sage / in der Finsternis, das
redet im Licht; und
was euch gesagt wird / in das Ohr, das
predigt auf den Dächern.

Jesus hat recht, wenn er sagt (Mt 4,4):

(3) Der Mensch lebt nicht vom Brot allein, sondern
von einem jeglichen Wort, das
aus dem Mund Gottes geht.

Leider hat sich bei den Herausgebern der Lektionare noch immer nicht eine angemessene und sprechnahe Gliederung der Textzeilen durchgesetzt, die dem Vorleser seine Pausen und Zäsuren bereits – so wie in den Beispielen oben – durch die Druckanordnung nahelegen. Sie erleichtern ihm auch die rasche Aneignung für den Fall, daß er ohne Vorbereitung ans Lesepult tritt. Denn sie machen den Text übersichtlich. Und sie nehmen Rücksicht auf die Speicherkapazität des Kurzzeitgedächtnisses – die notwendige Voraussetzung für Blickkontakt. Bisher orientieren sich die Bibellesebücher an Satzgliedern, die i. d. R. durch Zeichen markiert sind, ohne zu bedenken, daß diese Gliederung eine grammatische, aber keine Sprechgliederung beschreibt. Der Sprecher verwirklicht keine grammatische, sondern eher eine psychologische Pausenstruktur, die sich an den Nahtstellen der Satzglieder orientiert; Einfachsätze lassen sich gewöhnlich mindestens einmal untergliedern, z. B. so, daß ihre Aussagen und Sinneinheiten mit den Zeilen übereinstimmen:

(4) Sie werden ihre Schwerter zu Pflugscharen und
ihre Spieße zu Sicheln machen (Mi 4,3).

Sprechgliederung

Es ist keine zuverlässige Hilfe, wenn sich der Lektor auf die Satzzeichen im Text verläßt. Wichtiger ist in jedem Fall der Sinnzusammenhang. Wenn er über die Satzgrenze, den Punkt, das Semikolon, das Frage- oder Rufzeichen hinausreicht, dann gilt für den Vorleser, daß er den Zusammenhang wichtiger zu bewerten hat als das übliche Pausensignal. Dafür als Beispiel folgender Text (Jer, 23,28 f.):

(5) Der Prophet, der Träume hat, der
erzähle Träume; wer aber
mein Wort hat, der
predige mein Wort recht!
Wie reimen sich Stroh und Weizen zusammen? spricht der Herr.
Ist mein Wort nicht wie ein Feuer? und
wie ein Schmiedehammer, der Felsen zerschmeißt?

Beim Gliedern sollte man also immer die folgende Stufung einhalten: Vom Text ausgehend die Hauptabschnitte ausgliedern, dann die Sätze, dann die Sinnaussagen.

Für problematisch halte ich die Empfehlung, sich die Nachrichtensprecher zum Modell für die sprecherische Feingliederung von Texten zu nehmen. Gerade weil sie durch die vielen gleichgearteten Betonungen das Verständnis gefährden und den Hörer offensichtlich überfordern, sollte der Lektor sein Gliederungsbemühen mit der Festlegung der Sinnglieder beenden, um seine Verständigungsaufgabe für die Hörer nicht unnötig zu komplizieren. Die Gefahr ist nach meiner Erfahrung groß, daß die weiter auszugliedernden Wortblöcke ebenfalls eine besondere Betonung erhalten.

Finden läßt sich die Sinnschrittbetonung, wenn ich im Zweifel das vorbereitend Gelesene mit eigenen Worten zusammenfasse; dann ergibt sich eine Sinnschrittbetonung fast von selbst. Und wie bei allen Texten, läßt sich auch bei biblischen Texten keine eindeutige Betonungsfolge festlegen; es gibt sicherlich mehrere Möglichkeiten, biblische Texte vorzulesen. Ich gebe ein Beispiel mit zwei Betonungsverteilungen:

(5 a) Der Pro**phet**, der Träume hat, der
erzähle **Träu**me; wer aber
mein **Wort** hat, der
predige mein Wort **recht!**
Wie reimen sich Stroh und Weizen zu**sam**men? spricht der Herr.

Ist mein Wort nicht wie ein **Feu**er? und
wie ein Schmiedehammer, der **Fel**sen zerschmeißt?
oder

(5b) Der Prophet, der **Träu**me hat, der
er**zäh**le Träume; wer aber
mein Wort **hat**, der
predige mein Wort recht!
Wie reimen sich Stroh und **Wei**zen zusammen? spricht der Herr.
Ist **mein** Wort nicht wie ein Feuer? **und**
wie ein Schmiedehammer, der Felsen zer**schmeißt**?

Stellvertretung

Auch für die Lektoren gilt – wie für jeden anderen Vorleser: Sie sollten sich nicht stimmlich hinter dem Lesetext verstecken, sondern ihre alltägliche Sprechmelodie auch dem Text schenken: sie sollten mit dem Text erzählen, verkünden, prophezeien, mit ihm beraten, empfehlen, warnen; und die jeweils angemessene Stimmung oder den jeweils angemessenen Sprechgestus dem Lesungstext unterlegen, damit es den Hörern leicht wird, in den Text einzusteigen. Gegen alle Bedenken, sie könnten den heiligen Text durch zuviel Sprechausdruck verunglimpfen, sollten sie sich ständig ihre Verpflichtung und Verantwortung vergegenwärtigen, „*Stellvertreter Gottes vor den Menschen*“ zu sein. Dazu aber bedürfen sie aller subjektiven glaubenden Empfindung, aller Aufmerksamkeit und Begeisterung für den Text, deren sie fähig sind. Und natürlich beinhaltet die Alltagsgewohnheit auch die körpersprachliche Illustration des Vorgelesenen: Es gibt keine Regel, die den Lektor dazu verdammt, steif und bewegungslos hinter dem Vorlesepult zu stehen.

Der Lektor steht zwar sehr im Mittelpunkt der Aufmerksamkeit: er bemüht sich verständlicherweise darum, daß seine Kleidung und seine Haltung keinen Anstoß erregen. Bevor er spricht, sollte er sich ruhig erst sammeln, ausatmen, Blickverbindung mit der Gemeinde aufnehmen und das Mikrophon der Verstärkeranlage in die Höhe seines Mundes biegen. Der Abstand vom Mikrophon beträgt allerdings mindestens 30 cm; wenn der Sprecher seinen Mund näher ans Mikrophon bringt, erzeugt er mit seiner Kleidung und mit dem Umblättern und womöglich mit dem Atem unerwünschte Nebengeräusche, womöglich sogar das Störgeräusch einer Rückkopplung.

Blickkontakt

Er sollte immer daran denken: Als Gottes Werkzeug sollte er die Gemeinde anblikken, wenigstens vor jedem neuen Textabschnitt. Das schafft nicht nur Kontakt zu den Hörern, sondern vergewissert den Lektor auch seiner Zuhörer, stärkt seinen Ausdruckswillen und seine Zielsetzung, sie zu erreichen, und macht ihm seine Aufgabe bewußter. Damit er diesen Blickkontakt mit der Gemeinde gefahrlos und risikolos aufnehmen kann, lege er seinen Zeigefinger jeweils an die Seite in Höhe der Zeile, von der er gerade aufgeblickt hat; und er wird sicherlich nie die Zeile verlieren und sich so überflüssige Nervosität ersparen. Damit ihn der Blickkontakt mit der Gemeinde nicht verunsichert, sollte er dafür Sorge tragen, daß in den vordersten Kirchenbänken Bekannte sitzen, die seinen Blick ernst und aufmerksam erwidern.

Zudem besteht bei einer solchen Unterbrechung durch Blickkontakt die Chance, sich wieder auf sich zu besinnen, ruhig zu werden, einmal durch die Nase zu atmen und damit wieder die volle Brustresonanz der Stimme zu gewinnen, die akustisch am besten trägt und durch den Verstärker auch am ehesten anhörbar ist. Weder der Verstärkeranlage noch dem Mikrophon tut es gut, wenn der Lektor mit „erhobener" Stimme spricht: er überanstrengt sich stimmlich, und für die Gemeinde hört sich eine verspannte Stimme eher unangenehm an.

Prinzipiell gilt auch für den Lektor die Vorleseregel, der jeder unterliegt, wer Texte vor Hörern verständlich und anschaulich vermitteln will oder soll: Wichtig ist, daß er seine Hervorhebungen im Text differenziert und erkennen läßt, und das heißt hörbar macht, was er von dem Text und wie er ihn verstanden hat. Der Text ist nicht nur ein strukturiertes Sprachgebilde, sondern auch ein Bedeutungskomplex, und es ist fatal, wenn die Gemeinde nur hört, daß der Lektor Worte der gemeinsamen Sprache gesprochen hat, aber keiner begriffen hat, vielleicht auch er selbst nicht, was gemeint war. Dabei spielt sicherlich die meist antiquierte Übersetzung (in evangelischen Gottesdiensten die Luthertexte) eine Rolle, aber das ist nicht das Entscheidende. Wichtiger ist die Botschaft, die vom Vorlesepult ausgeht: hier steht jemand, dem das, was er vorliest, ein Anliegen ist. Auch wenn er sich inhaltlich an dem Vorgelesenen reibt. Die Forderung, sich dem Text auszusetzen, sollte für Schüler wie für Lehrer gelten, die in diese Rolle schlüpfen!

Statt eines Schlußworts: Bertolt Brecht „Die höflichen Chinesen“

Ich möchte an dem Beispieltext die Schrittfolge der Vorleseregeln systematisch noch einmal veranschaulichen. Mit diesem zusammenfassenden Zugriff lassen sich auch die Vorlesefähigkeiten noch einmal gebündelt in den Blick nehmen.

Die höflichen Chinesen

(60) Weniger bekannt in unserer Zeit ist es, wie sehr ein der Allgemeinheit geleisteter Dienst der Entschuldigung bedarf. So ehrten die höflichen Chinesen ihren großen Weisen Laotse, mehr als meines Wissens irgendein anderes Volk seinen Lehrer, durch die Erfindung folgender Geschichte. Laotse hatte von Jugend auf die Chinesen in der Kunst zu leben unterrichtet und verließ als Greis das Land, weil die immer stärker werdende Unvernunft der Leute dem Weisen das Leben erschwerte. Vor die Wahl gestellt, die Unvernunft der Leute zu ertragen oder etwas dagegen zu tun, verließ er das Land. Da trat ihm an der Grenze des Landes ein Zollwächter entgegen und bat ihn, seine Lehren für ihn, den Zollwächter, aufzuschreiben, und Laotse, aus Furcht unhöflich zu erscheinen, willfahrte ihm. Er schrieb die Erfahrungen seines Lebens in einem dünnen Buche für den höflichen Zollwächter auf und verließ erst, als es geschrieben war, das Land seiner Geburt. Mit dieser Geschichte entschuldigen die Chinesen das Zustandekommen des Buches Taoteking, nach dessen Lehren sie bis heute leben. (Brecht 11, S. 100)

Lautung

Ich beginne mit den einfachen Techniken. Zwar ist schon von der Verpflichtung zur Deutlichkeit die Rede gewesen, aber hier läßt sich das Wichtigste noch einmal in Erinnerung rufen:

1. Gefährdet sind die Endsilben -er, -en, -t/-d, -s/-ß, obwohl sie wie bereits ausgeführt mit dem Zwerchfell in sehr produktiver Verbindung stehen. Die Engebildung regt den Hauptatemmuskel zu intensiverer Tätigkeit an, so daß aktives Artikulieren eine Massage und Einatemreflexe zur Folge hat. Nun wird kein „r“ am Wortende mehr artikuliert, aber es wird auch nicht zum „a“ verändert: Mehrsilbige Wörter mit -er (z. B. „weniger“) enden auf ein dunkles „e“ (das seine Färbung von dem angedachten „r“ erhält). Einsilbige (wie z. B. „er“, „sehr“, „der“) artikulieren den geschlossenen e-Laut, der den Wortakzent trägt, und gehen zum Ende über in das eben erwähnte dunkle „e“). Die Endsilben auf -n richten sich nach der Lautumgebung: „leben“ wird zu „lebm“, „ertragen“ zu „ertragng“ ,„werden“ zu „werdn“. Für die Explosiva am Wortende (z. B. Unvernunft“, „Dienst“, „schrieb“) gilt, daß sie hörbar sein müssen, ebenso wie die Zischlaute (z. B. „anderes“, „es“, „Wissens“). Verschlucken und Verschleifen gefährdet sowohl das Hörverstehen als auch die Lautästhetik des Textes.
2. Auch im Wortinnern gibt es Gefährdungen durch Verschleifen und Weglassen von Lauten: Auch hier ist das „r“ zu nennen, das sich etwa in „bedarf“,

„ehrten", „irgendein", „Erfindung", „verließ", also im Regelfall hinter dem Akzentvokal befindet. Eigentlich sollte das „r" in diesen Fällen zu hören sein; wenn es nicht möglich ist, dann muß es erahnt werden können, aber keinesfalls zum „a" verschoben oder als Längungszeichen gesprochen werden (z. B. in „wahrhaftig" = waahaftig). Auch das Weglassen von Explosiva im Wortinnern ist keine Seltenheit: „geleisteter" wird häufig zu „geleisee(r)", „Erfindung" zu „Erfinnung", „entschuldigen"; sie werden gern gestutzt und vor allem die letzte Silbe, bei „entschulljen" sogar schon die vorletzte gekappt. Wichtig ist, daß man auch bei seiner eigenen Aussprache sensibel wird für alltäglich bedingte artikulatorische Nachlässigkeit und in Fällen solcher Reproduktion auch „ungeschluderte" Aussprache realisieren kann. Was nicht bedeuten soll, daß der Sprecher auch sein Alltagssprechen künstlich aufpoliert. Wenn der Lehrer in dieser Hinsicht als Seismograph fungiert und z. B. „Was er ..." mit der Frage: „Was denn für Wasser?" kommentiert, dann werden die Schüler sicher zunehmend sensibel für derlei Schludrigkeiten.

Sprechgliederung

Die Aufgabe der Gliederung trifft sich mit einer Sortierung der Satzstruktur, aus deren Erkenntnis sich die Sinnglieder ergeben. Ich gebe einmal den ersten Satz des Textes mit Markierungen seiner Strukturmerkmale:

in unserer Zeit
Weniger bekannt ist es,
wie sehr
der Allgemeinheit geleisteter
ein Dienst
der Entschuldigung
bedarf.

Das Strukturmuster ohne Ergänzungen lautet also: „Weniger bekannt ist es, wie sehr ein Dienst der Entschuldigung bedarf". Führen wir die gleiche Prozedur an dem Folgesatz aus, so bleibt als Muster der (obligatorische) Satzkern übrig: So ehrten die ... Chinesen ihren ... Weisen ... Mit dieser trockenen Überlegung, die bei aufmerksamem Lesen sich nebenbei ergibt, wird sowohl die mögliche Grenzziehung der Sinnglieder deutlich, aber auch, wie der Autor färbt und Leserwerbung oder Leserlenkung betreibt. Was und wie er nämlich genauer ausführt, macht Wirkung und erfolgt keineswegs absichtslos, wenngleich vielleicht gelegentlich unbewußt. Also ergäbe sich folgender Vorschlag für eine Sprechgliederung nach Sinngliedern, der zugleich das Auffinden der jeweiligen Hauptbetonung erleichtert und vorbereitet.

(60 a) Weniger bekannt in unserer Zeit ist es,
wie sehr ein der Allgemeinheit geleisteter Dienst
der Entschuldigung bedarf.
So ehrten die höflichen Chinesen

ihren großen Weisen Laotse, mehr als meines Wissens
irgendein anderes Volk seinen Lehrer,
durch die Erfindung folgender Geschichte.
Laotse hatte von Jugend auf
die Chinesen in der Kunst zu leben unterrichtet und
verließ als Greis das Land, weil
die immer stärker werdende Unvernunft der Leute
dem Weisen das Leben erschwerte.
Vor die Wahl gestellt, die Unvernunft der Leute
zu ertragen oder etwas dagegen zu tun,
verließ er das Land.
Da trat ihm an der Grenze des Landes
ein Zollwächter entgegen und
bat ihn, seine Lehren für ihn, den Zollwächter, aufzuschreiben,
und Laotse, aus Furcht
unhöflich zu erscheinen, willfahrte ihm.
Er schrieb die Erfahrungen seines Lebens
in einem dünnen Buche
für den höflichen Zollwächter auf und
verließ erst, als es geschrieben war,
das Land seiner Geburt.
Mit dieser Geschichte entschuldigen die Chinesen
das Zustandekommen des Buches Taoteking,
nach dessen Lehren sie bis heute leben.

Wer den Text aufmerksam durchmustert, wird feststellen, daß an etlichen Stellen auch andere Entscheidungen möglich wären. So mag bereits fraglich erscheinen, ob und ggf. wieweit die Satzzeichen bei der Einteilung vernachlässigt werden können. So wäre natürlich der Zusatz Z 5 „mehr als meines Wissen“ ohne weiteres auch auf die neue Zeile zu setzen, aber nach meinem Eindruck wird hier eine Sprechzäsur vorbereitet, da der Sprecher überlegt, ob er für seine Behauptung die Verantwortung übernehmen kann. Ebenso läßt sich in Z 18 „für ihn, den Zollwächter, aufzuschreiben“ in eine neue Zeile bringen, aber ich denke, es ergibt sich keine neue Information: das ist schon vorbereitet. Natürlich lassen sich auch Konjunktionen anders verteilen: so ist fraglich, ob „und“ in Z 19 und 23 in die jeweils vorangehende oder folgende Zeile gesetzt werden sollte. Und natürlich lassen sich aus Z 14 zwei Zeilen machen, mit jeweils selbständigen Sinngliedern „zu ertragen oder“ „etwas dagegen zu tun“. Der Vorleser darf die Funktion des Vorgehens nicht aus dem Auge verlieren: es geht darum, den Text gut überschaubar für den Vorleseprozeß zu gestalten und ihn gut gegliedert, mit sinnwichtigen Betonungen ausgestattet und übersichtlich den Zuhörern anzubieten, sowie Aufblicken und Pausen oder Zäsuren im Text zu ermöglichen. Kurz: sich als Vorleser die Ruhe zu ermöglichen, sich vollständig auf den Text einzulassen.

Hauptbetonung – Sinngipfel

Auch für die Entscheidung, wo das jeweilige psychologische Prädikat, die Hauptbetonung zu setzen ist, auf welchen wichtigen Gedanken, welche wichtige Akzentsilbe hin der Vorleser seinen Vortrag spannt, ist diese Einteilung eine wichtige Vorbereitung, denn sie verringert Entscheidungsmöglichkeiten auf die gefundenen Sinnglieder, die jeweils mit einer Hauptbetonung ausgestattet sein sollten, betrachtet man das Alltagssprechen als Muster. Ein Vorschlag dazu, der vielfältige weitere Möglichkeiten nicht ausschließt:

(60b) **We**niger bekannt in unserer Zeit ist es,
wie **sehr** ein der Allgemeinheit geleisteter Dienst
der Ent**schul**digung bedarf.
So ehrten die höflichen Chi**ne**sen
ihren großen Weisen Lao**tse**, mehr als meines Wissens
irgendein **an**deres Volk seinen Lehrer,
durch die Erfindung folgender Ge**schich**te.
Laotse hatte von **Ju**gend auf
die Chinesen in der Kunst zu **le**ben unterrichtet und
ver**ließ** als Greis das Land, weil
die immer stärker werdende **Un**vernunft der Leute
dem Weisen das Leben er**schwer**te.
Vor die **Wahl** gestellt, die Unvernunft der Leute
zu ertragen oder etwas dagegen zu **tun**,
verließ er das **Land**.
Da trat ihm an der **Gren**ze des Landes
ein **Zoll**wächter entgegen und
bat ihn, seine Lehren für ihn, den Zollwächter, **auf**zuschreiben,
und Laotse, aus **Furch**t
unhöflich zu erscheinen, willfahrte ihm.
Er schrieb die Er**fah**rungen seines Lebens
in einem dünnen **Bu**che
für den höflichen Zollwächter **auf** und
verließ erst, als es ge**schrie**ben war,
das Land seiner Ge**burt**.
Mit dieser Geschichte ent**schul**digen die Chinesen
das Zu**stan**dekommen des Buches Taoteking,
nach dessen Lehren sie bis **heu**te leben.

Wieder lassen sich eine Fülle von Alternativen ausmachen. Die unterschiedlichen Bedeutungsnuancen auf der Inhaltsebene erkennt der Vorleser beim Erproben der Varianten unschwer selbst:

(60c) Weniger bekannt in **un**serer Zeit ist es,
wie sehr ein der Allge**mein**heit geleisteter Dienst

der Entschuldigung be**darf**.
So **ehr**ten die höflichen Chinesen
ihren großen Weisen Laotse, **mehr** als meines Wissens
irgendein anderes Volk seinen Lehrer,
durch die Er**fin**dung folgender Geschichte.
Lao**tse** hatte von Jugend auf
die Chinesen in der Kunst zu leben unter**rich**tet und
verließ als **Greis** das Land, weil
die immer **stär**ker werdende Unvernunft der Leute
dem Weisen das **Le**ben erschwerte.
Vor die Wahl gestellt, die **Un**vernunft der Leute
zu ertragen oder etwas da**ge**gen zu tun,
ver**ließ** er das Land.
Da **trat** ihm an der Grenze des Landes
ein Zollwächter ent**ge**gen und
bat ihn, seine Lehren für ihn, den Zollwächter, aufzuschreiben,
und Lao**tse**, aus Furcht
unhöflich zu erscheinen, will**fahr**te ihm.
Er **schrieb** die Erfahrungen seines Lebens
in einem **dün**nen Buche
für den höflichen **Zoll**wächter auf und
verließ **erst**, als es geschrieben **war**,
das **Land** seiner Geburt.
Mit dieser Ge**schich**te entschuldigen die Chinesen
das Zustandekommen des Buches Taote**king**,
nach dessen **Leh**ren sie bis heute leben.

Wieder läßt sich kein richtiger oder falscher Ansatz für die Betonungsentscheidung festlegen, die Entscheidung muß sich an der Angemessenheit für das eigene Textverstehen messen lassen und an den Verstehensmöglichkeiten für die Zuhörer. Ohne Sprech-Probe läßt sich ja eine mögliche Diskrepanz zwischen meinem Vorschlag und dem Betonungsimpuls des jeweiligen Sprechers nicht ausmachen. Wichtig ist, daß der Vorleser sehr genau prüft, ob sich nicht doch mehrere gleichgewichtige Betonungen in ein Sinnglied „gemogelt“ haben, aber sich auch nicht mit der ersten Entscheidung ohne genauere Prüfung der Deutung und der Übereinstimmung mit seiner eigenen Vorstellung zufriedengibt. Keine Information des Textes geht durch diese Konsequenz verloren: das ist ein wichtiger Lernprozeß für jeden Vorleser, der sich dieser selbstkritischen Prozedur unterwirft. Und in der Phase der Übung empfiehlt es sich sogar, um Irrtümer in der Einschätzung zu vermeiden, einen oder mehrere Kontrollhörer einzusetzen, die genau darauf achten sollen, ob deutlich hörbare Hauptbetonungen das Wichtige der Sinnglieder für den Vorleser herausarbeiten.

Da auch Mischungen zwischen meinem ersten und zweiten Vorschlag möglich sind, wäre es in jedem Fall fatal, wollte der Vorleser sich auf die Vorschläge einfach verlassen. Da jeder Vorleser von anderen Sprechgewohnheiten her orientiert ist und auch von einer je eigenen Sozialbiografie geprägt, sind auch die Konsequenzen für vorgelesene Texte notwendig unterschiedlich.

Sprechspannung

Für Pausen und Zäsuren bietet bereits der Gliederungsvorschlag des Textes eine hinreichende Veranschaulichung und Erprobungsgrundlage. Aber auch hier muß gelten, daß die Entscheidung für Einschnitte in den Textfluß vollkommen mit der Vorleserintention zusammenstimmen müssen. Wichtig, ja entscheidend für die Aussagespannung wird die Fähigkeit des Vorlesers, bei offenen Stellen die Stimme in der Schwebe zu lassen, damit der Zuhörer mit dem Vorleser zusammen Vorauserwartungen und -vermutungen entwickelt. Eine abschließende Melodiebewegung signalisiert dem Zuhörer in jedem Fall den Abschluß des Gedankens und kappt oder reduziert die Spannung auf das Folgende.

Auch Voll- und Schonstimmeneinsatz sind durch die Einteilung ein wenig vorbereitet, aber damit soll ja Nähe und Distanz zum Text bewirkt werden, und so gebe ich einen Vorschlag zum Erproben und zum Abwandeln je nach eigener Textwahrnehmung. Dabei werden Vollstimme in dieser Type und Schonstimme in fett-kursiver Type dargestellt:

(60d) Weniger bekannt ***in unserer Zeit*** ist es,
wie sehr ***ein der Allgemeinheit geleisteter Dienst***
der Entschuldigung bedarf.
So ehrten die höflichen Chinesen
ihren großen Weisen Laotse, ***mehr als meines Wissens***
irgendein anderes Volk seinen Lehrer,
durch die Erfindung folgender Geschichte.
Laotse hatte ***von Jugend auf***
die Chinesen ***in der Kunst zu leben unterrichtet*** und
verließ als Greis das Land, weil
die immer stärker werdende Unvernunft der Leute
dem Weisen das Leben erschwerte.
Vor die Wahl gestellt, ***die Unvernunft der Leute***
zu ertragen oder ***etwas dagegen zu tun***,
verließ er das Land.
Da trat ihm an der Grenze des Landes
ein Zollwächter entgegen und
bat ihn, ***seine Lehren für ihn, den Zollwächter, aufzuschreiben,***
und Laotse, ***aus Furcht***
unhöflich zu erscheinen, willfahrte ihm.
Er schrieb die Erfahrungen seines Lebens
in einem dünnen Buche

für den höflichen Zollwächter auf und
verließ erst, ***als es geschrieben war,***
das Land seiner Geburt.
Mit dieser Geschichte entschuldigen die Chinesen
das Zustandekommen des Buches Taoteking,
nach dessen Lehren sie bis heute leben.

Mit dieser Verteilung von gespannten und ungespannten Aussagen im Text, wobei meist die neuen und überraschenden Aussagen die ungespannte Sprechweise zugeordnet erhalten, während bekannte und selbstverständliche Aussagen gespannt erfolgen, wird wieder ein Vorschlag vorgelegt, der natürlich je nach Empfindung und Gewohnheit des Vorlesers modifiziert werden kann. Nur halte ich es für wichtig, daß der Vorleser sich dieser Möglichkeiten innewird und sie zunehmend für den Vorlesevortrag nutzen lernt. Zumal er unschwer erkennt, wie nah der Übergang ist von dieser relativ einfachen Technik zu den komplexen deutenden Ausdrucksdifferenzierungen. Die Textgliederung ermöglicht das vorausschauende Lesen und den Blickkontakt zwischen Vorleser und Zuhörer, der auch gleichzeitig den Hauptschwerpunkt des Sinngliedes zu treffen erleichtert, weil durch den Blickkontakt der Hörer unmittelbar mit der Textaussage angesprochen werden kann. Die ungespannten mit Schonstimme vorgetragenen Textteile sorgen dann fast für eine verschworene Gemeinschaft zwischen Vorleser und Zuhörern. Vorausschauen kann der routinierte Vorleser jedoch nur eine begrenzte Anzahl von Wörtern, die in seinem Kurzzeitspeicher Platz haben. Mithilfe dieses Vorausschauens lassen sich Tempo und Melodieführung differenzieren sowie Versprecher vermeiden und Ausdrucksplanung befördern.

Sprechrollen und -stimmungen

Der Text weist zwei Rollenwechsel auf: Zu Beginn wird die Geschichte in 2 Vorüberlegungen motiviert, zum Schluß fast wie bei einer Fabel gedeutet; sowohl Vorüberlegungen (bis Z 7) als auch Deutung oder Moral am Schluß (ab Z 26 ff.) legen eine andere Sprecherrolle nahe als die Erzählung der Geschichte selber, obschon diese kaum explizite Sprechanweisungen enthält.

Der Ton der ersten Aussage kann belehrend klingen nach dem Untersatz „wenn ich mirs recht überlege“ oder belustigt, vielleicht sogar ironisch nach dem Testsatz „es ist kaum zu glauben“ oder „was es nicht alles gibt“.

Die zweite Aussage Z 4–7 setzt konsequenterweise nachdenklich fort („wenn ich mich richtig erinnere“) oder amüsiert („allen Ernstes!“ oder „ihr könnt mir ruhig glauben“). Der Beginn der Geschichte faßt ein ganzes Leben zusammen. Der Vorleser kann die Aussage in einer besinnlichen Stimmung nehmen („Undank ist der Welt Lohn“), wobei sich wie von selber ein leichter Seufzer mit dem Sprechen einschleichen wird; sie kann aber auch die belustigte Variante weiterführen und die Frage nach dem Lebensinhalt, den Laotse unterrichtete, aufwerfen und damit die Wiederholung des Wortes „leben“ problematisieren („was mag das wohl für eine

Kunst sein?“ oder „ein wenig lebensfremd“). Die folgende Aussage enthält die Rolle des Weisen selber als Textangebot (Z 13–15) nach dem Testsatz „ich hab genug ausgehalten“ und „es hat ja doch alles keinen Sinn!“).

Die Alternative – aus der belustigten Sprecherhaltung („typisch“) – weist mehr Distanz und mehr Außenperspektive auf:
Z 16–25 entfaltet den Höhepunkt der Geschichte; hier bietet sich wieder die Rolle des Weisen alternativ zu der distanzierten Perspektive als Gestaltungsprinzip an („was will denn der von mir!“ oder „ein merkwürdiger Mensch“ oder einfach „na sowas!“ und „wenn sich's denn nicht vermeiden läßt!“). Die distanziertere Fassung könnte sich an dem Untertext orientieren „ein komischer Kauz“.

Die letzte Aussage führt wieder in die Moral zurück (Z 26–28) und wird belehrend oder belustigt vorgelesen. Und ich denke, der Vorleser müßte die Provokation des Wortes „entschuldigen“ sowohl im Blick als auch in der Stimme haben, denn „erklären“ oder „veranschaulichen“ gibt den Sachverhalt angemessen wieder, ohne zu provozieren. Auch die fast absurde Verbindung von „entschuldigen“ und „nach dessen Lehren leben“ verdient die Aufmerksamkeit des Vorlesers. Er kann seine Ausdruckssteuerung durch Testsätze wie „so hab ich gehört“ oder „ganz schön merkwürdig“ beeinflussen.

Natürlich sind die beiden skizzierten Varianten der mitteilenden Fassung des Textes nur Vorschläge, die sicherlich durch noch andere textangemessene Möglichkeiten ergänzt, ersetzt oder erweitert werden können.

Sprechgesten

Statt der Untertexte oder Testsätze lassen sich auch Gesten angeben, deren Realisierung in den entsprechenden Vorleseton hineinführen:

Z 1–7	Stirn nachdenklich runzeln, Zeigefinger an die Schläfen
Z 4–7	Zeigegeste auf die Zuhörer, Beidhandgeste mit nach oben geöffneten Handflächen (Nachdenk- oder Grübelgeste, Angebotsgeste)
Z 8–12	Linker Unterarm nach vorn, Handfläche nach oben; fließender Wechsel zum rechten Arm; beide Hände kreuzen sich vor der Brust (oder Arme verschränken sich vor der Brust)(Angebotsgeste und Geste der Zurückhaltung)
Z 13–15	Schultern gehoben, Handflächen nach unten außen abgewinkelt (Geste der Verlegenheit)
Z 16–20	Hände schlagen zusammen (Geste der Verwunderung)
Z 21–24	rechte Faust schlägt auf linke Handfläche oder Finger- und Daumenkuppen werden vor dem Körper zusammengelegt, Finger nach unten (Geste der Belustigung / des Übermuts oder der Nachdenklichkeit)
Z 26–28	Beidhandgeste mit nach oben geöffneten Handflächen, verbunden mit Öffnung der Pupille, Aufblick zu Z 28 und leichte Bewegung der Geste nach unten (Geste des Hinweises auf Unveränderliches).

Für diese vorgeschlagenen Gesten gilt noch in verschärftem Maße das Kopierverbot; jeder hat für die angesprochenen Stimmungen unterschiedliche Gesten, und es bedarf entsprechender Aufmerksamkeit und Sensibilität, für die vorgeschlagenen Gesten von mir die jeweils eigenen einzusetzen.

Zusammenfassung für die schulische Verwendung des Vorlesens

Lohnen würde es sich aus mehreren Gründen, Texte vorlesend anstatt diskursiv zu deuten:

1. Nachweislich sind die Fähigkeiten der Schüler auch in der Sek I und Sek II zur Deutung von Texten unterschiedlich ausgeprägt. Daher kann es auch eine Differenzierungsmaßnahme für solche Schüler sein, Deutung über das Vorlesen zu transportieren. Sensible und künstlerisch hochbegabte Schüler könnten durch eine solche Möglichkeit stärker eine Alternative zum Schreiben erhalten.
2. Zweifellos ermöglicht die Erfahrung mit dem Vorlesen, das eigenen Textsinn stiftet, ein Gegengewicht gegen Beobachtungen zu bilden, daß der Schülervorleser seinen eigenen Text nicht versteht.
3. Vorlesen ermöglicht als eine künstlerische Gestaltungsform mit eigenen Ausdrucksmitteln der Verkopfung und kognitiven Überfrachtung entgegenzuwirken und Möglichkeiten der eigenen Ausdrucksfähigkeiten zu entdecken und zu entwickeln. Diese Ausdrucksfähigkeiten lassen sich auch für den Alltag der Schüler und für deren Selbstwahrnehmung und -achtung vor allem in künstlerischen Bereichen nutzen.
4. Auch in den weiterführenden Schulen lassen sich Eltern ansprechen durch Gestaltungsangebote ihrer Kinder zu geselligen oder festlichen Anlässen. Auch für solche Gelegenheiten bietet sich Vorlesen an.
5. Manche Autoren, so Kleist, Mann oder Hölderlin, sind dem Sprechen und Hören möglicherweise näher als dem Lesen. Vielleicht lassen sich Autoren durch Vorlesen neu entdecken. Und sicher sind Schülerklischees über Autoren durch Sprechversuche aufzubrechen und ggf. zu widerlegen. Vor allem lassen sich ebenso sensibel wie differenziert Beobachtungen zu Texten machen, seien sie auf Klang-, Struktur oder Bedeutungsebene. Der Vorleser hat durch die größere Muße den schärferen Blick.
6. Vorlesen-Können garantiert nicht zuletzt eine wichtige Voraussetzung, wenn nicht gar Eignung für den Stellenmarkt im Mediensektor: Sprachliche Vereinfachung und Reflexion über Sprache greifen mit dieser Fähigkeit ineinander.

Literaturverzeichnis

Sekundärliteratur

Aderhold, Egon: Das gesprochene Wort. Sprechkünstlerische Gestaltung deutschsprachiger Texte. Berlin: Henschel 1995

Aderhold, Egon: Sprecherziehung des Schauspielers. Grundlagen und Methoden. Berlin: Henschel 1977

Bartsch, Elmar (Hg.): Mündliche Kommunikation in der Schule. Königstein: Scriptor 1982 (= Sprache und Sprechen, Bd. 8)

Coblenzer, Horst / Muhar, Franz: Atem und Stimme. Anleitung zum guten Sprechen. Wien: ÖBV 1976 (=Schriften zur Lehrerbildung und Lehrerfortbildung, Bd. 11)

Drach, Erich: Die redenden Künste. Leipzig: Quelle & Meyer 1926

Drach, Erich: Grundgedanken der deutschen Satzlehre. 4. Aufl. Darmstadt: Wiss. Buchgesellschaft 1963

Ertmer, Cornelia: Gestaltendes Sprechen in der Schule. Münster: Lit 1996 (= Sprechkommunikation. Arbeiten zur Sprechwissenschaft und Sprecherziehung, Bd. 3)

Essen, Erika: Methodik des Deutschunterrichts. 8. Aufl., Heidelberg: Quelle & Meyer 1969

Essen, Otto von (Hg.): Sprechmelodie als Ausdrucksgestaltung. Hamburg: Phonet. Laboratorium 1952 (= Hamburger Phonetische Beiträge)

Fiukowski, Heinz: Sprecherzieherisches Elementarbuch. 5. Aufl. Tübingen: Niemeyer 1992

Frank, Horst Joachim: Handbuch der deutschen Strophenformen. 2. Aufl. Tübingen: Francke 1993 (= UTB) 1732

Geißner, Hellmut: Schallplattenanalysen: Gesprochene Dichtung. Saarbrücken: Minerva 1965

Geißner, Hellmut: Sprecherziehung. Didaktik und Methodik der mündlichen Kommunikation. Königstein: Scriptor 1982 (= Monographien Literatur + Sprache + Didaktik, Bd. 30)

Gindele, Corbinian: Der Vortrag deutscher Texte im Gottesdienst. Beuron o. J. (1951?)

Gutenberg, Norbert (Hg.): Hören und Beurteilen. Gegenstand und Methode in Sprechwissenschaft, Sprecherziehung, Phonetik, Linguistik und Literaturwissenschaft. Frankfurt: Skriptor 1984 (= Sprache und Sprechen, Bd. 12)

Halford, Brigitte K. / Pilch, Herbert (Hg.): Intonation. Tübingen: Narr 1994 (= SkriptOralia 50)

Hansen, Walter (Hg.): Sabinchen war ein Frauenzimmer. Moritaten und Jahrmarktlieder: München: dtv 1996 (= dtv 8215)

Heising, Sigrid: Sprachförderung durch Theaterspiel in der Grundschule. Frankfurt: Lang 1991 (= Beiträge zur empirischen Erziehungswissenschaft und Fachdidaktik, Bd. 6)

Höffe, Wilhelm L.: Sprechgestaltende Interpretation von Dichtung in der Schule. Ratingen: Henn 1967

Kaulhausen, Marie-Hed: Die Gestalt des Gedichtes, seine sprechkundliche Interpretation und Nachgestaltung. Göttingen: Vandenhoeck & Ruprecht 1953

Kayser, Wolfgang: Kleine deutsche Versschule. Bern: Francke 1946 (= Dalp Taschenbücher, Bd. 306)

Keller, Liane u. a.: Soll man Dichtung auswendig lernen? Preisschrift. Heidelberg: Schneider 1986

Kliem, Richard: Der Lektorendienst. Werkbuch. Freiburg: Herder 1990

Knoop, Ulrich: Zum Verhältnis von geschriebener und gesprochener Sprache. Anmerkungen aus historischer Sicht, in: Baurmann, Jürgen u. a. (Hg.): Homo scribens. Perspektiven der Schriftlichkeitsforschung. Tübingen: Niemeyer 1993, S. 217–229

Krech, Eva-Maria (Hg.): Großes Wörterbuch der deutschen Aussprache. Leipzig: Bibl. Institut 1982

Krech, Eva-Maria: Vortragskunst. Grundlagen der sprechkünstlerischen Gestaltung von Dichtung. Leipzig: Bibliograph. Institut 1987

Kuhs, Cäcilia: Förderung des stimmlichen und sprecherischen Ausdrucks mit methodischen Hinweisen für partnerbezogene Übungen in Deutsch, Sport, Musik ..., in: Bartsch 1982, S. 25–43

Lockemann, Fritz: Das Gedicht und seine Klanggestalt. Emsdetten: Lechte 1952

Lotzmann, Geert: Über Sprechkunst. Regensburg: bvs 1995

Mangold, Max (Bearb.): Duden-Aussprachewörterbuch: Wörterbuch der deutschen Standardaussprache. 3. Aufl. Mannheim: Duden 1990 (= Duden Bd. 6)

Mönnich, Annette: Vortragskunst für Lektoren. In: Sprechen. 1993, H. 2, S. 42–50

Nies, Fritz: Bahn und Bett und Blütenduft. Eine Reise durch die Welt der Lesebilder. Darmstadt: Wiss. Buchgesellschaft 1991

Ockel, Eberhard: Störungen im Vorleseprozeß. Untersuchung in 5. Schuljahrsklassen. In: Wirkendes Wort 1983, H. 3, S. 177–190

Ockel, Eberhard: Akustische Textanalyse. Eine Methode des Literaturunterrichts. In: Diskussion Deutsch 1980, H. 54, S. 406–425

Ockel, Eberhard: Zur Didaktik und Methodik des Vorlesens. In: Diskussion Deutsch 1985, H. 85, S. 541–569

Ockel, Eberhard (Hg.): Freisprechen und Vortragen. Christian Winkler zum Gedenken. Frankfurt: Skriptor 1989 (= Sprache und Sprechen, Bd. 20)

Ockel, Eberhard (Mhg.): Hören und Zuhören. Themenheft Praxis Deutsch. H. 88/1988

Ockel, Eberhard: Stellenwert des Textsprechens in den Richtlinien des Deutschunterrichts. In: Höffe, W. L. (Hg.): Gesprochene Dichtung – heute? Zur Theorie und Praxis ästhetischer Kommunikation. Ratingen: Henn 1979 (= Sprache und Sprechen, Bd. 7), S. 73–91

Ockel, Eberhard: Phänomene des Sprechausdrucks – dargestellt an einem Märchen. In: Muttersprache 1981, H. 1, S. 24–45

Ockel, Eberhard: Märchen erzählen. Kritische Analyse von Beispielen der akustischen Vermarktung. In: Muttersprache 1986, H. 1–2, S. 13–32

Ockel, Eberhard: Erzählen und Vorlesen. Beeinträchtigungen und Chancen. In: Allhoff, Dieter-W. (Hg.): Sprechen lehren – reden lernen. Beiträge zur Stimm- und Sprachtherapie, Sprechbildung und Sprecherziehung, Rhetorische und Ästhetische Kommunikation. München: Reinhardt 1987, S. 156–166

Ockel, Eberhard: Anastasius Grün: „Zwei Heimgekehrte". Sprechen von Texten – buchstäblich eine Rezeptionsdidaktik. In: Berthold, Siegwart (Hg.): Gedichte sprechen und interpretieren. Bonn: Dürr 1985 (= Schriften zur Deutschdidaktik), S. 35–46

Ockel, Eberhard: Blocksatz oder Flattersatz. Ein Beitrag zur Leseförderung. In: Diskussion Deutsch 1992, H. 126, S. 381–393

Ockel, Eberhard: Zuhören im Deutschunterricht. In: Deutschunterricht 1997, H. 12, S. 605–612

Pheby, John: Intonation und Grammatik im Deutschen. 2. Aufl. Berlin: Akademie 1980 (= Sammlung Akademie Verlag 19)

Pompino-Marschall, Bernd: Einführung in die Phonetik. Berlin: de Gruyter 1995 (= de Gruyter Studienbuch)

Ritter, Hans Martin: Das gestische Prinzip bei Bertolt Brecht. Köln: Prometh 1986

Ritter, Hans Martin: Soll man Dichtung auswendig lernen? In: sprechen 1987, H. 2, S. 28–43

Ritter, Hans Martin: Sprechen auf der Bühne. Ein Lehr- und Arbeitsbuch. Berlin: Henschel 1999

Roedemeyer, Friedrichkarl: Vom künstlerischen Sprechen. Frankfurt 1924

Rösener, Rudolf: Sprechkundliche Erarbeitung eines Gedichtes im Unterricht: Annette von Droste-Hülshoff, „Das Hirtenfeuer". In: Bartsch 1982, S. 145–160

Schulz, Gudrun: Umgang mit Gedichten. Didaktische Überlegungen. Beispiele zu vielen Themen. Methoden im Überblick. Berlin: Cornelsen / Scriptor 1997 (= Lehrer-Bücherei: Grundschule)

Schweinsberg, Fritz: Stimmliche Ausdrucksgestaltung im Dienste der Kirche. Heidelberg: Kerle 1946

Schweinsberg, Fritz: Singen und Sprechen im Gottesdienst. Heidelberg: Kerle 1948

Schweinsberg-Reichart, Ilse: Vorlesen und Erzählen. Heidelberg: Kerle 1975

Siebs, Theodor u.a. (Hg.): Deutsche Aussprache. Reine und gemäßigte Hochlautung mit Aussprachewörterbuch. 19. Aufl. Berlin: de Gruyter 1969

Stock, Eberhard / Zacharias, Christina: Deutsche Satzintonation. Leipzig: Enzyklopädie 1982

Teuchert, Brigitte: Kommunikative Elemente und ihre literarische Vermittlung. Zur Bedeutung nonverbaler Kommunikation und der Verba dicendi in den Prosawerken Bölls, Dürrenmatts und Hesses. Frankfurt: Lang 1988 (= Regensburger Beiträge zur deutschen Sprach- und Literaturwissenschaft, Bd. 37)

Thahrt, Reinhard (Hrsg.): Dichter lesen. Von Gellert bis Liliencron. Marbach: Schillergesellschaft 1984 (= Marbacher Schriften 23/24)

Thahrt, Reinhard (Hrsg.): Dichter lesen. Bd. 2: Jahrhundertwende. Marbach: Schillergesellschaft 1989 (=Marbacher Schriften 31/32)

Thahrt, Reinhard (Hrsg.): Dichter lesen. Bd. 3: Vom Expressionismus in die Weimarer Republik. Marbach: Schillergesellschaft 1995 (= Marbacher Schriften 38/39)

Trojan, Felix: Die Kunst der Rezitation. Wien: ÖBV 1954 (= Sprecherziehung, H. 7)

Wachtel, Stefan: Schreiben fürs Hören. Trainingstexte, Regeln und Methoden. Konstanz: UVK Medien 1997 (= Reihe Praktischer Journalismus. Bd. 29)

Weithase, Irmgard: Sprachwerke – Sprechhandlungen. Bonn: Böhlau 1980

Weithase; Irmgard: Zur Geschichte der gesprochenen deutschen Sprache. Tübingen: Niemeyer 1961

Winkler, Christian: Gesprochene Dichtung. Düsseldorf: Schwann 1958

Winkler, Christian: Untersuchungen zur Kadenzbildung in deutscher Rede. München: Hueber 1979 (= Heutiges Deutsch, Reihe I, Bd. 16)

Zerfaß, Rolf: Lektorendienst. 15 Regeln für Lektoren und Vorbeter. Trier: Paulinus 1965, 6. Aufl. 1984

Textquellen

Bachmann, Ingeborg: Gedichte, Erzählungen, Hörspiel, Essays. München: Piper 1964

Bernhard-v.Luttitz, Marie-Luise: Bumfidel lacht sich krank. Reinbek: Rowohlt 1975 (= rotfuchs 85)

Bernhard-v.Luttitz, Marie-Luise: Bumfidel ist geplatzt. 1976 (= rotfuchs 117)

Bernhard-v.Luttitz, Marie-Luise: Bumfidel bleibt Bumfidel. 1977 (= rotfuchs 131)

Bode, Dietrich (Hg.): Deutsche Gedichte. Eine Anthologie. Stuttgart: Reclam 1984 (= UB Nr. 8012)

Borchert, Wolfgang: Das Gesamtwerk. Hamburg: Rowohlt 1949

Brüder Grimm: Kinder- und Hausmärchen. Darmstadt: Wiss. Buchges. 1967

Claudius, Matthias: Sämtliche Werke: Gedichte-Prosa-Briefe in Auswahl. hg. Hannsludwig Geiger. Wiesbaden: Vollmer o. J.(= Die Tempel-Klassiker)

Dencker, Klaus (Hg.): Deutsche Unsinnspoesie. Stuttgart: Reclam 1978 (= UB Nr. 9890)

Deutsche Lesegesellschaft: Vorlesen und Erzählen. Anregungen, Beispiele, Tips. Ein Projekt, gefördert durch die Stiftung Deutsche Jugendmarke. Mainz 1984 (MC)

Droste-Hülshoff, Annette v.: Historisch-krit. Ausgabe: Werke. Briefwechsel. Bibliographie, hg. Winfried Woesler. Tübingen: Niemeyer 1978 ff.

Faulbaum, Paul / Ockel, Eberhard (Hg.): Sonniges Jugendland. Gedichte, Kinderlieder und Reime. Hannover: Zickfeldt 1979

Gernhardt, Robert: Wörtersee. Frankfurt: Zweitausendeins 1981

Goethe, Johann Wolfgang: Sämtliche Werke. Jubiläumsausgabe in 40 Bdn, hg. Eduard v. d. Hellen. Stuttgart: Cotta o. J.

Härtling, Peter: Sofie macht Geschichten. Weinheim: Beltz & Gelberg 1980

Heine, Heinrich: Sämtliche Schriften in 12 Bdn, hg. Klaus Briegleb. München: Hanser 1976

Italienische Schriftsteller erzählen: Geschichten für große und kleine Kinder. Berlin: Wagenbach 1998 (= Leseohr: MC)

Inkiow, Dimiter: Ich und meine Schwester Klara. München: dtv junior 1994

Jandl, Ernst / Spohn, Jürgen: falamaleikum. Gedichte und Bilder. Darmstadt: Luchterhand 1983 (= Sammlung Luchterhand 488)

Kleist, Heinrich v.: Sämtliche Werke und Briefe. 2 Bde, hg. Helmut Sembdner. München: Hanser 1961

Kliewer, Heinz-Jürgen (Hg.): Die Wundertüte. Alte und neue Gedichte für Kinder. Stuttgart: Reclam 1989 (= ReclamLesebuch)

Krüss, James (Hg.): So viele Tage, wie das Jahr hat. 365 Gedichte für Kinder und Kenner. Gütersloh: Bertelsmann 1959

Liliencron, Detlev v.: Gedichte, hg. Günter Heintz. Stuttgart: Reclam 1987 (= UB Nr. 7694)

Mann, Thomas: Joseph und seine Brüder. 3 Bde. Frankfurt: Fischer 1967

Mayer-Skumanz, Lene: Jakob und Katharina. Geschichten zum Lesen, Spielen und Weiterdenken. Freiburg: Herder ^{4}1984

Nöstlinger, Christine: Geschichten vom Franz. Hamburg: Oetinger 1997

Reiners, Ludwig (Hg.): Der ewige Brunnen. Ein Volksbuch deutscher Dichtung. München: Beck 1955

Schiller, Friedrich: Werke in drei Bdn, hg. Herbert G. Göpfert. München: Hanser 1966

Tucholsky, Kurt: Gesammelte Werke in 10 Bd., hg. Mary Gerold-Tucholsky / Fritz J. Raddatz. Hamburg: Rowohlt 1975

Wiesner, Valentin / Fiedler, Wilhelm (Hg.): Am Born der Weltliteratur, Heft A 13–16: Dichter der Gegenwart I-IV. Bamberg: Bayrische Verlagsanstalt 1956–1960

Wölfel, Ursula: Eine und sechsundzwanzig ABC-Geschichten. Stuttgart: Hoch 1981

Zwiebel: Almanach 1998/99. Berlin: Wagenbach 1998

Richtlinien und Lehrpläne

Bayrisches Staatsministerium für Unterricht und Kultus: Lehrpläne der vierjährigen Realschulen: Lehrplan Deutsch. In: Amtsblatt für das Bayrische Staatsministerium für Unterricht und Kultus, Jg. 1982, Sondernr. 1

Bildungsplan für das Gymnasium der Normalform, Bd. 1, Lehrplanheft 8/1989. (= Amtsblatt des Ministeriums für Kultus und Sport Baden-Württemberg)

Der Hessische Kultusminister: Rahmenrichtlinien Primarstufe Deutsch. Frankfurt 1979

Der Hessische Kultusminister: Sekundarstufe I Deutsch. Frankfurt 1980

Der Kultusminister des Landes Schleswig-Holstein: Lehrplan Gymnasium, Klassenstufe 5–10. Kiel 1986

Der Kultusminister des Landes Schleswig-Holstein: Lehrplan Hauptschule, Klassenstufe 5–9. Kiel 1986

Der Kultusminister des Landes Schleswig-Holstein: Lehrplan Realschule, Klassenstufe 5–10. Kiel 1986

Der Niedersächsische Kultusminister: Rahmenrichtlinien für die Grundschule: Deutsch. Hannover: Schroedel 1984

Der Niedersächsische Kultusminister: Rahmenrichtlinien für die Orientierungsstufe: Deutsch. Hannover: Schroedel 1989

Freie Hansestadt Bremen. Der Senator für Bildung: Lehrplanentwurf Eigensprache / Fremdsprache: Sekundarstufe I. Unterrichtsrahmen 1981

Freie Hansestadt Bremen. Der Senator für Bildung: Orientierungsstufe, Klasse 5–6. Lehrplan Deutsch im Fachbereich Eigensprache / Fremdsprache. 1976/77

Integrierte Gesamtschule: Deutsch. Hannover: Schroedel 1989

Senatsverwaltung für Schule, Berufsbildung und Sport Berlin: Vorläufiger Rahmenplan für Unterricht und Erziehung in der Berliner Schule, Klasse 7–10, Fach Deutsch. 1986

Karl Schuster

Der mündliche Sprachgebrauch im Deutschunterricht

Denken – Sprechen – Handeln. Theorie und Praxis

Deutschdidaktik aktuell Band 2.

1998. VIII, 209 Seiten. Kt. ISBN 3896760947. FPr. DM 29,80

Kein Aufgabenbereich steht so im Zentrum des Deutschunterrichts wie der mündliche Sprachgebrauch. Mündlicher Sprachgebrauch kann explizit Gegenstand sein, also ein eigenständiger Lernbereich, immer aber ist er Prinzip, da jeder Unterricht einen Kommunikationsakt erforderlich macht. Umso erstaunlicher ist es, dass die Deutschdidaktik gegenwärtig diesem Thema nur wenig Aufmerksamkeit widmet. Diese Lücke möchte die vorliegende Publikation schließen.

Im Teil A wird die Theorie vorgestellt, die gleichzeitig schon direkte Hilfen bietet, für die vielfältigen kommunikativen Prozesse im Unterricht Verständnis zu gewinnen:

- die Kommunikationsaxiome Watzlawicks und deren Weiterentwicklung
- wissenschaftschaftstheoretische Aspekte einer konstruktivistisch orientierten mündlichen Kommunikation
- sprachphilosophische und sprechakttheoretische Grundlagen
- Konzepte der Humanistischen Psychologie und deren Bedeutung für den mündlichen Sprachgebrauch (z. B. die themenzentrierte interaktionelle Methode TZI, die Gesprächspsychotherapie, die Transaktionsanalyse)
- Grundzüge der nonverbalen Kommunikation oder der Körpersprache

Im Teil B werden die unterrichtspraktischen Konsequenzen erörtert:

- die Einordnung von Gesprächsregeln in einen komplexen unterrichtlichen Zusammenhang
- die Bedeutung von Sozialformen und organisatorischen Maßnahmen für eine erfolgreiche Komunikation im (Deutsch)Unterricht
- die besonderen Anforderungen an die Einübung und Bewusstwerdung einer rhetorischen Kommunikation
- Spiele – Übungen – Experimente zum mündlichen Sprachgebrauch

Der Praxisteil gibt dem Lehrer konkrete Hilfen, die Prozesse des mündlichen Sprachgebrauchs im Deutschunterricht bewusster zu steuern und damit auf verschiedenen Ebenen auch erfolgreicher zu gestalten.

Franz-Josef Payrhuber

Schreiben lernen

Aufsatzunterricht in der Grundschule

Mit Beiträgen von Karl Schuster und Wilhelm Steffens.

Deutschdidaktik aktuell Band 3. 2. Auflage, 2000. X, 327 Seiten. Kt.

ISBN 3896762281. FPr. DM 36,–

Schreiben lernt man nur durch Schreiben – dieser Grundsatz der Schreibdidaktik ist heute nicht mehr umstritten. Es gilt aber auch der Satz, dass man das Schreiben erst *lernen* muss; es ist eben nichts Selbstverständliches, das sich von ganz allein entwickelt. Viel kreative didaktische Ausgestaltung ist erforderlich, damit aus schreibunkundigen Kindern einmal versierte Schreiberinnen und Schreiber werden. Dieses Buch zum Schreibunterricht in der Grundschule will mitbewirken, dass ihnen dies dank kompetenter und motivierter Lehrerinnen und Lehrer gelingt.